美国国家地理全球史

罗马
从王政到共和

The Roman Republic

美国国家地理学会 编著　李恋晨 译

中国出版集团　现代出版社

目　录

概述 11

王政罗马 13
　　档案：伊特鲁里亚大墓地 48

共和组织 61

征服拉齐奥 99
　　档案：罗马贵族、平民与奴隶 139

意大利人面前的罗马 151

皮洛士对抗罗马 181
　　档案：罗马的宗教信仰 209

附录 221
　　王政罗马与罗马共和国 222
　　参考年表：罗马、希腊与其他文明 224
　　执政官年表 226

插图（第2页）　古罗马广场一隅（位于今罗马）。

插图（第4—5页）　《萨宾人》（Les Sabines），法国画家雅克·路易·大卫（Jacques Louis David）于1799年创作的油画（现藏巴黎卢浮宫）。

插图（左侧）　塔尔奎尼亚的双翼马，制作于公元前4世纪至公元前3世纪（现藏塔尔奎尼亚国家考古博物馆）。

概　述

传统认为罗马建立于约公元前753年，这也是希腊出现《荷马史诗》（Poemes Homeriques）的时期。不过，彼时的意大利（包括罗马在内）却不及希腊先进。距离近东主要文明中心更遥远的意大利，以更缓慢的速度发展着它的文明。

走过了神话时代，走过了王政时代，公元前509年的一场革命又将罗马领入了共和时代。直到近代，人们仅能从神话传说中寻得罗马王政时代的蛛丝马迹，不过，最新的考古发现为古代历史学家提供了新的灵感。罗马共和国在公元前509年的革命之后建立，这个时间点恰巧和希腊将暴君驱逐出境的时间吻合（此时的希腊迎来了民主政权和城邦[poleis]制的胜利）。这番巧合绝非偶然，这表明罗马从根源上就是原始"希腊罗马"社群的一个部分，这是希腊与意大利文化、贸易相互交融、渗透的结果。

在罗马共和国建立和高卢人洗劫罗马（公元前390年）的这段时期，平民阶层和贵族阶层无休无止的斗争，催生并逐步完善了共和政体。一系列的社会斗争换来了一系列的折中和妥协（公元前367年），使罗马更加稳定、更具凝聚力。

从公元前4世纪至公元元年，罗马向南开疆拓土，将意大利中部和几乎整个意大利半岛的山丘地区收入囊中。罗马人同样开始与伊奥尼亚群岛沿岸、第勒尼安海地区那些繁荣了至少两个世纪的希腊城市接触。塔兰托的希腊人，向伊庇鲁斯的国王皮洛士（Pyrrhus）求援，后者也恰恰希望在意大利建立自己的王国。不过，罗马人负隅顽抗，最终，皮洛士不得不离开意大利的领土（公元前275年）。

插图（第8—9页）　阿雷佐的客迈拉兽。伊特鲁里亚文明的重要艺术珍品，制作于公元前4世纪（现藏佛罗伦萨考古博物馆）。

插图（左侧）　这幅公元前5世纪的壁画来自塔尔奎尼亚大墓地（现藏塔尔奎尼亚国家考古博物馆）。

伊特鲁里亚神祇

早政罗马和伊特鲁里亚民族有着很多共同点,后者的宗教对罗马宗教有着极为深远的影响。上图的伊特鲁里亚瓦檐为森林之神西勒努斯(Silene)。

下一页:波托纳乔的密涅瓦(Minerve)神庙中的蛇发女妖戈耳工(Gorgone)的头像(公元前7世纪)(现藏罗马国家伊特鲁里亚博物馆)。

王政罗马 [1]

    罗马首次出现在历史舞台上时，只是个小村庄。小村庄坐落于距台伯河河口约 25 公里的丘陵之间，居民大多是商人或农民。相传，在公元前 753 年罗马建城至公元前 509 年罗马共和这段时间里，罗马的统治权在不同的国王之间更替。最后的国王是来自台伯河以北的伊特鲁里亚人。

对公元前最后一个千年的罗马人而言，意大利的疆界可延伸至波河河谷，换言之，就是山南高卢，高卢（凯尔特人）部落（tribus）[2] 的聚居地。伊特鲁里亚人居住在今天的托斯卡纳和翁布里亚。不计其数的南部海岸希腊殖民城邦构成了所谓的"大希腊"（Grande Grèce）。意大利半岛腹地以及亚平宁山脉一带生活着不同的意大利部族，例如萨莫奈人联盟和台伯河河谷的拉丁人。除了从最近的研究发现中找到一些关于罗马建立的神话传说之外，我们对建城之前那个时代的了解

---

[1] 王政罗马（La Rome des rois），一般称"罗马王政时期"。——译者注
[2] "tribus"，直译"特里布斯"，指地域部落。——译者注

"族群拼图"中最初的文明

20世纪的考古学和考古语言学的相关研究让人们可以更好地想象这样的一群人：从新石器时代起（公元前2200年—公元前2000年），这些印欧族群开始在自古以来仅有地中海土著生活的土地上安家。这些外来种族最终会将拉丁语带到意大利中部。

正是在青铜时代（公元前1800年—公元前1200年），游牧民族的亚平宁文化在意大利半岛的高地之上得到了发展。由于本身并没有特别多的领地，这群游牧民族渐渐地被依水而居的泰拉马拉文明同化了。泰拉马拉文明的村落一般采用干栏式建筑（Cité lacustre），沟渠和木栅栏环绕其外，这种村落风格也是阿尔卑斯以南文明的特色。阿尔卑斯以南的伊特鲁里亚地区、拉丁地区和坎帕尼亚地区一开始都是牧羊或放牛民族的居住地，再后来变成了农耕人群的沃土，但最终被战争部族占领，拉丁人、卢卡尼人、布鲁特人、萨莫奈人和利古里亚人接踵而至。威尼西亚人、南部海岸的拉丁人和卢卡尼人则生活在高跷小屋（吊脚楼）里，并以捕鱼为生。西西里奥特人和意大利奥特人则来自希腊。铁器时代之初——公元前1000年——伊特鲁里亚文明便在埃米利亚地区、托斯卡纳地区和坎帕尼亚地区占据了主导地位。青铜时代伊始，在日后的罗马（也是曾经的拉齐奥地区），便有了可以考证的人口稠密聚落。

实际上少之又少。但仅仅根据手上掌握的资料,我们就能发现,伊特鲁里亚王国治下的罗马,要比最后一个伊特鲁里亚国王被驱逐之后一个半世纪的罗马,更加繁荣昌盛。当文字出现的时候,意大利已然是一个由有固定聚居地的族群或游牧民族共同构成的"马赛克"国家了。拉丁人占据着半岛中部唯一的平原(位于台伯河河谷和阿尔班山脉之间)。伊特鲁里亚人沿台伯河北岸而居,领地一直从阿诺河延伸到台伯河上游的亚平宁山脉。法利斯克人则居住在台伯河的下游,靠近布拉恰诺湖和维科湖。在台伯河上游,伊特鲁里亚人和翁布里亚人"隔河而治"。托斯卡纳以北、热那亚湾和沿海阿尔卑斯则被利古里亚人占领。至于波河河谷,则是伊特鲁里亚人的殖民地——河口除外,那里是威尼托人的发源地。后来,凯尔特人入侵波河平原并为该地带来了新的称呼——"山南高卢"。

拉齐奥东部到东南部的亚平宁山区是游牧民族(萨宾人以及更靠南的萨莫奈人)的领地。这些游牧民族一直与占领内陆山谷地区的其他民族互通有无,例如生活在富齐湖畔的马尔斯人、沃尔斯克人,或一直把领地拓展到海边的坎佩尼人。卢卡尼人和布鲁特人生活在更加往南的地方,即今天的巴西里卡塔和卡拉布里亚,所以他们可以接触到自公元前8世纪就已经存在的希腊殖民地。最后,在亚得里亚海沿岸,从安科纳开始,居住着佩西尼人、弗伦特人以及阿普利亚人。十分靠近希腊殖民地塔兰托的萨兰托半岛,则是雅皮吉人和梅萨比人的家园。

在上述所有族群中,伊特鲁里亚人最早发展了城市文化。实际上,公元前8世纪至公元前7世纪,伊特鲁里亚社群似乎已经深深扎根在意大利中部地区(即今天的托斯卡纳)并拥有一席之地。

伊特鲁里亚文明

伊特鲁里亚文明的诞生,始于原住民和地中海东部移民的融合。但究其根本,这一文明的形成无疑被意大利半岛在青铜时代与第二铁器时代之间的历史原动力推动了。伊特鲁里亚的文明中心,是一系列井然有序的村落,它们依照一定的宗教规定搭建,村落大门的放置和庙宇的数量,也被教条规范——这一概念将会延伸到日后罗马的城市规划中。通常,这些村落会靠近铁器时代的微兰诺威文化古殖民地兴建，也有一些村落（维爱、维特罗尼亚、波普罗尼亚和沃尔泰拉）依海而建，还有一些村落（沃尔西尼、丘西、佩鲁贾和阿雷佐）位于内陆，分布在台伯河河谷和台伯河的支流附近。罗马历史学家认为，伊特鲁里亚文明在鼎盛时期曾拥有十二座大城市，不过至今历史学家仍无法一一列举这些城市的名字。

在这些文明中心的墓地中，土葬逐渐取代了火葬。例如，在维特罗尼亚，可以清晰地看到配备有焚化井的微兰诺威古墓（公元前 10 世纪）渐渐被土葬的葬坑（公元前 7 世纪）取代，再后来又出现了各种样式的墓室（公元前 6 世纪）。公元前 6 世纪至公元前 5 世纪的伊特鲁里亚大墓地，则完整地重现了一座城市的正交的道路规划、街道以及小广场。

丧葬方式的进化并不能代表伊特鲁里亚文明的出现，伊特鲁里亚文明诞生的真正标志是丰富多元的社群文化的涌现，而在此之前，一个社群很难与相邻的社群区分。无可争议的农业繁荣无疑为社群文化的丰富性贡献良多，但真正的助力是厄尔巴岛、波普罗尼亚和沃尔泰尔沿整个第勒尼安海岸的冶金资源的发现。考古学家在这些地区，随处都能发现废弃的矿井和采矿的平巷（古人曾在这里开采铁矿、锡矿和铜矿）以及处理金属的熔炉。

对金属资源的探寻促使着迈锡尼人、腓尼基人和希腊人前赴后继地向西迁移。在公元前 8 世纪，哈尔基斯的希腊人先是在皮特瑟斯（今伊斯基亚岛）安家落户，后迁移至库迈，因为他们想好好利用伊特鲁里亚人开拓出的贸易路线 [途经派内斯特（今帕莱斯特利那），最后抵达坎帕尼亚]。伊特鲁里亚大墓地中发现的由腓尼基进口的金属数量及质量，都能证明后者出产的金属对整个地中海东部地区的吸引力。

至于政治方面，伊特鲁里亚文明最初的统治者是"国王"（lucumones）。公元前 5 世纪，一年一换的行政官取代了国王。每个社群中的行政官数量并不固定，他们组织起来，共同行使权力并由一位最高行政官统一管理。我们可以推断，当时同样存在着元老院一类的机构，不过在公元前 4 世纪爆发的暴力起义之前，此类机构只向城中的贵族，而不向平民开放。

伊特鲁里亚国王头戴黄金王冠，身坐象牙王座，手持顶端雕着鹰像的权杖，身

着紫色和金色的内长衣,之后再披挂上金丝镶边的紫色斗篷——很像吕底亚国王或波斯国王。国王无上王权最为显著的标志是身侧常有十二位手持"法西斯"(faisceau)的执法吏(licteurs)为其开道。这些执法吏肩上扛着的"法西斯"通常是一捆用榆木制成的棒子或榆木手柄的斧头。

伊特鲁里亚社会由强大的贵族阶级统治,臣服在贵族阶级脚下的则是数量庞大的奴隶阶级。在贵族阶级和奴隶阶级之间,几乎不存在过渡的中间阶级。奴隶在矿山、采石场或者沼泽的排水渠中工作,农村地区的农奴

伊特鲁里亚的丧葬文化

位于切尔韦泰里的班迪塔西亚大墓地的规划,采用了一条主路通向不同坟墓的结构,坟墓的形式一般为坟冢(tumulus)或土方。墓穴内部的空间为方形的墓室以及一个前厅,墓室中放有灵床。

王政罗马

伊特鲁里亚语及其与希腊语的相似之处

确切地证明伊特鲁里亚语与我们今日所熟知的任何一种语言——无论仍在使用的,还是已经消亡的——之间的联系简直难如登天。不过,伊特鲁里亚语的字母表实际上是优卑亚岛上居民所说的希腊语的一种西方变体。

公元前9世纪使用伊特鲁里亚语的地区属于微兰诺威文明,但同时该地区的人也使用黑提克语和翁布里亚语。公元前6世纪,该地区演化成了使用伊特鲁里亚—拉丁语的双语区。但罗马人的语言以破竹之势"扫荡"了伊特鲁里亚语,以致到了帝国时代,后者几乎已经在意大利半岛上消失殆尽。与口语不同,伊特鲁里亚语字母表的起源相当明显:它是希腊语的一种西方变体,并由居住在爱琴海上的优卑亚岛上的居民在伊斯基亚拓殖时(公元前8世纪)带上了意大利半岛——由此抢在罗马语入侵之前启迪了伊特鲁里亚人。如今,阅读和解析伊特鲁里亚语的文本面临着很多问题,因为目前人们对伊特鲁里亚语词汇的了解,仅限只言片语,对该语言语法的了解更是局限于基础的部分,并且由于缺少长段落的文本,要想理解该语言更是难上加难——实际上,我们对伊特鲁里亚语有限的了解,也仅仅基于一些碑文。

上图为伊特鲁里亚字母表变体。左图为皮尔吉压片——一张以压花工艺制作的金箔纸,制作时间可追溯至公元前1世纪(现藏罗马国家伊特鲁里亚博物馆)。

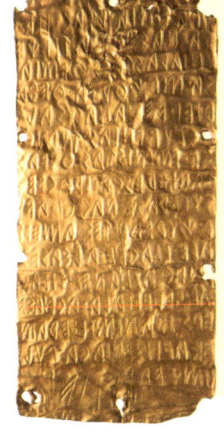

《托迪的战神》(Le Mars de Todi)，希腊与伊特鲁里亚

这尊可追溯至公元前5世纪的伊特鲁里亚雕塑于城市托迪（位于台伯河谷）的一座修道院中出土，这是一件向战神阿瑞斯（Arès）献祭的祭品，这位雕塑战士以出土城市的名字"托迪"命名。该青铜雕塑高141厘米，带有浓郁的希腊雕塑风格，并附有用翁布里亚语（但使用的字符是伊特鲁里亚的字母）拼写的捐赠者的名字——阿尔哈·图尔乌提斯（Ahal Trutitis）。

1 右手 战士右手持一盏酒樽并将其中的液体倒向大地——向战争之神行浇祭。

2 左手 战士左手执一杆长枪。该长枪实物与酒樽以及雕塑一同在罗马梵蒂冈博物馆展出。

伊特鲁里亚大头盔

这款出土于托迪的伊特鲁里亚头盔的历史可追溯至公元前4世纪。该头盔受到了来自科林斯的哈尔基季基式头盔（或马其顿式）头盔的启发，因此具有希腊风格。该头盔配有宽大的双颊护片和口鼻保护设计。伊特鲁里亚军队从公元前5世纪开始使用该头盔（现藏罗马国家伊特鲁里亚博物馆）。

却拥有土地所有权。许多奴隶被释放后，仍旧对自己的前主人鞍前马后、卑躬屈膝。

那些大型的伊特鲁里亚城市，在公元前 8 世纪末正式结成联盟。每当我们提起伊特鲁里亚十二城联盟（dodécapole étrusque）时，十二座城市的名字总是有所出入。一般认为，首个伊特鲁里亚联盟中包含伊特鲁里亚腹地的切尔韦泰里、丘西、佩鲁贾、塔尔奎尼亚和武尔奇，以及坐落在伊特鲁里亚北方的阿雷佐、科尔托纳、菲耶索莱和沃尔泰拉。联盟的宗教中心是沃尔西尼境内的沃尔图纳神庙，人们会围绕着神庙举行潘尼特鲁斯运动会，就如同奥林匹亚的希腊人。

伊特鲁里亚联盟中的各城市代表，每年都会在沃尔图纳神庙中会晤，以选举一位共同的首领。

一年一度的会晤聚集了每座城市的"国王"。届时也会举行宗教仪式、体育比赛和一系列的大型聚会。然而，伊特鲁里亚的外扩不仅是联盟各位成员的共同行为，不论地位高低，联盟中的各位首领也会单独地对坎帕尼亚地区或波河河谷进行入侵。伊特鲁里亚最终统治了坎帕尼亚并将势力范围一直扩大到萨莱诺——这可比通过与南部希腊殖民直接接触获得的农业财富要有决定性得多。

社会压力和阶级对抗占据了公元前 5 世纪的大段历史，不过从来没有爆发任何统一的运动。在伊特鲁里亚中心地区，叛乱要么招致更加凶残的暴政，例如在维爱和瑟斯拉（今切尔韦泰里），要么导致政治寡头更加集权，例如在塔尔奎尼亚和沃尔西尼。

严重的经济衰退强烈地打击了当时最弱势的群体，为城市活动带来了危机并致使土地的需求量飙升。最为强势的群体扩散到了农村。高度冲突的局势和随之而来的战争，带来了新的经济难题和新的社会危机。

从埃涅阿斯到罗慕路斯

根据传说，罗慕路斯（Romulus）于公元前 753 年创建了罗马。罗慕路斯是特洛伊英雄埃涅阿斯（Énée）的后裔，后者在特洛伊城陷落时，背着老父亲安喀塞斯（Anchise）逃离了那里。在希腊的传统中，埃涅阿斯象征着一个不幸的一无所有的流放者，也象征着一个孝子。但当故事传到了伊特鲁里亚时，故事本身沾染上了对希腊的敌对情绪。因此，我们可以假设，当伊特鲁里亚人向西扩张时，那些目睹了建城英雄或族长埃涅阿斯成长的社群或家族，都认为与希腊对抗是情有可原的。

维斯塔贞女雷亚·西尔维（Rhéa Silvia）与战神马尔斯（Mars）有了禁忌之恋，诞下了双生子罗慕路斯和瑞摩斯（Remus）。根据纯粹的当地拉丁传说，孪生兄弟在台伯河中获救，并由一头母狼哺乳。这种说法直到罗马征服伊特鲁里亚之后，才被人们与埃涅阿斯的传说联系起来——这样一来，就将罗马这个起源不详却一举成为意大利强大势力的城市，与地中海世界联系在了一起。

而站在考古的角度，为了了解罗马的起源和文化，可以追溯的年代更加久远，如同前言提及的，我们必须了解公元前9世纪出现在意大利中部地区的微兰诺威文化。"微兰诺威"（Villanova）这个名字，源自铁器时代靠近博洛尼亚的卡斯泰纳索镇的微兰诺威（Villanova de Castenaso），在这里发现了具备"原始伊特鲁里亚"文明特征的诸多遗迹。伊特鲁里亚文明在公元前700年登上了历史的舞台，这一时期也出现了第一篇用伊特鲁里亚语书写的碑文。尽管十分神秘，但伊特鲁里亚人并不是大批涌入意大利中部的外来人口的后裔。根据考古学的发现可以断言，一些伊特鲁里亚大城市，尤其是南部城市，是一些微兰诺威社群缓慢融合的产物。一些墓地能向我们揭示微兰诺威人的生活方式，例如，这些微兰诺威社群使用火葬作为处理尸体的方式，一些小屋子形状的骨灰盒让我们对微兰诺威人的生活方式有了粗略的了解，它们很好地展现了房屋门窗及屋顶的细节。

这些骨灰盒和王室居住的住宅类似——而在罗马，人们则是简单地在岩石上凿孔架梁以搭建房屋。

建于8世纪末的伊特鲁里亚大墓地中，有很多源自东方的文物。在所谓的"东方化"时期，一些伊特鲁里亚人很愿意看到东方人，更确切地说是吕底亚人的到来。不过，尽管能在不同的区域发现同样的文物，仍旧不能武断地对所有的前因后果一概而论。公元前7世纪下半叶，土葬代替了火葬：在从罗马西北50公里的切尔韦泰里到罗马以东30公里的帕莱斯特利那的那条连接了罗马和坎布里亚的道路上，人们为统治阶级修建了大量装潢精美并且陪葬品丰富的墓葬。这些豪华的坟墓往往被更多简朴的坟墓包围——这样，贵族阶级就能在仆人的环伺中安息了。在出土于

> 王政罗马

从青铜时代到罗马王政时代

公元前 2000 年—公元前 1300 年

第一次人口迁移 印欧人进入意大利。亚平宁文化和原始微兰诺威文化出现。

公元前 1300 年—公元前 1000 年

传说中埃涅阿斯抵达意大利半岛 这位特洛伊之战的英雄创建了拉维尼奥和维爱等城市。吕底亚人殖民翁布里亚。

公元前 1000 年—公元前 800 年

伊特鲁里亚文明 统治托斯卡纳。拉齐奥出现泰拉马拉文化。微兰诺威文化初见苗头。

公元前 800 年—公元前 700 年

传说中罗马城建立 夏尔西迪人抵达伊斯基亚。希腊殖民库迈和西西里。希腊字母表被引入。

公元前 700 年—公元前 600 年

伊特鲁里亚扩张至拉齐奥 伊特鲁里亚舰队开入地中海。老塔尔奎尼成为罗马的第一位伊特鲁里亚国王。

公元前 600 年—公元前 509 年

塞尔维乌斯·图利乌斯（Servius Tullius）统治 罗马百人队组建。傲慢塔尔奎尼成为末世君主。高卢人入侵。

埃涅阿斯和拉维尼奥建立的传说

建立一座城市是神圣的行为——建立者必须是一位祭司。像埃涅阿斯这样的人物，除了是一位祭司之外，还是参加过特洛伊之战的军人，同时也是一位王子和英雄。埃涅阿斯在台伯河注入第勒尼安海的地方、拉齐奥临海的位置建立了拉维尼奥。

拉丁传统认为拉维尼奥是拉齐奥最古老的城市。根据神话和维吉尔的诗句，埃涅阿斯将诸神（lares）带去了拉维尼奥。他在那里建造并用圣火点燃了炉膛——此后圣火从未熄灭。在《伊利亚特》（L'Iliade）中，埃涅阿斯是一位大祭司，并且特洛伊人将他奉为神祇，而维吉尔则在《埃涅阿斯纪》（Énéide）中称他救赎了特洛伊诸神。埃涅阿斯的兄弟赫克特（Hector）向他托梦，并在梦中昭示了他的使命：将特洛伊诸神带去第勒尼安海沿岸，并在那里建立一座新城。因此，埃涅阿斯带去的神祇也成了罗马的神祇，而由他一手建立的城市拉维尼奥，则成了罗马通向大海的枢纽。

插图 埃斯奎利诺的浮雕描绘了一座城市的建立（现藏罗马国家博物馆—马西莫宫）。

这些墓葬的文物中，我们能发现很多本土的产品，例如"巴契罗"（bucchero）以及金银制品，不过，也有从东部（例如叙利亚和塞浦路斯）进口的象牙。

根据历史学家提图斯·李维（Tite-Live，公元前 59 年—公元 17 年）的著作《建城以来史》（Histoire de Rome depuis sa fondation），年轻的罗马城的兵力在罗慕路斯的统治下，变得如此强盛，以至罗马完全可与所有相邻城市分庭抗礼。然而，由于缺少女性，新罗马的这番强盛无

法持久。因此，罗慕路斯向各个城市派出使节以促进通婚，从而帮助新罗马和临近城市结盟。不过，游说通婚的使节出师不利，罗慕路斯收起他的不满，并以海神尼普顿的名义举办了一场体育竞赛，同时四处放出举行盛大庆典的消息。怀着对新城市的好奇，临近城市的萨宾男女老幼，纷纷回应了罗慕路斯的邀请。在所有人观看演出之际，一如罗慕路斯计划的那样，罗马人开始了暴力行动——他们应信号而发，绑架了年轻的萨宾妇女。数年之后，萨宾人回击了罗马人：战场上

微兰诺威文化

微兰诺威文明尤其重视丧葬习俗。切尔韦泰里大墓地的设计思路旨在重现当时人们生前生活的面貌。

插图 一间发现于武尔奇的公元前8世纪的房屋（现藏罗马国家伊特鲁里亚博物馆）。

23

伊特鲁里亚人，意大利的第一批领主

伊特鲁里亚文明中最重要的组织是"城市联盟"。该文明混合了伊特鲁里亚人、利古里亚人、威尼西亚人、翁布里亚人、拉丁人……女性在其中发挥了至关重要的作用——伊特鲁里亚社会逐渐转化为母系社会。

根据希罗多德（Hérodote）的理论，伊特鲁里亚人是吕底亚人的后代。几篇利姆诺斯的碑文证明了上述理论，尽管实际上伊特鲁里亚文化和小亚细亚文化没有丝毫相同之处。唯一可以确定的是，伊特鲁里亚人中混入了从波河以南到台伯河的土著的基因。伊特鲁里亚人将拉齐奥视为宗教符号，在那里兴修水利工程，举行宗教活动，还引入了拉丁字母表，加以转换便开始使用。此外，伊特鲁里亚还是强大的海事文明，其经济贸易同样发达，掌握了铁矿开采和锻造的技术，为城镇修缮强大的防御工事，并在罗马修建了卡比托利欧山朱庇特神庙。

上图为公元前8世纪的伊特鲁里亚版图。左图为一尊公元前5世纪以希腊重装步兵形象出现的拉然（Laran）（伊特鲁里亚的战争之神）小塑像（现藏佛罗伦萨考古博物馆）。

的萨宾人披头散发，衣衫尽裂，于千军万马中冲杀敌阵，冒着箭雨也要冲散敌军的队形。最后，妇女苦苦地哀求，拿出亲缘关系的铁证，终于说服了她们的萨宾人父兄和罗马人丈夫不再互相残杀。

　　上文叙述的传说，能够反映以后几个世纪罗马的社会与政治局势，因为存在好几种对这个传说的解读，并且每一种都大相径庭。对于某些人来说，这个传说暗示了公元前5世纪萨宾人对罗马的入侵——从而改变了罗马的社会结构。但最初的史学家论证，罗马曾于公元前4世纪遭到外族入侵，故而萨宾人不会对罗马的社会结构带来任何改变。而其他人则认为这个传说出现在公元前3世纪，这个时期的罗马人中享有充分权利的人口，恰恰以拉丁人和萨宾人占主导——但是，很难想象这个传说是与诸如法比乌斯·皮克托尔（Fabius Pictor）或恩纽斯（Ennius）所撰写的最早的罗马小说一同出现的。此外，一般来说，传说中王政时代的所有重要的元素，似乎在公元前4世纪之前就出现了。有人也认为这个传说诞生于公元前4世纪，还强调4世纪中叶恰逢罗马人与萨莫奈人结盟。不过，这个说法经不起更深的推敲：这个联盟在罗马历史上既不长久也不重要，我们如何从中找到能够成就一个如此深刻传说的支撑？不论起源如何，这个著名的篇章也或多或少地符合现实：拉丁人和萨宾人在人种、方言、习俗和宗教信仰上都缺乏明确的界限。

　　罗马的疆界——至少从王政时代末期算起——一直可以延伸到阿涅内河。罗马还拥有历史悠久的萨宾地区一部分的领土，这一地区的人种更像是萨宾人，而不是拉丁人。正是出于这一原因，我们认为萨宾人的祖先是克劳狄亚（Claudia）氏族（gens）——他们是这片被罗马人占领的土地上最古老的居民，因此我们也能把萨宾人纳入关于罗马起源的传说。传说的最初版本可能只提到了萨宾妇女联合了罗马的匪徒和被绑架的萨宾人，而在说明拉齐奥和萨宾地区之间的罗马领土的位置时，却模棱两可、含糊其词。还有一个人物可以加到传说中——萨宾国王提图斯·塔提乌斯（Titus Tatius），此人与罗慕路斯缔结的和平条约为两方大战画上了休止符，随后二人联合统治罗马，但提图斯·塔提乌斯和自己的一部分人民拥有的区域仅仅是奎利那雷山或卡比托利欧山。显而易见，这个版本的传说无疑受到了罗马历史上曾经出现两位执政官共同管理的事实的影响。真相可能是罗马历史上真的出现了一

石棺上的夫妻

上图的陶瓦制品来自切尔韦泰里的班迪塔西亚大墓地。在一场令人愉悦的宴会中,这对夫妻面带微笑地倚靠在一张"卡利乃"(klinai,即沙发)上。伊特鲁里亚文明相信在亡者的世界中,每个人都能拥有一个幸福的"来生"。因此,伊特鲁里亚人的丧葬文化在描绘逝者的时候,更多地强调来生的愉悦与祥和(现藏罗马国家伊特鲁里亚博物馆)。

位名叫提图斯·塔提乌斯的国王——扑朔迷离的是,他的名字并没有出现在法比乌斯·皮克托尔于公元前260年左右编纂的国王名单上[3]。不过一旦他真的出现了,那么国王的总数就不再是"7"这个具有象征意义的数字了。因此我们也只能认定,在历史上,他只是罗慕路斯身边一个小小的配角。

尽管这些传说不具有历史价值,但其中提到的伊特鲁里亚人、萨宾人或奥斯克人似乎仍旧与拉丁人共同组成了最终的罗马人。这些外来人群完全被当地人同化了。当罗马人首次出现在历史的舞台上时,他们就是一个使用拉丁语并具备拉丁文化的群体——他们的社会组织也是拉丁式的,正如他们的宗教。

[3] 相传王政罗马共有7位国王。——译者注

传说和遗迹

许多考古遗迹都证实了从青铜时代末期开始，不论是在日后成为罗马的山丘中，还是在阿尔巴山和帕莱斯特里那，都有人类居住。因此，罗马地区人类存在的踪迹可以追溯至罗马实际建城（公元前753年）前的好几个世纪。整个第勒尼安海沿岸、从伊斯基亚岛到南部伊特鲁里亚地区，都有迈锡尼陶器的出土——这也印证了伊特鲁里亚文明曾经和希腊世界接触，同时赋予奥德修斯（Ulysse）、狄俄墨得斯（Diomède）和埃涅阿斯的传奇航行厚重的历史意义。公元前7世纪至公元前6世纪，当伊特鲁里亚的微兰诺威文明蓬勃发展之际，拉丁社群占领了平原地区——这与希腊人开始殖民统治坎布尼亚，台伯河谷的萨宾人开始减少的时间点相吻合。当火葬逐渐被土葬（将尸体掩埋在坑洞中，有时候也会反复填埋，制成坟丘）代替时，在阿尔巴山中安家落户的社群似乎遭受了人口的大范围死亡——这一事实又与公元前7世纪，罗马最强劲的对手、拉齐奥最古老的城市阿尔巴隆加的毁灭相吻合。

在罗马城建立之前，拉齐奥的社群依台伯河而居的历史由来已久，社群中的人以放牧为生，不同的放牧宗族称为氏族，由一位"父老"（pater）带领。一个所谓的"理事会"——元老院，将每个氏族的父老集中起来，大家通过商讨解决氏族之间的冲突。该理事会会任命一位"国王"（rex），这位国王在外族进攻时负责统领联合部队，同时兼具宗教职能。然而，每个氏族由各自的父老独立管理，国王的职位并不能世袭。

腓尼基人、伊特鲁里亚人和希腊人满载各式货物的船只，在台伯河的入海口停靠，这些货物会被大型渡轮运往内陆以交换畜牧产品，其中最为紧俏的亚得里亚海盐，会通过撒拉赫亚商道穿越亚平宁山脉。这种商品交换很快便成了放牧人、农民以及商人共同组成的生活系统的核心，同样催生了一个名为"罗马"（Rome）的社群。"Rome"这个名字，源自奥斯克语的"osma"，意为"乳房"，用以描述耸立在罗马四周的山丘的形状。还有一种说法是，"Rome"源自伊特鲁里亚语"rumon"，意为"江河"。唯一可以确定的是，罗马城并不是以"Romulus"（罗慕路斯）的名字命名的，事实可能完全相反——罗慕路斯的名字来自罗马城的拼写。

■ 王政罗马

奥斯提亚安提卡

这座位于台伯河入海口的古罗马港口城市，如今已经堆满了淤塞的泥沙。传统认为，这座城市由罗马传说中的第四位国王安古斯·马奇路斯建立于公元前7世纪。但是，迄今为止幸存下来的大部分建筑物的历史仅能追溯至公元前3世纪。

通过对传统文学和考古发现进行比对，能够对罗马建城的各种假设有更清晰的见解。因此，当波利提奥乌姆（Politorium）墓地[今迪西玛城堡（Castel di Decima）祭坛]于公元前7世纪末被废弃时，传统认为，这也恰逢罗马第四位国王安古斯·马奇路斯（Ancus Marcius）摧毁了该城并将自己的子民转移到阿文提诺山。在传说中罗慕路斯故居附近的帕拉蒂尼山处考古时，人们也发现了一处可追溯至公元前8世纪的茅草屋村庄的遗迹——根据与奥古斯都（Auguste）同时代博学的古罗马学家瓦罗（Varron）的说法，这与公元前753年罗马城建立的史实相吻合。

公元前3世纪后期的历史学家法比乌斯·皮克托尔做出了第一次将国家历史和上文提及的关于罗马建立的两个传说中的元素融合在一起的尝试：首先是希腊人埃涅阿斯的传说，根据该传说，罗马于公元前12世纪前后派生自特洛伊；其次是拉丁人罗慕路斯的传说，根据传说，罗慕路斯是罗马的建城英雄，但这是发生在公元前8世纪的事情了。有些人为了统一这两个传说，便认为罗慕路斯是埃涅阿斯的孙辈。然而，法比乌斯·皮克托尔反其道而行之，他为这两个传说搭建了一条跨度为4个世纪的时间轴，并以阿尔巴隆加王族的历史为分界点，将特洛伊人埃涅阿斯的到来，与罗慕路斯的曲折冒险分隔开。法比乌斯·皮克托尔也第一次列举出了从罗马建城到公元前509年罗马共和的这段时间内罗马的7位国王。在罗慕路斯之后，共有3位拉丁裔或萨宾裔并由元老院选出的国王，他们分别是努马·庞皮利乌斯（Numa Pompilius）、图路斯·荷提里乌斯（Tullus Hostilius）和安古斯·马奇路斯。

这三位国王各自都有显赫的政绩：虔诚的努马设立了教会，修改了罗马历，为神职人员开办学校；图路斯·荷提里乌斯则象征着军事力量，他不费吹灰之力征服了阿尔巴隆加；安古斯·马奇路斯则为罗马带来了丰饶，他征服了拉齐奥并在台伯河入海口处建立了罗马的港口城市奥斯提亚。

这些最初的王位的传递，并不依赖明显的亲缘关系：王权的交替更像是将某种荣誉授予一些贵族家族。不过，前提必须保证社会中的特权团体手握最高权力，可以拥立或者废黜任何一位国王。王位虚悬的现象十分常见，甚至可能比罗马传统认为的还要常见。在王位虚悬时期，权力被移交到众元老手上。正是这些元老才能任命新的国王，当然，国王在就任之前还要经历一系列繁文缛节。因此，一切都表明，一位国王并没有足够的力量来加强自身的权力或将王位传给自己的子孙。

王室权力的脆弱性和属于该时期稀少的考古痕迹，都使我们相信，原始的罗马社群本身并不是我们现在所谓的城市，而是一个由不同拉丁部落组成的只拥有十分脆弱的"国家性"的简单联盟。根据传统，罗慕路斯借助鸟飞翔的轨迹预测出了城市的疆界，然后又让一群白牛拉着犁跟着之前预测的轨迹在土地上画出了界线——这是伊特鲁里亚人的仪式之一。因此，我们可以假设罗马是一座伊特鲁里亚城市，换言之，直到伊特鲁里亚人定居在台伯河谷之后，罗马才真正存在，而前文所说的仪式，是在伊特鲁里亚人塔尔奎尼（Tarquin）而非在罗慕路斯的主持下完成的。

■ 王政罗马

伊特鲁里亚人的罗马

据罗马历史学家提图斯·李维所说，在安古斯·马奇路斯统治时期，塔尔奎尼亚的一位富有并强大的男人来到了罗马，此人便是科林斯逃亡者德玛瑞特（Démarate）的儿子，他将在日后成为一位国王。在罗马城站稳脚跟之后，这位异乡人便给自己取了"卢基乌斯·塔尔奎尼乌斯（Lucius Tarquinius）"这个名字，并在安古斯·马奇路斯去世后被选为国王——有赖于他庞大的财富和妻子塔纳奎尔（Tanaquil）的睿智和贤淑。

尽管一些似是而非的细节的合理性值得怀疑，但这一版本的说法还是有几个亮点：罗马的最后三位国王是伊特鲁里亚人。他们分别是：老塔尔奎尼[4]（公元前616年—公元前579年在位），篡位者塞尔维乌斯·图利乌斯（Servius Tullius，公元前578年—公元前535年在位）和老塔尔奎尼的儿子傲慢塔尔奎尼[5]（公元前534年—公元前510年在位）。根据古希腊历史学家哈利卡纳苏斯的狄奥尼修斯（Denys d'Halicarnasse，约公元前60年—公元7年）的表述，过去的罗马是一个第勒尼安的城邦，也是一座伊特鲁里亚城市。而法比乌斯·皮克托尔极力捍卫罗马人的尊严，拒绝承认伊特鲁里亚人的统治是一种征服，但他没能清晰地重现一版更加准确的历史。皮克托尔所处年代的4个世纪之后，以博学著称的克劳狄一世（empereur Claude）承认了伊特鲁里亚的统治地位。实际上，从公元前7世纪末开始，罗马就备受几支来自伊特鲁里亚城镇的雇佣军部队的垂涎。公元前6世纪末，遥远的丘西国王波西纳甚至企图围攻罗马。

老塔尔奎尼的继任者塞尔维乌斯·图利乌斯是一位来自武尔奇的伊特鲁里亚人，不过，他在故乡时的名字是马斯塔尔纳（Mastarna）。图利乌斯的传奇和武尔奇两兄弟艾乌卢斯·维班纳（Aulus Vibenna）、西里欧·维班纳（Caelius Vibenna）的传奇故事密不可分。罗托断桥[6]墓地中有一处墓葬叫作"弗朗索瓦（François）

---

[4] 老塔尔奎尼（Tarquin l'Ancien），即上文提到的卢基乌斯·塔尔奎尼乌斯（Lucius Tarquinius），全名为卢基乌斯·塔尔奎尼乌斯·布里斯库斯（Lucius Tarquinius Priscus）。——译者注
[5] 傲慢塔尔奎尼（Tarquin le Superbe），全名为卢基乌斯·塔尔奎尼乌斯·苏培布斯（Lucius Tarquinius Superbus），又译卢修斯·塔克文·苏佩布。——译者注
[6] 罗托断桥（Ponte Rotto），"Ponte Rotto"是现在的名称，正式名称应该是"Pons Aemilius"（埃米利乌斯桥），罗马城里最古老的石桥，起初是木结构的，在公元前2世纪被重建为石桥，沟通台伯河两岸。——译者注

的墓穴"，其中有一幅雕刻于公元前300年左右的浮雕，内容便是解救马斯塔尔纳——西里欧·维班纳斩断了束缚囚犯的链条，与此同时，他的兄弟艾乌卢斯·维班纳正在大肆屠杀囚禁马斯塔尔纳的人，这些囚禁者中的大部分都以罗马某位塔尔奎尼的形象示人。因此，我们能够得出一个结论，即当权力被塔尔奎尼一家掌握在手中时，武尔奇人便开始与之斗争。两座城市的对抗并没有因为马斯塔尔纳即塞尔维乌斯·图利乌斯获得王位而消失，因为前者的王位最后还是传到了一位塔尔奎尼的手中——据传，这位塔

伊特鲁里亚战士

最前端是一辆由骑兵驾驶的战车。我们注意到图中马匹的比例有些失真。上图为微兰诺威时期的浮雕（现藏罗马国家伊特鲁里亚博物馆）。

卡比托利欧的母狼（第32页—第33页）

罗马建城者的"乳母"这座塑像，长时间被认为是伊特鲁里亚人的作品，最近才被证实是中世纪的产物。文艺复兴时期的雕塑家安东尼奥·波拉约洛（Antonio Pollaiuolo）于15世纪往塑像中添加了罗慕路斯和瑞摩斯的形象（现藏罗马卡比托利欧博物馆）。

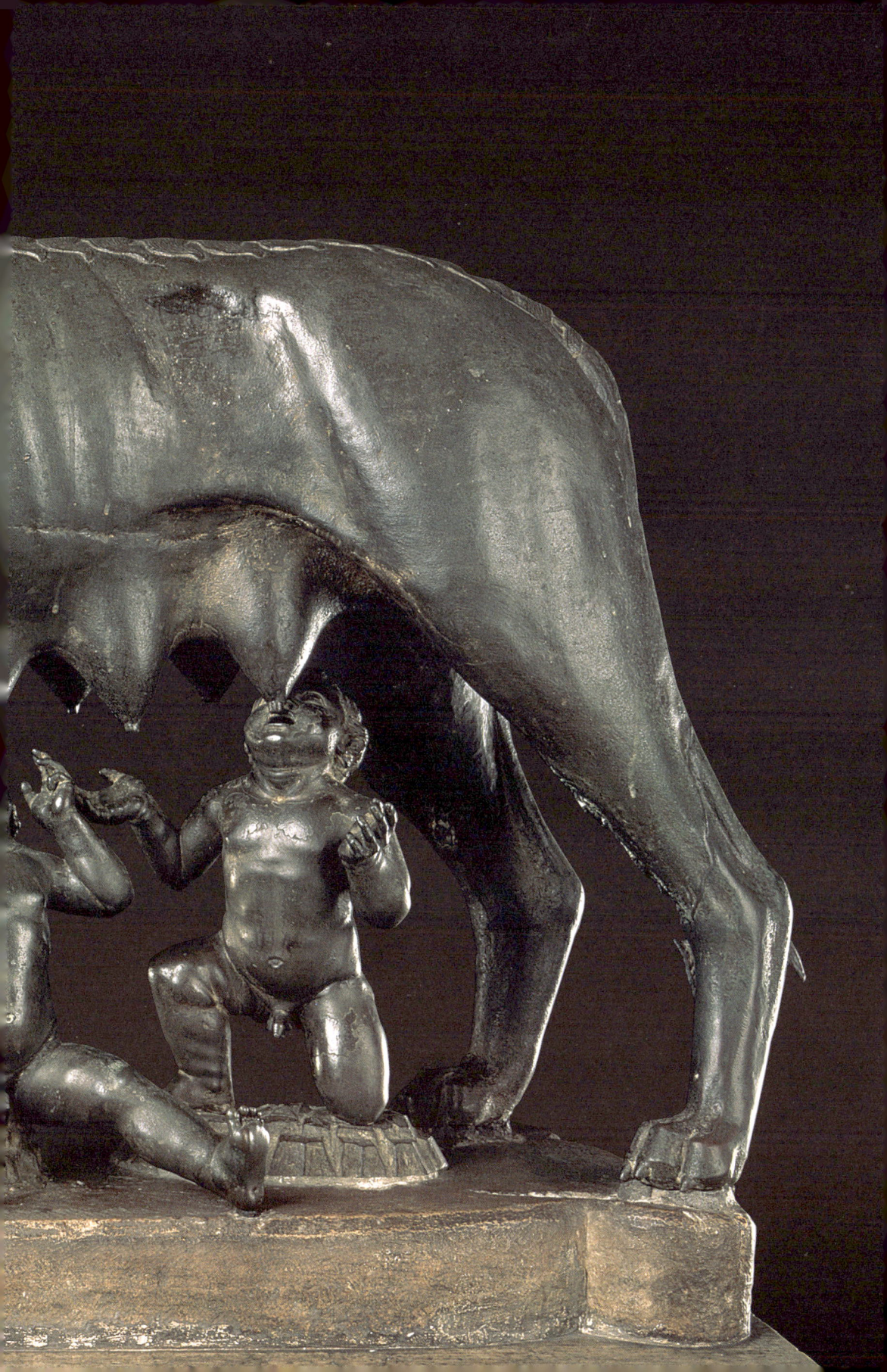

尔奎尼即傲慢塔尔奎尼的暴政，导致了罗马王政时代的终结。

无论当权者是塔尔奎尼一家，还是武尔奇人，可以肯定的是，自公元前7世纪下半叶开始，罗马就已是一座伊特鲁里亚城市了。伊特鲁里亚人成功地聚集起四散在山丘间的拉丁社群，排干沼泽，修建了这个统一城市的政治中心——广场（Forum）。石料建筑取代了木制的小茅屋，诸如距离卡比托利欧山仅一步之遥的行会广场，帕拉蒂尼山山脚下的雷吉亚[7]，以及坐落于帕拉蒂尼山和阿文提诺山之间的马克西穆斯竞技场，还有塔尔奎尼家族修建的朱庇特神庙。伊特鲁里亚人的存在，很大程度上成就了罗马，内政方面，伊特鲁里亚人确立了不少权力的象征["法西斯"、贵人凳（siège curule）和托加长袍（toge prétexte）]，而外事方面他们则积极地修建防御工事，例如以塞尔维乌斯·图利乌斯的名字命名的塞维安（Servienne）之城。伊特鲁里亚国王一直试图在由元老院诸位元老构成的拉丁贵族阶级中树立威信，掌握话语权，但并非每次都能成功。

改革者塞尔维乌斯·图利乌斯

相传，塞尔维乌斯·图利乌斯的子嗣因为没能继承父亲的王位而感到愤怒，不过，他们父亲的王位也不是合理继承的，而是通过谋杀老塔尔奎尼夺取的。当老塔尔奎尼去世时，他的妻子塔纳奎尔拥立武尔奇人塞尔维乌斯·图利乌斯为王。正如塞尔维乌斯·图利乌斯的名字中的"Servius"（拉丁语为"servus"，意为奴隶）所暗示的，也如传说所指明的，图利乌斯出身卑微，是一位名叫奥奎西亚（Ocresia）的战俘的儿子。据说，奥奎西亚在自己的家乡武尔奇曾是一位贵族，之后在老塔尔奎尼的宫廷中当仆人。

我们认为是塞尔维乌斯·图利乌斯一手组建了一支以重装步兵（hoplites）为战斗核心的希腊式部队，公民须根据自身的经济状况支付军备费用——与这项措施密切相关的是，图利乌斯发动了一场纳税人普查改革，在他新制定的框架中，公民的等级区分不再基于出身而是基于财富。此外，图利乌斯的政绩还包括优化罗马港口、分配土地以及发行最初的货币。

---

[7] 雷吉亚（Regia），古罗马建筑，最初是国王的住所（或总部），后成为罗马大祭司的公署。——译者注

因此，罗马公民基本上被分为五个等级：拥有100000阿斯（古罗马的一种货币单位，后被铜币或铜制品取代）资本或纳税额（cens）的人为一等公民，拥有75000阿斯的人为二等公民，依此类推，三等公民到五等公民需要拥有的纳税额分别为50000阿斯、25000阿斯和11000阿斯。而在军事方面，各个等级的人员服役于不同的百人队（centuries）。百人队的一半（年轻者）属于现役部队，另一半（年长者）则属于后备部队。

一等公民的百人队除有18支骑兵队之外，还有80支步兵队（40支年轻队、40支年长队）。二等公民至五等公民分别有20支百人队，同样是年轻队、年长队各占一半。此外，军中还有两支工程师（木匠和铁匠）百人队以及两支乐师百人队。最后还有一支百人队是所谓的"无产者"（prolétaires）队——他们无法从经济上支援城市，只能通过繁衍子嗣或"生产人丁"来报效罗马。由此，罗马拥有共计183支百人队。

不同的军事义务对应着不同的政治权利。在由百人队所组成的全新大会中，每支百人队都是一个战斗单元以及一个投票单元。两支工程师队的选票归于第一等级，而两支乐师队的选票则算在第四等级头上。那些最贫穷的人则免于服兵役，他们组成了一个单独的团队并可以在最后投票。

第一等级的18支骑兵队和80支步兵队首先投票，这样便有效地确保了绝大多数的归票。罗马共和国末期的历史学家不止一次赞扬了这种投票系统所能保证的各方平衡——它不仅废除了血统特权，也能有效地避免群体性的暴政。

如果提图斯·李维所言非虚，那么全新的公民大会就是除了上文所表的军团结构以外，塞尔维乌斯·图利乌斯的另一大创新。这两者甚至在一些当代历史学家的眼中堪称完美。从图利乌斯的超前创新中，历史学家看到了存在于公元前5世纪至公元前4世纪（甚至是公元前2世纪）的国家建筑。不过，有些研究历史的同人更加赞同传说中的表述，因此他们的意见有所保留。尽管如果想完全取舍两方史学家的观点未免有些吹毛求疵，但归根结底，塞尔维乌斯·图利乌斯的改革无论从军事层面，还是从政治层面，似乎都响应了时代的号召：他首先考虑到了人口的增长，因此对军队结构进行了重组——无论站在战略的角度，还是技术的角度，这番决定

都很完美；其次在管理领土方面，他重新规划了21个行政区（又称"特里布斯"），其中4个为城市，17个为农村，这21个区是纳税和募兵的基础单元——这也标志着对自古以来贵族统治传统的挑战。这种全新规划的合理结果便是一个全新大会的诞生，即围绕着五个等级公民的百人团大会（comices centuriates），183支百人队都能参与其中。

上述所有改革的目的都是削弱甚至消除贵族的统治力——贵族阶级的经济基础是农牧业而非商业，所谓的世袭制度也垄断了所有权力。城市的建立带来了前所未有的商业财富，而与此同时，

拉丁贵族还致力于畜牧业。平民阶层（Populus）随着城市的建立而出现，他们中的大多数都是城市中的拉丁人或伊特鲁里亚人，甚至有一些希腊人，因为从伊特鲁里亚到罗马，大量来自希腊的艺术品都强调了希腊人的存在。同样，在罗马的卡比托利欧山到台伯河附近出土了不少陶俑，其中包括雅典娜（Athéna）的半身像、赫拉克勒斯（Hercule）的躯干雕像以及一列双轮马车队的塑像——它们由一位定居于此的希腊工匠于公元前540年前后创作。

塞尔维乌斯·图利乌斯的另一大功绩是发明了阿斯锭（aes signatum），一种刻有特殊符号

马斯塔尔纳的传奇

这个传奇故事强调了罗马君主制的特殊性：王位不能世袭，没有任何一个罗马国王的王位是继承自其父亲。马斯塔尔纳，又名塞尔维乌斯·图利乌斯，是罗马王政时期的最后一位贤君。平民出身的图利乌斯和之前所有君主一样，是由大会中的元老推选出来的。上图的壁画描绘了解救马斯塔尔纳的传奇故事。该壁画来自位于武尔奇的弗朗索瓦的墓穴，其历史可追溯至公元前5世纪（现藏罗马阿尔巴尼别墅）。

■ 王政罗马

进攻与防守：第一支罗马军队的装备

罗马步兵的主要进攻武器长阔刃剑（spatha）（剑刃长达 70 厘米）极有可能借鉴自高卢。在与高卢人的战斗中，长矛、标枪以及匕首作为辅助武器首次被罗马军队投入使用。此外，罗马士兵手持盾牌，身穿盔甲，头戴头盔，用以防御。

罗马共和国并不向士兵分发武器，因此每位士兵都要用自己的方式武装自己。富有的士兵会携带一柄长剑和一把长矛，身上则配备护胫（cnémides）以及由金属片绑成的胸甲；军官身穿一种鳞片状的金属软甲（lorica squamata），军衔更高的人则身着用皮革或青铜强化过的依照主人身材定制的胸甲。人们发现，罗马军人使用过两种类型的长矛：斯皮库鲁姆矛（Spiculum）柄长1.6米，铁制矛锋长22厘米；维尔库鲁姆矛（Vericulum）的矛锋长度与斯皮库鲁姆矛相当，但矛身总长刚过1米。在一些突击队中，士兵所持的盾牌的后部都配有铅制飞镖（plumbata），这种用手投掷的飞镖短而重。长柄刀（gladius）又叫西斯班尼卡刀（hispanica），锋利的刀身长50厘米。长柄刀从公元前3世纪起成为标准的步兵武器——和锁子甲一样借鉴自高卢。公元前1世纪之前的盾牌大都外凸，外观呈椭圆形或圆形。

插图 来自拉努维乌姆的公元前5世纪的胸甲和头盔（现藏罗马国家博物馆戴克里先浴场）。

的青铜锭块。人们在位于西西里杰拉河附近一座神庙的募捐箱里发现了一块阿斯锭的残片，该文物的历史可以追溯至公元前 6 世纪下半叶——恰逢图利乌斯在位的时期，这也恰恰印证了这位国王发明了阿斯锭的说法。不过，这块阿斯锭的样式十分古老，印于其上的符号是"枯枝"（ramo secco）式的——尽管如此类比，符号的真正含义仍十分晦涩难懂，并且如果以"枯枝"的含义解读的话，那么这类阿斯锭并不代表货币，而更像是一种"前货币"工具，其具体重量由标记于其上的符号界定——这样一来，阿斯锭就成了一类强有力的佐证，即只要存在政治权威保障金属锭的价值，那么后者就能保证存在超越单纯的物品交换的经济。即使无从知晓这块发现于杰拉河的阿斯锭的确切来源，但依照历史背景，能够判断它来自南伊特鲁里亚——这从另一方面印证了包括罗马在内的伊特鲁里亚南部地区在经济上、政治上都高度发达。

另外，一些事实也能证明罗马伊特鲁里亚国王为城市的发展提供了助力。如果承认塞尔维乌斯·图利乌斯所做的重要的军政改革催生出了一种所谓的"勋阀政治"（timocratie）——每个公民根据自己的财富状况参政，那么老塔尔奎尼则通过扩大公民群体的基数而预先为前者拓宽了道路（老塔尔奎尼授予外国居民公民身份）。老塔尔奎尼还主持了大规模的城市重组工作，修建了第一道城墙（后又被图利乌斯延长）、马克西穆斯竞技场，同时通过几项重大的工程实现了城市的运河化并兴修了下水道系统[马克西姆下水道（Cloaca Maxima）]，据说他还修建了朱庇特神庙。这一系列传说中的军事、政治、贸易以及城市规划的改革事件，和考古发现得出的结论完全吻合。但我们并不明确的是，类似的进程在其他更为先进的伊特鲁里亚城市中是否也以相同的方式推进，还是说上文所述的发展只是罗马地区的独有现象。

塞尔维乌斯·图利乌斯之死同样疑云密布。根据提图斯·李维的说法，老塔尔奎尼的两位儿子艾伦斯·塔尔奎尼乌斯（Arruns Tarquinius）和卢基乌斯·塔尔奎尼乌斯分别娶了图利乌斯的两个女儿，她们都被称作图丽娅（Tullia）。艾伦斯的性格温和，而他的兄弟卢基乌斯十分残暴。图丽娅两姐妹的性格也如两兄弟一般有着天壤之别，但造化弄人，那位残暴的图丽娅嫁的是温和的艾伦斯——她看不上自己胸无大志的丈夫，反而倾慕卢基乌斯。两人在数次幽会之后酝酿出了谋杀各自配偶的计划——这样他们就能顺理成章地结婚了。两人在结合后谋杀了国王，图丽娅拥立他的新丈夫为王，自此，卢基乌斯·塔尔奎尼乌斯登基，并因他的脾性而得名"傲慢塔尔奎尼"。

根据提图斯·李维的描述，图丽娅曾乘坐自己的战车，从她父亲的尸体上碾过，当她到家时，为消灭罪证而抹去了染红战车车轮的那位弑君者的鲜血。如果把这个情节和《圣经》（Bible）[《列王纪》（Livres des Rois），9∶30—9∶37]中以色列国王亚哈（Achab）的妻子耶洗别[8]之死进行对比，我们会发现一些类似之处。

---

[8] 耶洗别（Jézabel），以色列皇后，性格冷酷，自称先知。——译者注

尽管一些元素颠倒了，但罗马场景仍然让人联想起《圣经》故事中的人物和类似的情节。要想判断这些元素在何时融合、如何融合，其实相当困难。我们只需要强调，塞尔维乌斯·图利乌斯和两位塔尔奎尼国王的命运与两位女性——塔纳奎尔和图丽娅——紧密相连。如果说我们将图丽娅看作耶洗别这个形象所喻示的不幸，同样能将通过预言助其丈夫为王的塔纳奎尔看作耶洗别代表的好运。姑且可以认为，在当时的罗马和伊特鲁里亚，传统君主制制度不断受到政治冲突的撼动，所以人们只能赋予一些人物独特的魅力（或神化其背景）以使其权威合理化。大概这些传奇故事从东方世界发源，而客商和旅人将它们一路带到了台伯河畔的城市。

君主制的式微

尽管塞尔维乌斯·图利乌斯施行了诸多改革，但似乎这位伊特鲁里亚国王并不能摆脱当地贵族阶级的制约。这些贵族来自当地最初的氏族，分别由各自的首领或父老（pater）带领——"pater"便是"patricien"（罗马贵族）一词的来源。这一强大阶层的反对势力于公元前509年随着最后一位塔尔奎尼（即傲慢塔尔奎尼）被驱逐出境一并消失了。傲慢塔尔奎尼先是在伊特鲁里亚寻求庇护，后又流亡到了库迈，请求暴君亚里士多德（Aristodème）的庇护。至此，贵族阶级得以重新控制罗马这座城市，并建立了所谓的"公共组织"（Res publia），这一名词最后演化成了我们所熟知的"共和国"（Republique）。上述情节是罗马君主制终结的诸多版本中的一个。

传说中的傲慢塔尔奎尼是一位典型的暴君，他生性多疑，警备军队时刻环伺其周身，他还清算了所有疑似支持塞尔维乌斯·图利乌斯的元老。此外，他颁布剥夺公民私人财产的惩戒法令，他可以因为怀疑某人犯下罪行或者只是单纯地觊觎某人的财产便剥夺此人的权利，霸占该人的财富。而在与相邻城市的关系方面，傲慢塔尔奎尼主动向定居在拉齐奥和坎佩尼之间的沃尔斯克人宣战，还与扎根在拉齐奥东南方向的厄克斯人签订了和平条约，他还占领了罗马以东20公里处的加比伊。同样，傲慢塔尔奎尼也卷入了和鲁图勒人的战争，并围攻了后者的首都，即罗马以南35公里的阿尔代亚。不过，传说中傲慢塔尔奎尼在上文所述的最后一次战争中曾遭

遇过围困——这可能也是罗马君主制消亡的原因之一。

据提图斯·李维描述，被派往阿尔代尔驻守的罗马官员在酒席和宴会上乐不思蜀。一天，当他们在傲慢塔尔奎尼之子塞图乌斯·塔尔奎尼乌斯（Sextus Tarquinius）的帐中饮酒时，话题逐渐转向了各自的妻子，他们开始放声歌唱，赞美自己的妻子，酒过三巡，讨论也趋于白热化，他们商议趁着夜色快速地赶回罗马亲自核实自己的配偶是否忠贞。他们发现，国王的继女正背着丈夫在一场奢华的宴会上和

希腊的影响力

希腊的艺术极大地影响了意大利半岛上的艺术家或手工业者。这些人在自己的艺术品上大量地运用了包含希腊神话元素的特有图案，同时使用了新材料进行创作。因此，在公元前4世纪，当伊特鲁里亚丧葬艺术中的传统浮雕被壁画取代时，希腊式的主题得以延伸到壁画上。例如，插图中来自伊特鲁里亚的塔尔奎尼的石棺，画中的形象为希腊神话中的女战士。该作为公元前4世纪的重要文物，作者不详（现藏佛罗伦萨考古博物馆）。

■ 王政罗马

卡斯佩拉特诺的战士

这座壮观的雕塑（高2米余）来自公元前6世纪。与这座雕塑关联的佩西尼人是意大利的一个种族，所使用的语言属于斯坎—翁布里亚语支。佩西尼亚人在完全融入罗马帝国之前，经历了漫长的"罗马化"的过程（现藏基耶蒂国家考古博物馆）。

塞尔维乌斯·图利乌斯与罗马四区

塞尔维乌斯·图利乌斯是罗马王政时代的第六位国王，也是一位伟大的政治家。图利乌斯通过颁布《塞维安宪法》（*Constitution Servienne*）来宣告一种共和政体的形成，同时也开创了一种基于公民财产或收入的纳税体系，并为此制定了一系列的征税条例。时代在变化，但图利乌斯所开创的纳税体系仍旧沿用了数个世纪。

塞尔维乌斯·图利乌斯同样通过建立"塞维安之城"扩大了城市的边界。所谓"塞维安之城"，就是将罗马城分为四个区。据说君主图利乌斯重拾了旧城的分区方式以赋予每个分区不容置疑的政治身份——根据传说，罗慕路斯在建立罗马之初便应用过这种分区方式。每个分区都对应一个族类（帕拉蒂尼、科里尼、埃斯奎利诺和萨布乌若），并且根据自身的经济水平，每个分区都有相应的军事责任。但是分区之间的界线并不明确。有理论说这四个区在威利亚山（传说中的罗马七丘之一）处接壤——不过，这个说法似乎站不住脚。

一群女性朋友可耻地厮混。只有罗马城市长官斯普利乌斯·卢克莱提乌斯（Spurius Lucretius）之女、国王的亲戚卢基乌斯·塔尔奎尼乌斯·克拉底努斯（Lucius Tarquinius Collatinus）之妻卢克莉霞（Lucrèce），安静地坐在一群奴隶中织羊毛直到深夜。塞图乌斯·塔尔奎尼乌斯难以抑制心中对这位品德高尚的女子的渴望，在几天之后，到她的家中强奸了她。卢克莉霞对自己的遭遇悲恸欲绝，并向自己的父亲和丈夫派遣了信使，要求他们立刻回家。当家人赶回家中后，在证人的陪同下，她声泪俱下地控诉了国王的儿子对自己的所作所为，之后她将一把匕首刺向了自己的心脏，没有要求任何人为

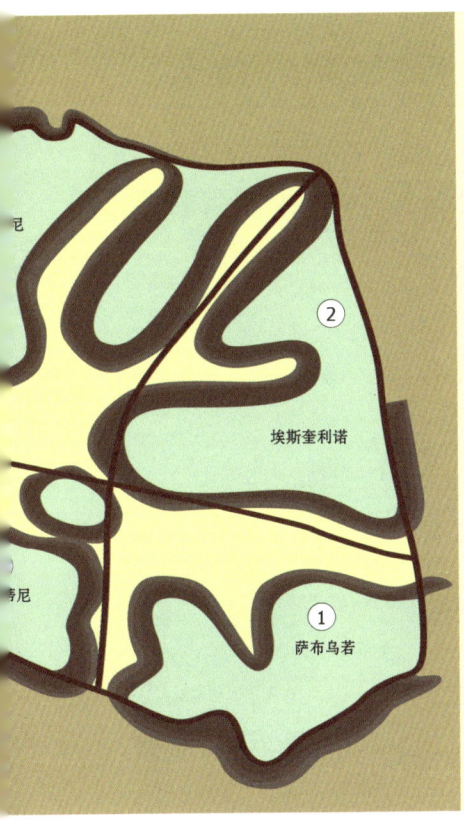

①**萨布乌若** 该区的位置对应的是以西里欧·维班纳的名字命名的西里欧山（罗马七丘之一），传说中，西里欧的大部队曾在此处驻扎。据提图斯·李维说，这位伊特鲁里亚首领去世后，塞尔维乌斯·图利乌斯用前者的名字命名了这座山丘以表纪念。

②**埃斯奎利诺** 埃斯奎利诺区是接纳了第一批移民的地区，该区所处的埃斯奎利诺山也是罗马七丘之一，在帕拉蒂尼区[9]向外扩展时被发现，历史可以追溯至公元前8世纪。与上文所述的萨布乌若区一样，该区也在塞尔维乌斯·图利乌斯重新规划城市时被并入了罗马，同时塞尔维乌斯·图利乌斯也下令将该区纳入正在修建的防御工事的保护范围中。

③**科里尼** 该区的选址对应的是罗马七丘中的奎利那雷山。科里尼区拥有大量的宗教中心。一般认为，罗马人对卡比托利欧三位一体（triade capitoline）[10]的崇拜便发源于此。传统认为该区的原住民为萨宾人。塞尔维乌斯·图利乌斯在实施"塞维安规划"时将该区划入了罗马城。

④**帕拉蒂尼** 传说中该区就是罗马最初建城的地方，因为母狼正是在此处哺育了罗慕路斯和瑞摩斯。帕拉蒂尼区中居住的是最富有的公民，这是塞尔维乌斯·图利乌斯在重新规划城市之时将该区视为重中之重的原因。

她报仇。

据提图斯·李维所说，傲慢塔尔奎尼之子对卢克莉霞的侵犯行为成了一场革命的导火线——卢克莉霞的丈夫卢基乌斯·塔尔奎尼乌斯·克拉底努斯在尤尼乌斯·布鲁图斯（Junius Brutus）——国王一位姐妹的儿子——的协助下揭竿而起。在与阿尔代亚休战之后，提图斯·赫尔米尼乌斯（Titus Herminius）与马尔库斯·赫奥提乌斯（Marcus Horatius）也加入了起义运动。推翻了

阿斯锭

这些青铜制品的起源至今无法考证，并且直到公元前4世纪人们才将其用作货币（现藏于博洛尼亚考古博物馆）。

---

[9] 帕拉蒂尼区（zone du Palatin），也是罗马建城的旧址，即主城区。——译者注

[10] 朱庇特、马尔斯和奎里努斯（Quirinus）三神三位一体。另一说为朱庇特、朱诺（Juno）和弥涅尔瓦（Minerve）三位一体。——译者注

王政罗马

罗马的伊特鲁里亚国王和塔尔奎尼家族扮演的角色

神话传说将罗马的伊特鲁里亚国王（老塔尔奎尼、塞尔维乌斯·图利乌斯和傲慢塔尔奎尼）和塔尔奎尼这座城市联系到了一起。老塔尔奎尼之父、富有的德玛瑞特被科林斯的暴君库普塞鲁斯（Cypsélos）驱逐，最后流亡至罗马的故事，似乎阐明了科林斯的经济以及科林斯的意大利西部殖民地的影响力。而两位女性——老塔尔奎尼之妻塔纳奎尔和塞尔维乌斯·图利乌斯之女图丽娅——在王位的争夺中扮演的重要角色，也表明了地中海中部文明的影响力：意大利半岛上出现了一种新的概念，即神明会干预权力的走向。

面对罗马的经济和社会的变化，塔尔奎尼家族实施了一项基于人民的反对贵族专制的政策。塔尔奎尼一家是罗马大型城市卫生工程以及城市美化工程背后的功臣。根据传说，王政罗马与其他伊特鲁里亚人之间连年的战争最后以老塔尔奎尼的胜利、伊特鲁里亚人臣服而告终。毫无疑问，伊特鲁里亚国王的统治为罗马的拉丁人打开了新世界的大门——他们参与到建立共和国的伟大事业中，在塔尔奎尼被驱逐之后，他们心中的征服欲逐渐苏醒。

左图为伊特鲁里亚的王座（现藏罗马国家伊特鲁里亚博物馆）。上图为位于塔尔奎尼市的奥克墓中的壁画的细节。

傲慢塔尔奎尼之后，布鲁图斯和克拉底努斯同时被推选为拥有和国王同等权力的执政官。但不久，克拉底努斯因为和国王有亲缘关系而被迫放弃自己的权力并且流亡拉努维乌姆。布鲁图斯随后与执政官普布利乌斯·瓦列乌斯·普布利克拉（Publius Valerius Publicola）和斯普利乌斯·卢克莱提乌斯结盟，后者是卢克莉霞父亲的密友，也是参加过反抗塔尔奎尼运动的思想领袖之一。此外，最后一位国王的拥护者想出了一条奸计，他们让这两位执政官率兵前往维爱和塔尔奎尼亚，这两座城市曾与从罗马出逃的伊特鲁里亚人结盟。不幸的是，布鲁图斯在随后的战斗中身亡。独自统治了一段时间之后，瓦列乌斯要求斯普利乌斯·卢克莱提乌斯一同参与执政，以根除关于他心醉于权力的谣言。然而，卢克莱提乌斯在执政后不久便去世了，瓦列乌斯又找来马尔库斯·赫奥提乌斯一同执政。

显而易见，上述传说所叙述的发生于公元前509年之后的事件，已经没有什么历史元素了，但十分奇特的是，该传说相当接近公元前510年希腊最后一位暴君希庇亚（Hippias）被驱逐的史实。仔细分析傲慢塔尔奎尼倒台前后的事件，就会惊讶地发现，在驱逐国王和建立共和国的核心人物中，普布利乌斯·瓦列乌斯·普布利克拉是唯一一个和国王没有关系的人。此外，普布利克拉既没有参与驱逐傲慢塔尔奎尼的运动，也没有参与紧随其后的事件。普布利克拉也是共和国初期真实性最为扑朔迷离的人物之一——我们根据提图斯·李维的说法，能够知晓与普布利克拉联合执政的是马尔库斯·赫奥提乌斯，但在公元前449年，也有一位姓氏为赫奥提乌斯的执政官，与一位叫作瓦列乌斯的执政官联合执政。

其他几位传说中共和国的建立者都或多或少和那位倒台的国王有关系：卢基乌斯·塔尔奎尼乌斯·克拉底努斯是艾伦斯·塔尔奎尼乌斯的后代，后者是老塔尔奎尼的兄弟；克拉底努斯的岳父、罗马城市长官斯普利乌斯·卢克莱提乌斯，是当时罗马城中紧随国王之后，一人之下万人之上的重要人物；最后，尤尼乌斯·布鲁图斯是一位塔尔奎妮娅[11]之子。根据罗列的信息，似乎在傲慢塔尔奎尼被驱逐之后，至高无上的权力被转移到同一个家族的旁系中。当然，为了限制集权，专门负责培

---

[11] 按照古罗马的起名方式，塔尔奎妮娅（Tarquinienne）为塔尔奎尼（Tarquin）家族中的女性后代。——译者注

意大利与希腊

希腊文化与意大利半岛之间的联系在这块伊特鲁里亚浮雕上也有所体现。这块历史可追溯至公元前5世纪来自皮尔吉的浮雕，描绘了特洛伊之战的场景。伊特鲁里亚传统认为——该说法极有可能源自库迈——是埃涅阿斯建立了伊特鲁里亚的诸多城市，并将特洛伊的诸神带到了第勒尼安地区（现藏罗马国家伊特鲁里亚博物馆）。

养和任命行政官的学院开始行使控制权——将每位行政官的任期调整为一年。

如果对上文所述的传说进行历史性的解读，并且仔细研究谁是傲慢塔尔奎尼的首位继任者，我们能得出的结论便是，驱逐国王的重要性被高估了。国王的消失并没有帮助人民挣脱名为"塔尔奎尼"的镣铐，因为傲慢塔尔奎尼的继任者是另一个塔尔奎尼。同样，国王的消失也没能消除由伊特鲁里亚人主导的拉丁贵族阶层，在导演了这场阴谋之后，伊特鲁里亚人及其拥护者仍旧身居高位。

然而，伊特鲁里亚人在这片土地上的霸权并不会持续多久。当时的伊特鲁里亚人在和迦太基人以及希腊人争夺地中海中部和东部的控制权。及至公元前6世纪,他们已然踏足波河河谷和亚得里亚海沿岸。他们同样开始占领坎布尼亚——在这里,他们需要面对的对手是希腊的殖民。他们曾和迦太基人在地中海的非洲海岸结盟,两方在公元前535年爆发于科西嘉附近的阿拉利亚(Alalia,今Aléria)海战中合力击败了希腊人。但在公元前480年的希梅拉(Himère)之战中,锡拉库扎的暴君盖隆(Gélon)在希腊军中带头冲锋,一举击溃了由吉松的汉米卡(Hamilcar de Giscon)带领的迦太基军队。6年之后,盖隆的兄弟兼继任者希隆(Hiéron)将伊特鲁里亚人彻底地从库迈抹除了。之后在公元前423年,萨莫奈人征服了卡普阿。高卢人的军队从西面步步紧逼,腹背受敌的伊特鲁里亚人难挽颓势——他们已然无法重新找回旧日的荣光。公元前3世纪中叶,伊特鲁里亚彻底臣服于罗马。

■ 档案：伊特鲁里亚大墓地

档案：伊特鲁里亚大墓地

葬礼仪式的演变（火葬和土葬）向我们解释了从史前时代到罗马时代的伊特鲁里亚文明的连贯性。

从微兰诺威时代（公元前10世纪和公元前9世纪）开始，在意大利的中部和北部地区，人们将逝者的骨灰放在双锥形的骨灰瓮中，再将骨灰瓮安置在葬坑里。与骨灰瓮一同下葬的还有人们认为逝者在死后的世界中用得上的物品，比如可以作为权力象征的授勋过的斧子，再比如人们会拿武器作为战士的陪葬品，或者拿纺织工具作为妇女的陪葬品。

向逝者呈上祭品的同时必须伴有其他仪式，如送葬游行：在将遗体送至墓穴的

为"来世"准备

在古人的信仰中,死亡只是一种存在状态的改变罢了。逝者的灵魂仍旧会在土地中长存,并一直陪伴仍旧在世的亲朋好友。灵魂仍旧被身体束缚,囿于坟墓之中。在葬礼上,人们会呼唤三遍逝者的灵魂,以祝愿他能在地底享有幸福的生活。左图为伊特鲁里亚石棺群。右图为波普罗尼亚大墓地一景。

过程中,送丧的人在一旁哭悼,之后还会有宴会、竞技以及葬礼舞蹈表演等活动。所有的这些仪式在伊特鲁里亚坟墓的绘画和浮雕上都有所表现,并作为罗马最古老的传统为我们所熟知。完整地执行这些仪式象征着社会秩序得到了重建:当一位成员离去之后,是这些仪式帮助人们"净化"了集体。

自公元前8世纪末,配有

系统化的仪式

在伊特鲁里亚的内陆城市,火葬是一种非常普遍的丧葬习俗。在葬礼的先行仪式(prothesis)中,人们将遗体安置在一个地方以便亲朋瞻仰遗容。而在安置点附近,人们聚在一起举行宴会、饮酒、跳舞、演奏或聆听音乐,这样的活动一般会持续几天。随后,人们将遗体放在柴堆上焚烧,之后将骨灰收集在一个骨灰瓮里,再将骨灰瓮安置在墓穴中。这件用于葬礼的黑陶器,发现于切尔韦泰里的班迪塔西亚大墓地(现藏罗马国家伊特鲁里亚博物馆)。

■ 档案：伊特鲁里亚大墓地

大墓地的内部

在佩鲁贾发现的采·祖图（Cai Cutu）家族墓葬呈现了伊特鲁里亚大墓地的内部特色。采·祖图家族中最古老的，住在这座"家族宗祠"中的祖先，生活在公元前3世纪。这位祖先的遗体没有像其他人一样火化——他的遗骨被安置在墓中唯一的石棺里。墓葬中的骨灰瓮共有50余只，刻于其上的文字有伊特鲁里亚语的各种变体、拉丁化的伊特鲁里亚语以及拉丁语。我们可以从这些骨灰瓮的铭文中，读出这个家族向贵族阶层攀登的历史——铭文中的"Cai"（采）字标志着家族中第一位逝者的奴隶地位，最终这个字慢慢从铭文中消失，只剩下了"Cutu"（祖图）。祖图家族随后就变成了一个全新的罗马家族——祖提乌斯（Cutius）家族。下图为采·祖图家族墓葬还原图。

侧卧的年轻男子 该雕塑是一个骨灰盒的顶盖，这个骨灰盒就像所有盛装骨灰的器皿一样，除了收纳逝者的骨灰，不能做他用。

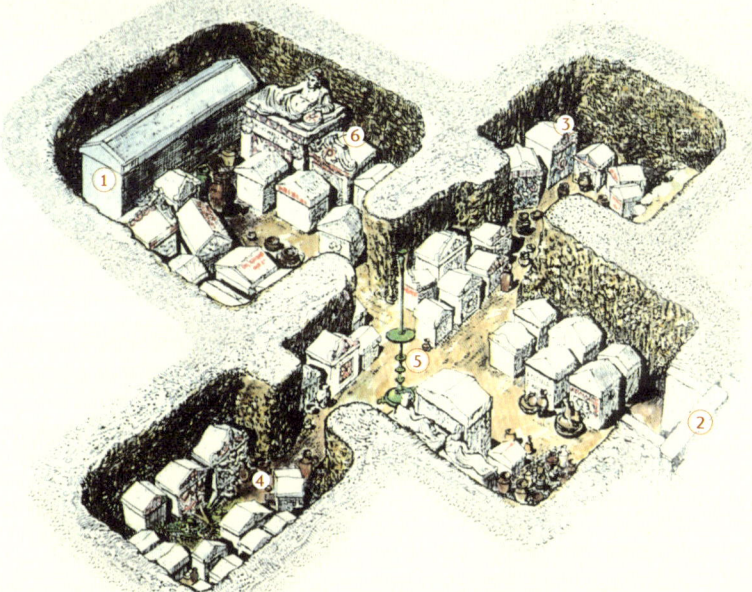

① **墓葬** 该墓葬在佩鲁贾翁布里亚国家考古博物馆的地下得到了还原（包括其中所有的陪葬品）。博物馆中的还原墓葬很好地重现了原始的布局，还具有较好的教育意义。

④ **"全副武装"** 人们在左侧的墓室中找到了一套完整的甲胄：青铜盾牌、铁制大剑、一顶损坏的头盔及其上配备的青铜双颊护片，以及一只落单的护胫。

② **十字形规划** 四个墓室中面积最大的一间是前厅。前厅剩余三个开口分别通向三间呈十字架式排布的墓室。这三间墓室都放满了骨灰盒。放置在走廊上的一块大理石板阻隔了外界和墓葬内部。

⑤ **青铜科塔布（Kottabos）** 这盏曾专门用于浇祭仪式的高脚杯成了一件游戏的附属装置，该游戏时常在宴会中出现。科塔布于公元前6世纪发源于西西里，随后在希腊流行，之后又传回了伊特鲁里亚。

③ **大理石骨灰盒** 这些骨灰盒中的其中两个，外部包覆有石灰。骨灰盒大都具有希腊特色，其外部常常点缀有各类浮雕——鲜花、宴会的场景、战斗的场景或半人马（Centaures）之战——以及铭文。

⑥ **铭文** 铭文一般被镌刻在骨灰盒的表面，这样就能详细地说明这位逝者的身份：他的名字、父系的姓氏、母系的姓氏以及氏族的名称。不过，在这座墓葬中安息的人都来自采·祖图家族。

英吉拉米墓 该墓葬位于沃尔泰拉市政府附近的尤里米托大墓地。人们后来在佛罗伦萨考古博物馆中还原了该墓葬。

墓室的墓葬成了伊特鲁里亚贵族的典型安息之所。这一习俗一直持续到伊特鲁里亚人彻底"罗马化"为止,即公元前 1 世纪后期。从所谓的"东方化"时期(公元前 8 世纪至公元前 7 世纪中叶)到古风时期[12](公元前 7 世纪下半叶至公元前 6 世纪),配有墓室的墓葬上方通常还会搭建坟冢。作为拥有纪念与象征意义的坟墓形式,不同的坟冢能够反映出不同世系的权力或霸权。

配有墓室的墓葬通常用作合葬贵族夫妇,或许还能一同安葬他们未成年的孩子,他们的仆人则会被安葬在通向走廊的偏室中。连续几代人会将自己的坟墓安设在祖先坟冢的四周,以强调自身血缘的正统——这能很好地解释一些墓地的规模为什么

---

[12] 又称古朴时期、古拙时期或远古时期,系古希腊的一个子时期。——译者注

档案：伊特鲁里亚大墓地

如此之巨。不过，在这些家族墓地中，那些次级墓葬主人的名字鲜有人知。

但也并不是所有伊特鲁里亚地区的丧葬仪式都遵循着相同的演变轨迹。首先必须对南部伊特鲁里亚和中北部伊特鲁里亚加以区分。这两个地区的分界处为注入第勒尼安海的菲奥拉河，以及台伯河的支流帕利亚河。在南部伊特鲁里亚地区，诸如维爱、切尔韦泰里、塔尔奎尼亚、武尔奇和沃尔西尼一类古老的大型城，依水而建（或靠近海洋、湖泊，或靠近河道）并彼此紧靠。在菲奥拉河以北，如果逆流而上，会发现河流沿岸依次坐落着维特罗尼亚和波普罗尼亚。而在内陆，丘西、佩鲁贾、科尔托纳、阿雷佐、菲耶索莱和沃尔泰拉彼此之间的距离都相对较远，也正因为如此，这些城市和中南部地区的伊特鲁里亚城市相比，以更加缓慢的速度发展着，并在伊特鲁里亚文明末期才达到了它们的顶峰。

维爱和切尔韦泰里

距离罗马几千公里处的大城市维爱，一直以来都是罗马强劲的对手。人们在此处发现了一系列以绘画装饰的带有墓穴的墓葬，其中以由一系列几何图形点缀的鸭子墓[13]（公元前7世纪）、用东方图案装饰的坎帕纳（Campana）墓（公元前6世纪）最为著名。但维爱的大型坟冢十分稀少，而且出现的时期较晚，如果与近邻切尔韦泰里的坟冢相比，这些维爱坟冢明显要朴素、简单得多。

切尔韦泰里拥有地中海盆地最令人心驰神往的考古胜地之一，即上文提到的由数千座墓葬构成的班迪塔西亚大墓地。该墓地占地400余公顷。人们将火山凝灰岩和石头按照不同的比例混合来搭建这些坟冢的底座，有些大型坟冢的直径甚至长达30米。而在墓葬的内部，人们会在用岩石刻凿出一个或多个墓穴来重现逝者生前的生活，这些墓穴会有房间、门窗、圆形立柱、各式家具，甚至是灵床。还有一些坟墓则是嵌入土地的四方形结构，开口朝向垂直相交的墓地道路——该结构参考了城市的规划方式。那些建设时期更晚、向下开凿更深的墓葬形成了规模更加壮观的"地下城"，其中更有按照逝者生前环境所雕刻的毛粉饰雕刻品、碑文和绘画。

尽管从总体上来讲时间跨度较长（公元前9世纪至公元前3世纪），但大多数

---

[13] 鸭子墓（tombe des Canards），该墓葬的壁画中绘有鸭子。——译者注

墓穴的开凿时期完全可以锁定在公元前 7 世纪至公元前 6 世纪的范围内，而这个时期的切尔韦泰里也恰恰是个极为富裕、人口众多的中心城市。在墓葬的诸多陪葬品中，除了具有东方风格的青铜器和银器，还发现了精致的金器以及大量本土的或进口的黑陶器（诸如科林斯式的、罗德式的、伊奥尼亚式的或阿提卡式的花瓶）。由此可以猜想，彼时已经有外部工匠在此处安家落户，并且他们的产品也可以印证当时市场的繁荣。想必当年切尔韦泰里君主也是腰缠万贯——在他们的墓地中，还有数十处历史可追溯至公元前 7 世纪的贵族坟冢，而这些贵族坟冢又被数量庞大的普通坟冢团团围住。人们对该地进行的妥善的维护工作有助于向后世更好地重现当年复杂的社会结构。在切尔韦泰里周围，同样也有一到两处小城市王公贵胄的坟冢，这些坟冢的风格和装饰都与切尔韦泰里的十分相似——这一巧合不仅能证明这些城市和切尔韦泰里存在文化的交融，更能证明这些周边城市和切尔韦泰里君主的盟友关系。

塔尔奎尼亚和武尔奇

在塔尔奎尼亚，或者更确切地说，在塔尔奎尼亚不远处的蒙特罗兹大墓地中，一系列分布在城市附近山丘中的墓葬（墓井、葬坑、墓室或坟冢）体现了从微兰诺威时代到东方化时代的南部伊特鲁里亚地区的文化的嬗递。该墓地中最出名的，被联合国教科文组织纳入世界文化遗产名录的墓葬，是士兵墓[14]、猎豹墓、杂耍演员墓和宴会厅墓。这一系列非凡的艺术合集从视觉上非常详细地展现了伊特鲁里亚人的生活、习俗以及信仰。塔尔奎尼亚似乎从公元前 8 世纪中叶起就开始走下坡路了——确实，从公元前 7 世纪初，大墓地的数量就开始减少了，蒙特罗兹大墓地便是那个世纪仅存的硕果。至于配备有坟冢的墓葬，除了道哥那西亚和波焦德福诺的壮观墓葬，剩余墓葬的价值不大，并且和切尔韦泰里的墓葬相比，它们似乎也不包含能够阐明家族血缘延续性的元素。

坐落于距塔尔奎尼亚 20 公里处菲奥拉河畔的武尔奇，是重要的青铜器加工中心。该城市的坟冢或地下墓穴，与切尔韦泰里或塔尔奎尼亚的墓葬几乎没有什么

---

[14] 士兵墓（tombe du Guerrier），同上文的"鸭子墓"以及随后的"猎豹墓"（tombe des Leopards）和"杂耍演员墓"（tombe des Jongleurs），墓葬名称来自墓中的壁画。——译者注

档案：伊特鲁里亚大墓地

区别。以其发现者，佛罗伦萨考古学家亚历山德罗·弗朗索瓦（Alessandro François）的名字命名的"弗朗索瓦的墓穴"，尤为重要。该墓葬的装饰图案展示了伊特鲁里亚和罗马的最古老的场景：西里欧·维班纳和艾乌卢斯·维班纳正在解救被塔尔奎尼囚禁的塞尔维乌斯·图利乌斯。

在东方化时期，武尔奇和塔尔奎尼亚一样开始没落。武尔奇带有墓室的大型墓葬的数量，与切尔韦泰里相比仍然较少，我们也无法从武尔奇的墓葬中找到切尔韦泰里的墓葬所强调的社会关系——至少直到公元前7世纪末，武尔奇的生产水平和经济实力重焕生机之前，这种能强调社会关系的墓葬在武尔奇

54

伊特鲁里亚壁画：艺术与象征意义

伊特鲁里亚壁画的趣味性已经远超本身的艺术意义和历史价值，它们几乎是古代希腊—罗马时期唯一的"幸存者"了。壁画中经常出现的水禽象征着由生向死的过渡，而狮子和其他野兽则喻示着人们对地狱（inferos）的恐惧。《弗尔苏之战》(La lutte du phersu)——画中一个头戴面具的奇怪男子正和他的狗一起与一个裹着缠腰布、手持重物的男子作战——描绘了一场典型的伊特鲁里亚古代的角斗。一扇紧闭的门象征着亡者世界的入口。宴会、竞技、音乐和舞蹈的场景比比皆是。墓葬中的大多数绘画都洋溢着幸福和生命的喜悦。左图为猎豹墓壁画中的祭祀和音乐家。下图为预言家（Augures）之墓壁画中的地狱之门。这两座墓葬都来自塔尔奎尼亚大墓地。

是不存在的。不过，之后当地倒是出现了一些地位相当高的家族，例如图特（Tutes）家族、塔尔纳斯（Tarnas）家族和泰尼西（Tetnies）家族。

沃尔西尼和北部地区

远离南部伊特鲁里亚的内陆的沿海城市，在布拉恰诺湖、维科湖和博尔塞纳湖的周围，于岩石上开凿墓穴十分常见，人们通常会将墓葬（质地通常是火山岩）的外观雕刻成住宅或庙宇的形状。南部伊特鲁里亚以北的城市沃尔西尼，被古代作家看作伊特鲁里亚民族的中心之一。考古学家在沃尔西尼的北部

档案：伊特鲁里亚大墓地

陪葬品

通过观察贵族墓葬中的陪葬品可以发现，伊特鲁里亚的金银制品不仅受到希腊的启迪，也受到东方的强烈影响——尤其在金属加工工艺和装饰图案的审美方面。

银制巴契罗（Bucchero） 伊特鲁里亚人于公元前7世纪来到帕莱斯特利那——人们在此地一处平原上发现了一座"东方化"时期的大墓地。上图来自贝尔纳蒂尼（Bernardini）墓的文物便可追溯至该时期（现藏罗马国家伊特鲁里亚博物馆）。

贝尔纳蒂尼的托盘 这件银制的文物和上文中的"巴契罗"来自同一座墓葬，两者可追溯的历史也完全相同——同样，这件托盘的装饰工艺（压纹）、东方化的装饰风格都与巴契罗完全一致（现藏罗马国家伊特鲁里亚博物馆）。

金制胸针 这件长为19厘米的金制文物发现于一座位于武尔奇，历史可追溯至公元前7世纪的王侯墓。该文物上的装饰物是采用了制粒工艺加工而成的鸟、狮子和士兵形象（现藏罗马格里高利伊特鲁里亚博物馆）。

金制手镯 这件文物由一系列平行的女性图案以及两条叙利亚风格的几何图案花边点缀。这件来自雷戈里尼—加拉西（Regolini-Galassi）墓的文物制作于公元前7世纪（现藏罗马格里高利伊特鲁里亚博物馆）。

发现了凝灰岩十字架大墓地（公元前 6 世纪），其中带有墓穴的墓葬采用四边形结构，其上架有盲拱。各墓葬由垂直相交的道路分开——类似切尔韦泰里的墓地规划。一些较为次要的城市坐落在位于第勒尼安海沿岸北部的伊特鲁里亚。在阿尔贝尼亚河的托斯卡纳流域，人们发现了十分有考古价值的班迪特拉和佩拉泽塔大墓地。大墓地的外观呈圆形，共有墓葬 100 余座。其中，规模较大的墓葬中以青铜制品、黄金制品和象牙制品构成的一系列陪葬品具有东方风格。

在今天的格罗塞托附近，坐落着沿海古城维特罗尼亚，后者被一个巨大的墓地环绕。该墓地中最为著名的墓葬由一圈石头（或坟冢式的结构）划定边界。这些墓葬大部分的陪葬品都是公元前 8 世纪至公元前 6 世纪的青铜制品。其中皮耶特拉的坟冢出土了第一批伊特鲁里亚大型石雕，包括男性雕像和女性雕像。

在维特罗尼亚以北，古城波普罗尼亚坐落在正好可以俯瞰布拉提海湾的地方。波普罗尼亚是伊特鲁里亚唯一的滨海城市。该城因发达的冶铁业而在历史上扮演了重要的角色（铁矿主要开采自附近的厄尔巴岛）——波普罗尼亚是古代最大的冶金中心之一。圣塞博大墓地和卡松大墓地是当地最具特点的古迹，其中的大型坟冢由覆盖着盲拱的墓室构成。同样，我们在此处发现了可追溯至微兰诺威文明（公元前 9 世纪）的文物，而剩余文物的年代大多集中在公元前 6 世纪。自公元前 4 世纪开始，由于铁矿开采业的蓬勃发展，大量的冶铁活动使得该地区逐渐被东方化或古老的大墓地占据了，那些古墓表面附上了厚厚的铁渣层。人们不得不将目光转向拉格鲁特、波焦马拉萨尔多和勒布什德拉法特等地，并在这些地方修建墓地。

内陆伊特鲁里亚

在众多内陆城市中，位于台伯河和阿诺河上游盆地附近的城市丘西，因其外围有大量墓地环绕而闻名遐迩——和其余较为次要的城市相比，墓地的数量往往能表明一个城市对土地的掌控力。丘西古老的丧葬风俗的历史可追溯至微兰诺威时期，其特点便是人们会将逝者的骨灰收纳在一种被称为"卡诺匹斯罐"（vases canopes）的容器里，该容器和希腊人所使用的骨灰瓮类似。作为逝者最后的容身之所，这类容器的封口物被设计成了人头的形状。

公元前 5 世纪的墓碑和骨灰瓮的特色，便是其上雕刻有代表宴会、葬礼游戏

■ 档案：伊特鲁里亚大墓地

或其他仪式的浮雕。丘西附近一些配有墓室的墓葬会装饰有体现人们日常生活的画作——正如塔尔奎尼亚的墓葬一样。"猴子墓"[15]、"大公墓"[16]和"科勒墓"是丘西最为著名的墓葬。这种艺术上的辉煌，能为我们提供该城市在发展势头最为强劲时期的宝贵信息。根据传说，丘西国王拉斯·波西纳（Lars Porsenna）于公元前6世纪末攻打罗马，还有些资料称拉斯·波西纳成功征服了罗马。而就在之后的公元前5世纪末，以及整个公元前4世纪，丘西的领土之上出现了大量的雕像、墓葬群和石棺——并且这些丧葬建筑更着重彰显个体。

位于特拉西梅诺湖以东的城市佩鲁贾，见证了自身一步步地从一个伊特鲁里亚城市转变为罗马城市的全过程。尽管18世纪的佩鲁贾已然成为重要的中心城市，但它依然完整地保留了公元前3世纪至1世纪（这段时期也是佩鲁贾的繁荣时期）的城市结构，以及伊特鲁里亚古迹。在公元前3世纪至公元前1世纪的这段"光辉岁月"，佩鲁贾出现了圣马可地下墓地和在岩石中开凿的沃鲁姆尼地下墓地。这些地下墓地中展示着用象形艺术装饰的浮雕和骨灰瓮，而这些浮雕和骨灰瓮上同样会出现用伊特鲁里亚语或拉丁语书写的铭文。

如果说19世纪最为重要的"伊特鲁里亚学"研究场地是佩鲁贾，那么科尔托纳早在18世纪便已成为该学科的研究圣地了。在考古发掘的过程中，人们将配有坟冢的墓葬单独保存起来——它们向我们展示了质量极高的青铜器。再往北，坐落于阿诺河上游盆地的城市阿雷佐无疑是北部伊特鲁里亚最重要的城市之一了。该城市同时也是一流的冶金中心，但遗憾的是，该地保存至今的遗迹和古墓少之又少。

著名的阿雷佐的客迈拉见证了这座城市的辉煌：它是伊特鲁里亚艺术品中最著名的青铜器之一。这件艺术品在公元16世纪中叶被发现时曾引起巨大的轰动，它原本的用途是守护王族的墓葬。

在阿诺河以北，位于佛罗伦萨地区的菲耶索莱是又一个大型伊特鲁里亚中心城市。如同在其他北方伊特鲁里亚地区一样，人们也在这里发现了较为晚期的伊特鲁里亚遗迹。有赖于在不同墓葬（如卡尔米尼亚诺古墓和蒙塔诺拉古墓）中发现的陪

---

[15] 同上文"鸭子墓"。——译者注
[16] "大公墓"（tombe de Granduca），该墓葬因位置靠近托斯卡纳大公的一座农场而得名。——译者注

个性化的石雕和艺术品

这口石棺来自位于武尔奇的拉姆莎·维斯奈（Ramtha Visnai）及其妻子阿恩斯·特妮（Arnth Tetnie）的合葬墓。石棺侧边的浮雕是质量极高的造型艺术品——描绘了这对伉俪永别的场景。棺盖之上的浮雕描绘的则是这对夫妻在床榻之上深情相拥的景象。该文物的历史可追溯至公元前4世纪中叶（现藏波士顿美术博物馆）。

葬品，人们可以记录所谓"东方化"的时期。在蒙塔诺拉古墓中，穿过一条长为14米的走廊可到达一间正厅，该正厅之上装有由坚固的中央支柱支撑、直径为5米的盲拱。整个墓葬被一座直径高达70米的坟冢覆盖——这也是北部伊特鲁里亚发现的最大的坟冢了。在托斯卡纳中部，坐落在山丘之上的沃尔泰拉，不仅可以俯瞰切奇纳山谷，还有翁布罗内河和阿诺河环绕四周。尽管此地最为古老，可追溯至微兰诺威时期的大墓地已经被山体滑坡吞噬，但这里还存有不少带有古风时代浮雕的墓碑，以及该时代的大理石雕刻的骨灰瓮。

罗马在公元前4世纪之初征服了维爱，标志着伊特鲁里亚罗马化的开始。罗马化的进程在内战之际（公元前1世纪）到达巅峰，而那些古老的伊特鲁里亚传统也随之消失了。不过，自相矛盾的是，一种名为"伊特鲁里亚"的乡愁在罗马忙于统治整个意大利之际，开始在罗马城中蔓延。

布鲁图斯·卡比托利欧
（Brutus Capitolin）

这座青铜半身像的历史可以追溯至公元前4世纪或公元前3世纪，文艺复兴时期的传说将该塑像和罗马第一任执政官卢基乌斯·尤尼乌斯·布鲁图斯（Lucius Junius Brutus）联系到一起。

下一页 罗马浮雕中的一位执政官、一位执法吏和两位公职人员（现藏奥西莫市政厅）。

共和组织

罗马共和国出现于公元前 509 年，恰逢希腊爆发大型运动，暴君被驱逐以及民主政权建立。这种一致性表明，罗马已然在希腊罗马世界中占据了重要的地位。不久，罗马的影响力便会超过拉齐奥，而城市的凝聚力会在不断的社会斗争和妥协中得到强化。

约公元前 500 年，西西里的迦太基人和锡拉库扎的希腊人正准备为争夺西西里岛的主权而开战。大希腊的塔兰托和克罗托内也在同一时期发展到了顶峰。而彼时的意大利中部地区正在经历不断的、影响深远的政治与社会动荡，这些动荡与严重打击坎布尼亚的伊特鲁里亚人的政治灾难密不可分。正是在公元前 520 年至公元前 450 年这段时间里，罗马经历了有史以来最严重的危机——该地的经济发展不仅被迫放缓，还从独立性到政治上的存在性都饱受质疑。

南部伊特鲁里亚的衰落，为罗马的塔尔奎尼家族的力量带去了致命的打击——伊特鲁里亚王朝通过推行积极的政策，成功地为这个台伯河畔的城市带来了其他拉

■ 共和组织

伊特鲁里亚人拉斯·波西纳，罗马的死敌

丘西的伊特鲁里亚领导人波西纳率领伊特鲁里亚各城联军进军罗马，同时，那些在塔尔奎尼家族统治的最后几十年被占领的拉丁城市和萨宾城市也派兵增援。罗马被迫投降并放弃之前占领的所有伊特鲁里亚土地。

罗马平民在傲慢塔尔奎尼倒台之后，便被元老院剥夺了财产，他们显然对伊特鲁里亚人和罗马共和国（由元老院贵族主导的）的敌人更有好感。传说对青年贵族盖乌斯·穆西乌斯·斯凯沃拉（Caius Mucius Scaevola）的英雄主义的歌颂，似乎隐含着一丝微弱的对罗马贵族的崇拜和歌颂，尽管那些元老本身就是伊特鲁里亚人的真正敌人。根据提图斯·李维的说法，穆西乌斯·斯凯沃拉成功解救了罗马人，后在赫斯提亚元老院（Curie Hostilia）为斯凯沃拉竖起了一座雕像以示敬意。

插图 油画《波西纳身前的穆西乌斯·斯凯沃拉》（Mucius Scaevola devant Porsenna）由乔凡尼·巴蒂斯塔·提埃坡罗（Giovanni Battista Tiepolo）于18世纪中叶创作。这幅作品能让人们记住传奇的青年英雄穆西乌斯·斯凯沃拉的勇气。画中的穆西乌斯·斯凯沃拉正将一只手伸入燃烧的火盆中，以表他与同胞的气节和决心，最终成功说服伊特鲁里亚国王波西纳不再包围罗马（现藏尔茨堡马丁·冯·瓦格纳博物馆）。

齐奥城市无法比拟的繁荣，行政机构也逐渐民主化，但王朝的一系列行为也招来了贵族阶层的敌意。拉齐奥的伊特鲁里亚势力遭到了削弱，正好为那些罗马爱国者提供了将渴想已久的计划加以实施的契机——他们可以展开暴力行动，迫使国王放弃其权力并离开罗马。传说中卢克莉霞的故事无疑赋予这一历史篇章一个更加浪漫的

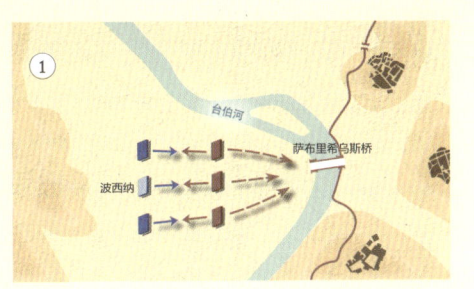

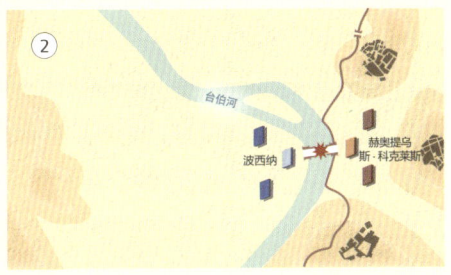

波西纳对战罗马

① 根据传说，赫奥提乌斯·科克莱斯（Horatius Coclès）率罗马军队于罗马城外围与波西纳的大军对峙。

② 在两军对峙的过程中，罗马人拆毁了萨布里希乌斯桥（Pont Sublicius）以防伊特鲁里亚人进入罗马城。

新维度。

伊特鲁里亚王朝被驱逐出罗马这件事，在南部伊特鲁里亚的城市中引起了强烈的反应。根据传说，丘西国王波西纳组建了一支大军以助塔尔奎尼家族重返卡比托利欧山。这支军队悄无声息地潜入了罗马的领土——传说他们并没有成功渡过台伯河，但还是围攻了罗马城。

63

■ 共和组织

黑色大理石[17]碑文

这块碑文的历史可以追溯至公元前600年，人们通过"牛耕式转行书写法"（交替地从左往右，再从右到左）将拉丁—伊特鲁里亚的字母刻在石碑之上，但所用的具体语言在共和国时期已经被遗忘（现藏罗马国家伊特鲁里亚博物馆）。

直到罗马人主动提出接受他们严苛的要求，丘西人才同意撤军。尽管丘西人的要求没有成功地帮助塔尔奎尼家族重返权力巅峰，但至少保证了罗马居民在一段时间内不能拥有或锻造铁制武器。

贵族共和国

罗马君主制度的消失使平民的生活也随之恶化——之前国王的权威一直与贵族的权力相互制约。而当贵族阶层全权统治大会的时候，平民阶层将不再受到任何保护。在罗马王政时代的头几年，行政官、祭司和法官都是贵族，但由于缺少成文的法律，暴力和滥权得以披着法律的外衣大行其道。而与此同时，罗马外部的敌人，无论在数量上，还是在力量上，都在成倍地增加。罗马人把越来越多的精力投入与伊特鲁里亚人、耶克人和沃尔斯克人的不断战斗中。随着越来越多的奴隶被解放以及越来越多的拉丁移民涌入，贵族阶层不再占据主导，而军队中原先属于贵族的职位，也不得不被下放给平民阶层。故而贵族阶层有意利用人民的力量来强化自己的权力，但平民在为罗马的存亡而斗争时所贡献的力量、所消耗的财产越多，就越能意识到自己的权利。

罗马从来没有制定过书面上的宪法。罗马政府是一系列事件发酵、演变的产物——在此期间，立法者不断地根据具体事件调整行政机关使其能贴合实际情况。在国王被驱逐之后，罗马即刻变得四分五裂并充满了潜在的冲突：伊特鲁里亚的拥

---

[17] 黑色大理石（Lapis Niger），位于罗马元老院前的户外集会场，后被覆盖。——译者注

护者需要面对驱逐他们的煽动者，塔尔奎尼家族的捍卫者则需要提防波西纳的盟友，后者希望融入由拉齐奥的反分裂主义城市组成的拉丁同盟。不难想象，在这样的混乱中，不同的氏族最后只好缔结一系列条约以避免更大的灾难。

君主制的废除是贵族阶级的杰作。自然而然地，新政权是贵族阶级对阵平民阶层时所取得的胜利的直接产物，而罗马最后几位国王的权力的基础就是平民阶层。因此，贵族阶级保留了行政官（magistrature）的主权，也捍卫了宗教的尊严。罗马不再是一个由放牧人氏族所构成的社群（每个氏族由一位父老带领，后来单一氏族演变成了多个氏族，负责氏族间事务的机构就是元老院）。两位行政官成为新政府的首脑，新政府也有了个新的名字——"共和组织"（Res publica）[18]。两位行政官的权力与从前的国王相同，但他们任期只有一年，并且必须以合议的方式行使自己的职权——完全避免新的执政模式向暴政或专权偏移。

至于行政官的数量和名字，则一直是个谜。共和国建立之初，公元前509年至公元前508年，罗马共和国似乎只有一个行政官，被称为最高裁判官（Praetor maximus）。他负责在没有国王的时期[王位间隙期（interregnum）]担任伊特鲁里亚时代军队的最高长官和旧日君主制中的临时行政官[临时摄政王（inter-rex）]双重职务。不过，该职务迅速被两位行政官取代了，并且十分暧昧的是，行政官的称呼也变为执政官（consul）。

执政官不仅负责指挥军队，也负责司法和财务事务。随着时间推移，出现了辅助他们履行职责的辅助行政官——裁判官（préteur）和财务官（questeur）。同样出现了一个临时的行政官职位独裁官（dictateur），由一名执政官根据元老院的提议任命以应对极端危险的状况。这位独裁官的任期不超过六个月，但在任期内他享有绝对的权力，他的决定也不容置疑。一旦一位独裁官被任命，任何其他行政官和公职人员都不再享有特权，必须像听命于一个国王一样完全听命于这位独裁官。独裁官会像旧日的国王一样，指定一位骑兵长官（magister equitum）。实际上，独裁官和君主的区别，仅是前者的任期短以及不可能任命继任者。

---

[18] 共和组织，拉丁文为"res publica"，意为"公共财富""公共事务"等，也是拉丁语系中"共和"的词源。——译者注

■ 共和组织

> **罗马共和国时期重大纪事**
>
> **公元前509年**
> **傲慢塔尔奎尼倒台** 两位年度最高裁判官执政,后该职位被执政官取代:两头政治取代君主制。
>
> **公元前494年**
> **第一次平民分离运动** 平民据守阿文提诺山,以迫使政府前来和谈并最终缔结和平协议。放牧人氏族同意割让土地。
>
> **公元前471年—公元前390年**
> **平民拥有自己的保民官** 十人委员会撰写《十二铜表法》。高卢人洗劫罗马。
>
> **公元前328年—公元前197年**
> **罗马的凯旋(Triomphe)** 罗马统治拉齐奥、伊特鲁里亚和坎佩尼。西西里成为罗马的第一个行省,科西嘉、萨丁尼亚和西班牙(Hispanie)紧随其后成为罗马行省。
>
> **公元前218年—公元前133年**
> **第二次布匿战争** 罗马人入侵高卢。西庇阿·艾米利安[19]讨伐西班牙行省的努曼西亚城。
>
> **公元前107年—公元前23年**
> **塞多留之乱** 罗马与斯巴达克斯(Spartacus)及高卢开战。儒勒·恺撒(Jules César)遇刺。罗马遭遇政治危机。奥古斯都成为首位终身皇帝。

新共和国的元老院和君主制时期的元老院没有根本性的区别,只不过从前的元老院辅佐国王做决定,而现在他们成为执政官的顾问罢了。

为了重拾行政官的权威,罗马人引入了两个词——"权力"(potestas)和"绝对权力"(imperium)。第一个词表达了在定义明确的领域中履行特定职能的能力,而第二个词则用来形容战争时期指挥官的权力总和[军事绝对权力(imperium militae)]或人民代表国

---

[19] 西庇阿·艾米利安(Scipion Émilien),即小西庇阿。——译者注

家授予行政官的权力总和。军事权力最初只会授予两位执政官,这两位执政官同时兼任军队最高指挥官,负责战时的民事及刑事司法事务。他们在和平时期也会承担一部分司法事务,其中包括逮捕并审判任何公民,以确保军队的公共秩序和纪律。

作为军事最高指挥官,执政官可以向任何一个没有缔结同盟条约的民族宣战,也可以按照他所希望的任何条件签署和平条约,不过,就这个方面来说,人民的批准在后来也变得不可或缺。执政官同时负责募兵,因此,在组建军队的过程中,一位执政官在评估一个人的权利及义务时,人口普查的数据、个体的财务状况是不可或

元老的权力

元老完全掌控着罗马的公共财政,无论是收入,还是支出。如果没有元老院的授权,财务官完全不能做出任何产生费用的行为。元老院还负责监察官(censeur)的任命、司法和对外关系,同时有权宣战。上面这幅罗马帝国时期的浮雕展示了罗马的元老。

> 共和组织

缺的基础。一位执政官可以征收战争贡品，并根据共同的利益自由地分配战利品，还可以召集人民或元老院成员共同商议公共问题或征询建议，同时向所有公民下达不可违逆的命令。

从我们的角度来看，执政官似乎代表着一种至高无上的权力。除非执政官主动提出，否则无论是元老院还是人民，都无法参与政府的工作，任何不是由执政官召集的元老院会议或大会都是非法的。上述的事实表明，贵族阶级尽管废除了君主制，但也清楚地意识到保留一个权威至少与国王等同的国家首脑的必要性——这样既能够保证国家的统一，又能保证在防范或面对威胁国家存亡的危机时能迅速地采取行动。

与此同时，看到如此巨大的权力从一个行政官的手中流向另一个以个人意志为主导的机构中，贵族阶级还要防范任何形式的寡头政治的固有风险。解决办法便是，他们将执政官的任期设为一年（年度性），并推行了联合执政的制度（合议性）。得益于第一项举措，执政官的权力受到了时间限制，与此同时，政府的活动由于有了元老院的指导而能有条不紊地、毫不间断地进行（元老院实行成员终身制，成员基本上都是前执政官）。而第二项举措带来的好处便是，倘若其中一位执政官的行为没能得到另一位执政官的批准，那么这项行为将被废止。年度性和合议性这两项基本原则和贵族阶级的利益是如此地契合，以至贵族把这两项原则应用到几乎所有的任命工作中。

平民对抗贵族

大型贵族家族又称氏族，他们的权力与所处部落所开发并占领的土地、所拥有的牲口以及自身的文化息息相关，还取决于一些依赖他们为生的个体——被保护人（client）。一般来说，一段保护关系基于承诺提供保护和协助的保护主（patron）和承诺服从的被保护人之间的相互信任。"信任"[20]一词强化了被保护人和保护主之间的联系，这种互惠保障最终调节了社会关系。保护制度所对应的宗教性体现在对祖先的崇拜中。被保护人没有权利祭拜自己的祖先，他们必须视保护主的祖先如自

---

[20] "信任"（Fides）一词，最初源于女神菲迪斯（Fides），她是信任和忠诚的人格化。——译者注

己的祖先，同时也要将自己的姓改成保护主的姓氏。我们必须在征服拉齐奥的战争和无条件投降的敌人中寻找这一制度的遥远渊源。

这些被保护人的主要经济贡献是养护土地或照料牲口。在军中常伴氏族首领身侧，为其提供服务，也是被保护人的诸多义务之一。然而，除了向自己的保护主提供多项服务，被保护人还是保有全部的公民权利和政治权利的——当然，这种权利被所谓的"信任"局限了。换言之，罗马被保护人也是罗马公民，他们有权拥有财产，也有权在大会中发声。

贵族阶层建立的新国家秩序的应用，标志着一段旷日持久的冲突的开端，对立的双方是罗马贵族阶层及其近亲与被保护人和所有其他人民。贵族阶层是共和国政府部门的绝对

农业活动的场景

来自丘西的一口石棺上的装饰浮雕细节（现藏佛罗伦萨考古博物馆）。这口石棺上装饰的人类形象，很好地展现了伊特鲁里亚人的农耕活动，为伊特鲁里亚出众的农业和水利技术留下了书面证据。在著名的考古圣地马蒂内拉大墓地发现的陶俑也能证明这一点。

共和组织

所有者，无论在财政上，还是在政治上，那些不属于贵族集团的人，都得屈从于他们的独断专行。想要了解冲突的来龙去脉，我们必须认清，在那些不属于罗马贵族阶层的人之中，也存在巨大的财富断层。这就导致了在伊特鲁里亚统治者的有意协助下，一些新近晋级的富人得以进入元老院，一些能够和罗马贵族阶层分庭抗礼的强大家族也得以出现。共和国一建立，这些富有的家族就开始发动针对贵族的叛乱，因为他们知道共和国的建立意味着他们参与国家政事的希望消失殆尽。此外，这些富裕家族明白，他们能将长期屈服于贵族专横之下的人民集结起来——债台高筑的贫民和负债累累的小业主，早已因自身的悲惨处境和债主的剥削而怨声载道、义愤填膺。因此，平民（plèbe）阶层不再代表一种合乎法律形式的阶层或一种社会等级，而是代表了由那些感到被贵族组织排斥或损害的公民所构成的自由组织。

应当指出的是，最初平民阶层取得的胜利是政治上的，而不是经济上的。此外，那些领导平民阶层对抗贵族特权超过百年的人，从未忘记共同家园更加高级的利益——就像他们的贵族敌人一样，他们也深知自身富裕的经济状况决定了他们须尽保卫国家之责。

从一开始，平民起义就被具体化为"分离运动"的形式——更确切地说，是那些被城市抛弃的人或反叛的公民自发地在阿文提诺山或"圣山"（一座距罗马5公里的山丘）上组织集会。正是集会期间，平民响应一位领导人的号召有纪律地组成了一支军队，这位领导人被称作"平民保民官"（tribuns de la plèbe）——与罗马正式军队的"军事保民官"（tribuns militaires）相呼应。这支军队按照部署驻扎，尽管按兵不动，仍然充满威胁——只要国家势力不和他们签订协议，他们就一直驻扎。在反复的分离运动中，平民阶层做出了几项旨在确保自己及领导人安全的决定，以及一些能够保障他们连续胜利的决定。第一项决定便是：强制执行，不惜一切代价地强制执行——平民保民官和其权力的不可侵犯性便由此而来。平民保民官以此为矛以帮助平民对抗贵族阶层的倒行逆施，他同时有足够的底气来拒绝国家向他提出的任何有损而无益的要求。

传统认为，平民的第一次分离运动发生于共和国成立不久，公元前494年。正是这一年，在经历了一场与沃尔斯克人、耶克人和萨宾人的战争之后，贵族不

独裁官卢基乌斯·奎尼克提乌斯·辛辛纳图斯

被强敌环伺的罗马备感不安,由此产生了独裁官一职。卢基乌斯·奎尼克提乌斯·辛辛纳图斯(Lucius Quinctius Cincinnatus)在公元前485年曾率领罗马人成功地抵御了耶克人的进犯,后来又在耄耋之年出任独裁官,为可靠的独裁官形象增添了几分令人生畏的色彩。

独裁体制存在着潜藏的危险:因为权力寡头被保留了。这解释了为什么辛辛纳图斯的第一次独裁官任期只有短短的16天——他在率领罗马大军击溃了耶克人和沃尔斯克人联军之后,解甲归田。没有任何证据可以证明当年耶克人确实败北,但野史中的辛辛纳图斯似乎已经成为一个理想独裁官的楷模了。他提高了军事效率,希望能找到解决紧急危机的方法以助元老院重夺最高权力。也正是出于这个原因,元老院在20年后重新任命他为独裁官。元老院在一场镇压平民的闹剧中利用了这位耄耋老人的声望,最终将这场闹剧转变成了一个歌颂贵族专制的传说。
插图:油画《辛辛纳图斯丢下犁出任独裁官》(*Cincinnatus abandonne sa charrue afin de dicter des lois à Rome*)。由胡安·安东尼奥·里维拉(Juan Antonio de Ribera)于1806年创作(现藏马德里普拉多博物馆)。

工艺品与金属器皿：菲克罗尼青铜桶（Cista Ficoroni）

菲克罗尼青铜桶是一件骨灰容器，发现于帕莱斯特利那的一座墓葬。该桶是一个高为77厘米的圆柱形容器，桶盖以3座小型雕像作为手柄。桶盖上的铭文表明了制作该工艺品的罗马作坊。桶身的装饰采用古老的压印工艺，该工艺适用于可延展的金质、银质、铜质或青铜质板状物，其原理是：用松脂将金属薄片固定在一张板上，以钝头铁制工具和榔头反复沿事先画好的草图线条捶打，随后金属薄片的背面开始变形，极浅的金属浮雕随之出现。菲克罗尼青铜桶的历史可以追溯至公元前315年，它也是那个时代罗马青铜工匠的杰作之一。菲克罗尼（Ficoroni）是该文物的前所有者。菲克罗尼青铜桶现藏罗马国家伊特鲁里亚博物馆。

桶盖上的形象为酒神狄俄尼索斯（Dionysos）以及围绕其身边的两位森林之神，人们通过他们尖尖的耳朵和脸上微醺的神情辨认出了身份。

环绕桶身的主要装饰画描绘了阿尔戈英雄（Argonautes）的传说以及他们抵达比提尼亚（Bithynie）的场景，在雅典娜的见证下，波吕克斯（Pollux）正在对巨人阿密科斯（Amycos）施以酷刑。巨人被绑在一棵树上，波吕克斯则带有象征胜利的双翼。

贝尔纳蒂尼胸针

一件发现于帕莱斯特利那的贝尔纳蒂尼墓的文物，其历史可追溯至公元前7世纪。该文物的外观为一块长方形的金制板，大小为17厘米×6.7厘米。文物表面的装饰复杂，采用了制粒工艺，覆盖于其上的图案有马、狮子、人类的头颅和塞壬（现藏罗马国家伊特鲁里亚博物馆）。

桶底支撑物为兽腿的形状。底座的上方则是一番充满爱意的场景：爱神（Éros）见证下的赫拉克勒斯（Hercule）和伊娥勒（Iole）。

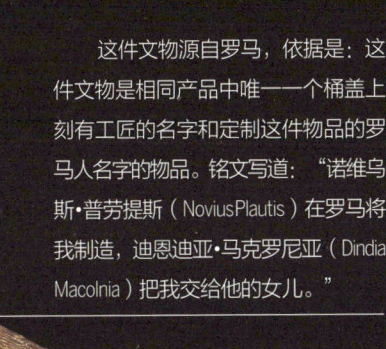

这件文物源自罗马,依据是:这件文物是相同产品中唯一一个桶盖上刻有工匠的名字和定制这件物品的罗马人名字的物品。铭文写道:"诺维乌斯·普劳提斯(Novius Plautis)在罗马将我制造,迪恩迪亚·马克罗尼亚(Dindia Macolnia)把我交给他的女儿。"

中央装饰画的上方排列着一系列装饰图案:爱奥尼亚式的盘螺围绕着棕榈饰,莲花将各元素区隔开。在莲花的中间,人们用压印工艺添加了斯芬克斯(sphinx)的头像。

我们可以在这个场景中看到一眼泉水从狮子的口中喷涌而出。狄俄尼索斯的导师西勒努斯(Silène)正在水流旁和一个手持双耳尖底瓮,前来汲水的人交谈。背景中,一位年轻男子正带着一个花瓶,从阿尔戈号(Argo)上下来。

东方文明对伊特鲁里亚匠人的影响

伊特鲁里亚的金银匠多使用来自美索不达米亚、腓尼基和埃及的工艺:他们通过敲击的方式将金制薄片压进其他材料里。

美索不达米亚风格 伊特鲁里亚人开发了金银丝细工工艺:将金线熔铸在工艺品上以增加体积。我们可以在这件装饰有森林之神的胸针上欣赏到该工艺(现藏罗马国家伊特鲁里亚博物馆)。

爱琴的金器 这副作为陪葬品的耳环,其历史可追溯至公元前7世纪。该工艺品体现了小亚细亚、埃及和爱琴海各城市的工匠惯常使用的制粒工艺。

共和组织

家神和祖先崇拜

罗马的信仰、神明和宗教仪式是多元化的。神性的表达是个人化的。换言之，罗马诸多神明中的每一位都有自己特有的神性、单独的名字和个性化的宗教仪式。如果说罗马公众的宗教崇拜总在不断地变化，那么那些更为私人化的宗教崇拜却在几个世纪中一直和亡灵、灶神和古风时代的家神紧密相连，不曾改变。

对于罗马的古人来说，任何的逝者都将成为神。希腊人认为所有的逝者都是"地下的神"，而对于罗马人而言，逝者是"阴间的神"——他们的坟墓即是他们的庙宇，庙宇面朝着各自的祭祀区，类似神明的庙宇。人们通过不同的、私人的宗教仪式表达对灶神、家神和亡灵的崇拜，例如家族之父（pater familias）祭礼。罗马人神格化父亲或母亲的遗骨或亡灵，并借两个节日——驱亡魂节（Lemuralia）和敬先节（Parentalia）——表达对他们的尊敬。人们在家庭祭祀场所的中心，为灶神和家神燃起篝火，后者是被赋予神性的家族祖先。如果人们为这些祖先加持了"精神力"，那么这些祖先的英灵便会保佑自己的后代。人们向司婚姻的地狱女神朱诺（Junon）祭祀，以求保佑婚姻和生育，显而易见的是，他们也会向自己的家神提出相同的诉求。具体仪式包括绕圣火而走，祝颂赞美词和将葡萄酒洒向大地。

插图 一尊罗马家神的小型青铜雕塑（现藏博洛尼亚考古博物馆）。

愿解散军队，因为担心会有新的动荡突然爆发。愤怒的士兵带着全副武装撤至阿文提诺山（一说圣山）。贵族担心其他平民与这些士兵合流，决定派遣一支由阿格里帕·梅内尼乌斯（Agrippa Menenius）带领的使者团前去进行军事谈判。阿格里帕通过他著名的寓言故事成功说服了平民。在故事中，他将城市和人的身体进行了类比。他说道："一天，身体的各个器官感到愤愤不平，因为它们必须把所有花上力气得到的好东西都送给胃，而后者只需享受剩余器官给它带来的好处。因此，身体上的所有其他器官达成协议：手不再把食物送到嘴里，嘴则拒绝所有喂过来的食物，牙齿也停止咀嚼，这样就能用饥饿来打倒胃。不过，真的当胃中空空时，身体的其他器官也变得虚弱起来。直到那时,其他器官才意识到胃的功能并不是被动地享乐,因为它只有利用食物才能制造让人充满力气的血,并均匀地将血分配到全身各处。"一些历史学家认为,这些发生于公元前494年的事件,其实都是传说。

他们认为,第一次分离运动实际上发生在公元前471年,并且第一次分离运动可作为所谓公元前449年第二次分离运动的前因,这也恰逢十人委员会(decemviri)建立的时期。事实仍然是,罗马公民同意在某些条件下返回罗马:平民可通过投票自决,还可以任命自己的行政官,建立自己的行政机构——罗马平民所追求的"国中国"[21],令19世纪的历史学家着迷不已。

很显然,贵族并没有和平地接受平民的要求——一切迹象都表明彼时的罗马是血腥冲突和暴力动乱的现场。传统认为,这几十年的血泪回忆能在寇流兰(Coriolan)的故事中找到印证。寇流兰因为在饥荒时期的谷物分配问题而被平民保民官控诉,这位贵族被要求出席公民大会并接受审判。随后,他流亡至沃尔斯克的领地并指挥后者的军队进攻罗马。传统同样将这段悲惨的历史和卢基乌斯·奎尼克提乌斯·辛辛纳图斯之子贵族瑟松·奎尼克提乌斯(Céson Quinctius)联系在了一起,前者是民族英雄,也是正直和公正的典范。瑟松·奎尼克提乌斯因为侮辱了保民官而被勒令在平民面前进行辩解,但他拒绝出席。其父在紧急关头为他解了围,并将他送出了罗马,同时替他支付了一笔巨额赔款——这几乎使辛辛纳图斯倾家荡产。

公元前287年,时值马尔库斯·克劳狄乌斯·马塞勒斯(Marcus Claudius Marcellus)和盖乌斯·纳乌提乌斯·鲁蒂卢斯(Caius Nautius Rutilus)共同担任执政官。一些历史学家认为,正是在这一时期爆发了最后一场分离运动。不过,该运动的具体原因我们无从知晓。导火线大概是新近从萨宾人手中没收的土地的分配问题——在那个年代,只有贵族才有权使用新获得的土地;不然,就是另一场严峻的危机进一步压榨了以农民占主导的最为贫困的阶级,当他们解甲归田时,发现自己根本无法向贵族偿还巨额的债务。一如上次,这次他们也撤到阿文提诺山上,以示抗议。昆图斯·荷尔顿西乌斯(Quintus Hortensius)被任命为独裁官以解决

---

[21] 指一个机构或一个团体在一个法治国内享有完全的自主权。——译者注

> 共和组织

这一危机。

我们不知道荷尔顿西乌斯最后是如何成功说服平民并为分离运动画上句号的，但知道他随后颁布了《荷尔顿西乌斯公民投票法》（lex Hortensia de plebiscitiis）。根据该法，全民大会（公民投票）的决定具有法律效力，因此对全体公民（包括贵族）具有约束力。

如果平民阶级不在强大家族持续的关注和指导下，谨小慎微地服从那些维护他们既得利益的秩序，那么，这一系列旷日持久的如此暴力的内部冲突，必将削弱罗马的力量，甚至抹去罗马的存在。一系列针对保民官的约束证明了这一点：保民官的权力范围被严格限制在城市之内，一旦一位执政官担任战场上的军事指挥官，保民官的所有权威立刻失效。平民保民官因此必须一直待在城市中以保证自己的权威。毫无疑问地，他们的贡献在于很大程度上限制了贵族阶层的绝对统治，与此同时，没有给共和国造成致命的威胁。可以肯定的是，就短期而言，他们制造的混乱确实影响了罗马人的日常生活，但从长期来看，他们也为罗马带来了几个世纪的政治稳定。事实也是如此，他们不断地监督和反抗，为罗马日后统一意大利的大业打下了坚实的基础。

《十二铜表法》（Loi Des Douze Tables）

公元前451年，罗马政府决定应平民的要求制定成文法。传统认为，在保民官盖乌斯·忒伦提留乌斯·哈尔萨（Gaius Terentilius Harsa）坚持不懈的要求下，罗马终于派出一支由三名成员组成的团队，前往希腊考察《梭伦法案》（lois de Solon）或其他著名的法典。考察团返回后，人们决定成立一个由十位行政官组成的委员会（每位成员都是贵族），并由该委员会负责编纂法典，同时执政官和平民保民官的选举暂停一年。同年年底，由十位行政官（即十人委员会）起草的法典正式被公民大会通过并被镌刻在了十张铜表上。但是，他们的任务还没有完成，所以在贵族阿庇乌斯·克劳狄乌斯·克拉苏（Appius Claudius Crassius）的指导下，第二个十人委员会于公元前450年成立，其中有五位成员来自平民阶层。尽管第二个十人委员会中有平民成员，但由该委员会颁布的两项新法律纯粹地与贵族的利益挂

钩——除了个别举措，这两项法律明确地禁止贵族和平民通婚。同年年底，阿庇乌斯·克劳狄乌斯说服他的同人不要放弃权利，并在他的指导下建立某种"集体专政"（tyrannie collégiale）。不过，根据传说，一桩滥权事件引发了平民的反抗。阿庇乌斯·克劳狄乌斯被平民少女维尔吉尼娅（Virginia）的美貌吸引，唆使自己的一位被保护人宣称该少女其实是自己的奴隶，并成功地通过一系列诉讼将这位少女"交还"给了他的被保护人。这样一来，阿庇乌斯·克劳狄乌斯就能借机满足自己的淫欲。但少女的父亲维尔吉尼乌

公元前 449 年的分离运动

根据传统，平民在此次分离运动期间，撤至阿文提诺山驻守，并最终导致了第二个十人委员会的解散以及阿庇乌斯·克劳狄乌斯的自杀。旧日的行政机构重组，当年在任的两位执政官瓦列乌斯和赫奥提乌斯（两人此前曾击退了耶克人和沃尔斯克人）与反叛者达成了协议。元老院也最终通过了这些行政官提出的决定。这幅由 19 世纪画家卡米洛·米奥拉（Camillo Miola）创作的油画，描绘了维尔吉尼娅的故事。女孩儿的父亲将她杀死以防她被阿庇乌斯·克劳狄乌斯奸污（现藏那不勒斯卡波迪蒙特博物馆）。

《十二铜表法》涉及的财产与继承

《十二铜表法》的涉及范围可覆盖到公民生活的各个方面，从捍卫家族之父的权力到解决邻里关系，再到和刑法有关的准则都有涉及。尽管该法典中的具体内容我们无从知晓，但通过对该法典引文的推演以及罗马历史学家和法学家的评述，我们能对该法典有个大体了解。我们同样知道，《十二铜表法》明确了继承规则，人们同样在第六表和第七表中规范了财产所有权的相关问题。

关于继承问题，《十二铜表法》明确了遗嘱的优先性。如果逝者在生前没有留下书面遗嘱，则应遵循"最为亲近的亲属继承遗产"的准则。这样便保证了逝者的直接继承人是他的子女或妻子。如果逝者没有直系亲属（妻子及子女），那么法律将规定其继承人：拥有共同直系亲属的父母为第一顺位继承人；在没有直系亲属时，遗产便会由同一氏族的其他亲属继承。关于财产转让，《十二铜表法》同样从诸多方面做出了规定，例如债权人与债务人之间的关系（详表两者相互的权利与义务）。该法典同样为执行买卖合同时各类必要的手续、特定资产的转让权，以及和"曼斯帕蓄"（指土地、牲畜和奴隶的转让）相关问题，制定了条款。

插图 这幅罗马帝国时代的浮雕，展示了一份遗嘱或一份合同的起草。

斯（Virginius）情愿杀死自己的女儿，也不愿她被染指——平民随之愤然反抗，并在阿文提诺山上驻扎。十人委员会被迫放弃自己的职位。阿庇乌斯·克劳狄乌斯随后自杀，包括平民保民官在内的传统行政官迅速重新就位。根据这段描述，似乎仅当一个行政官集团阻断了执政官的权力时，法律法规的起草才成为可能。

传说自然有很多不可靠的方面。比如在上述传说中，即便第二个十人委员会中有平民成员，但该委员会似乎仍对平民阶层抱有敌意。再者，平民阶层要求解散一个让他们第一

次能参与国家政治中的委员会,只是为了让一个只有贵族才能掌权的共和政体复辟——这未免太过自相矛盾了。此外,还有一个事实,历史中的"维尔吉尼亚"(Virginia)氏族是贵族氏族,而上文传说中的少女"维尔吉尼娅"恐怕是这个家族中唯一的"平民"了。此外,阿庇乌斯·克劳狄乌斯·克拉苏本身采取的主动行为也会削弱贵族阶级的特权——一个绝对专权的政府一旦被建立,那么占统治地位的寡头集团必然会灭亡。

传说的版本还掩盖掉了贵族阿庇乌斯·克劳狄乌斯推行

▎共和组织

的政治纲领的关键部分。通过延长本人与其他十人委员会成员的任期，再结合五位平民成员的身份，阿庇乌斯·克劳狄乌斯的本意是为共和国带来社会和平。不过，他的美好愿景以失败告终了——由贵族主导的国家一举颠覆了十人委员会，重新建立了由执政官带领的政府。

尽管我们很难承认那些所谓的与法律编纂相关的故事的可信度，但编纂法律这件事本身是真的。一个似乎无可争辩的事实是，《十二铜表法》是一气呵成的，尽管它本身是一段长长的历史的产物。虽然一些细节可能是在公元前5世纪之后添加的，但法律的坚实核心可追溯至共和国建立之初——铜表上语言的措辞风格和这些语言所描述的生活状况都能印证这一点。

公元前2世纪的罗马历史学家和法学家都认为，《十二铜表法》是罗马这个年轻共和国的最大的荣耀。《十二铜表法》在历经四个世纪的风霜之后，在西塞罗（Cicéron）的时代仍旧具有参考意义。在《十二铜表法》颁布后的几个世纪中，法律中的内容无疑得到了扩充。尽管最初版本的法律仅着眼于程序法和习惯法的编纂，但平民阶层还是从中获得了大量好处，成文法确实限制了行政官的决断权，并且他们有义务服从该法。

罗马与土地问题

共和国建立初期的历史充满着与土地相关的问题——这些问题远比由债务问题引发的动荡多得多。在公元前5世纪，罗马的国家领土数量以一个相对缓慢的速度增加着。伊特鲁里亚王政时代的一些征服行为也没有为国土面积带来巨大的增量，要么是那些被吞并的土地只是被分配给了个人，要么是那些占有土地的人在获得罗马公民身份之后仍保有自己土地的所有权。

城市人口高密度的直接成因是，在与近邻的战争中取胜。在一个工业化欠发达、贸易欠繁荣的时代，城市人口高密度暗示了有主的土地极为分散，也不存在可供奴隶工作的大片牧场或大农场（latifundium）。侵占公有土地是公元前2世纪一系列纷争的成因，人们试图通过土地改革进行补救。但在此之前，公元前5世纪，那时罗马的土地问题便可以类比梭罗时代雅典所遭遇的难题了：一个世纪之前，小土地所有者被迫捍卫自己那些被贪婪的债权人垂涎的土地。

罗马建立的众多殖民地与拉丁联盟以及他们的邻居赫尼西人合作，再加上公元前5世纪至公元前4世纪罗马人自己的土地，终于让土地的负担有所减轻。自从城市维爱于公元前396年陷落之后，被分配给个体的被征服土地开始成为一种"通货"——这也在某种程度上略微改善了土地状况。

传统认为第一部《土地法》（loi agraire）与斯普利乌斯·卡西乌斯（Spurius Cassius）有关，他也是公元前500年编写与拉丁人结盟的条约的人。他于公元前486年第三度出任执政官时，颁布了《土地法》。该法与当年罗马联合赫尼西人抗击耶克人和沃尔斯克人的共同协议密不可分（该协议也是斯普利乌斯·卡西乌斯的功劳）。不过，《土地法》的内容因来源而异。根据提图斯·李维的说法，斯普利乌斯·卡西乌斯起草的条约剥夺了赫尼西人2/3的领土——他希望将1/3分配给拉丁人，再将另外1/3分配给罗马公民。不过，令人怀疑的是，赫尼西人怎么会接受和罗马结盟？毕竟结盟意味着他们很大一部分领地将被掠夺。哈利卡纳苏斯的狄奥尼修斯的版本则认为，卡西乌斯想将公有土地分为三个部分：一部分分配给拉丁人，另一部分给赫尼西人，最后一部分则分给罗马平民。不过，将自己的大片土地拆分并送给盟友这一行为，似乎也难以想象。我们据此可以推断，这些关于斯普利乌斯·卡西乌斯的《土地法》的传说并不可靠，并且将该法同罗马与赫尼西人之间的协议联系起来的说法，恐怕只是后世一厢情愿的想象罢了。我们可以自问为什么一项既没有被批准也没有被执行的法案居然被存留在集体记忆中。而斯普利乌斯·卡西乌斯这位三度出任执政官，与拉丁人、赫尼西人缔结了珍贵条约的，被荣耀笼罩的伟人，因为醉心权术、渴望独裁，被处以死刑。我们不能排除这种假设，在罗马，平民阶层持续不断的各类要求极有可能招致暴政。

想象中的卡西乌斯的《土地法》宣告失败之后，那些围绕公有土地的冲突在随后几年中随处可见。一些执政官因为反对《土地法》被保民官指控；还有一些人，譬如监察官阿庇乌斯·克劳狄乌斯，则对平民的要求持坚决反对的态度；保民官拒绝继续征兵以阻挠贵族阶级通过又一项关于土地的法律；政府向被征服的土地派遣殖民，这样既可以分散穷人，又能够安抚他们——同时如果将土地所有者驱逐，那

> 共和组织

农业开垦和土地所有权

从事农耕活动的人群手中掌握的土地极其有限，考虑到那个时代落后的耕种方式，他们手中土地所带来的收成根本不足以维持全家的生计。

在私有土地之外，还存在公有土地（ager publicus），换言之，就是国有土地。城市周边的可耕种土地都归为国有。农民赖以为生的土地都属于国有土地，国有土地的增量完全取决于侵占邻近地区的土地量。这些土地的占有或开垦，总能导致不断的冲突。贵族会率先把新近征服的土地纳为自己的财产，因此农民总是过着被奴役的生活。故而，公有土地的归属一直是"放牧人"（贵族）和农民反复讨论的焦点，很快成为民众反抗的首要主题。李西尼乌斯和塞克斯提乌斯于公元前367年颁布的法令允许平民开垦国有土地，但并没有收回被贵族阶层或元老并入各自大农场的土地。

平民阶层为获取权利而进行的斗争

公元前494年—公元前471年
平民的第一次分离运动　平民逃往圣山。23年后，第一批平民氏族被赋予权利。

公元前450年—公元前449年
《十二铜表法》　十人委员会颁布了《十二铜表法》。平民叛乱。

公元前445年—公元前421年
《卡努勒亚法》（*Lex Canuleia*）　贵族和平民可以通婚。财务官官职设立，并由特里布斯大会（comices tributes）选举产生。

公元前367年
李西尼乌斯和塞克斯提乌斯推动公民投票　债务人的处境有所改善，禁止开设大型农场，执政官一职向平民开放。

公元前318年—公元前300年
《奥威尼亚法》[22]　产生了第一批平民元老。《奥威尼亚法》促使大祭司等宗教要职向平民开放。

公元前287年
最后一次分离运动　《荷尔顿西乌斯法》颁布，该法赋予全民大会的决定以法律效力。

么又可以实现公有土地的再分配。随着时间的推移，这些冲突会变得越来越索然无味，其可信度也极其有限。

我们确实知道的是，尤其是在靠近边界的地方，加比伊、拉比科以及维爱的领土，确实被罗马分配给了平民，但这些土地比起庞大的需求量，仍旧少得可怜。这也就是为什么我们将一些平民保民官为民谋福祉的愿望归功"想象中"的斯普利乌

---

[22]《奥威尼亚法》（*Lex Ovinia*），或称《奥古尼亚法》（*Lex Ogulnia*）。——译者注

一间古代的面包店 这张还原图重现了位于坎布尼亚的赫库兰尼姆（Herculanum）的一间谷仓，这间谷仓专门用来生产和贩售面包。

❶ **建筑** 这幢农村风格房子的历史可追溯至公元前7世纪。建筑整体呈长方形，仅由一间大房间构成。房间的上方覆盖着露台或双坡屋顶。在接下来的几个世纪中，人们又陆续增加了几间房间，房间正门都通向走廊或配有承雨池（impluvium）（用于收集雨水）的中央庭院。

❷ **墙、屋顶和地板** 墙壁的材料是覆盖着一层黏土的栅栏或薄板条，黏土之上又覆盖有灰浆。从公元前7世纪起，平屋顶取代了由稻草、柳条或黏土搭建的屋顶。在公元前5世纪，人们开始使用石头砌墙。地板是被踏平的泥地。

❸ **额外的空间** 在这幢只有单一房间的农村风格建筑中，人们经常会搭建中二楼并将其做粮仓用，同样也会在中二楼上打造额外的卧室。从公元前6世纪起，人们开始建造庭院或花园。

❹ **技术的发展** 随着开垦技术的发展，罗马人也开始陆续整合谷仓里的多种工具。例如，他们开始使用石磨来加工谷物。

农民与拉犁的牲口

尽管犁耕技术发源于美索不达米亚文明，但以动物牵引铁制犁刀的技术是由罗马人开发的。上图的伊特鲁里亚小型雕像来自阿雷佐，其历史可追溯至公元前5世纪（现藏罗马国家伊特鲁里亚博物馆）。

斯·卡西乌斯的《土地法》。例如，在公元前416年，保民官斯普利乌斯·梅西利乌斯（Spurius Mecilius）和马尔库斯·梅蒂利乌斯（Marcus Metilius）提出了分配整个公共领域的动议，不过，这项动议因为富裕的贵族阶层的反对而宣告失败。我们还能找到关于斯普利乌斯·梅里乌斯（Spurius Maelius）的一个有争议的事件。公元前439年，时值重大饥荒，富裕的平民斯普利乌斯·梅里乌斯从伊特鲁里亚人那里购买了大量谷物，然后以十

83

共和组织

公共事业：负责人、工程师和劳工

在古风时代，公共事业工程是君主及其幕僚（即前元老院）的职责。罗马这一管理传统一直保持到公元前443年建立监察制度之前为止。从那时起，监察官成为国家财产的管理人，同时也负责规划和实施各项工程，不过元老院仍旧手握最终的决定权。

喷泉、蓄水池和人造井是罗马的供水源。罗马文明最大的公共工程是引水渠系统，其功能是向喷泉供水，或在干旱时期向蓄水池供水。在罗马共和时代末期，罗马共有600余座喷泉。这些喷泉的供给来自引水渠系统、地下水引流和收集的雨水。在庙宇、道路、街道、马道以及水利工程的修建过程中，人们将奴隶用作劳工，他们同样是来自伊特鲁里亚或传统的工程师和工匠（泥瓦匠、石匠、铁匠、陶器工人、木匠……）。在罗马土木工程和公共工程领域，这些人都是先驱或大师。作为罗马艺术成就巅峰的马克西姆下水道就是这些工匠的杰作之一，同样名列前茅的公共工程还有由老塔尔奎尼主持修建的朱庇特神庙。

插图 浮雕中的奴隶正在磨盘边工作（现藏阿奎莱亚考古博物馆）。

结婚的充分权利（第85页）

禁止平民和贵族通婚的规定于公元前445年废止。这幅公元前4世纪的浮雕展示了闺房中的一景（现藏罗马乔万尼·巴拉科古雕塑博物馆）。

分低廉的价格出售这些谷物。这一行为损害了管理民生的贵族盖乌斯·米努西乌斯（Caius Minucius）的利益。盖乌斯指控他企图复辟君主制。不论最后该指控成立与否，但指控本身就已经损坏了一个好人的清誉。尽管如此，梅里乌斯还是深得民心。执政官提图斯·奎尼克提乌斯·卡比托利努斯（Titus Quinctius Capitolinus）以挫败梅里乌斯的阴谋为借口，任命时已80岁的卢基乌斯·奎尼克提乌斯·辛辛纳图斯为独裁官。辛辛纳图斯派遣助手盖乌斯·塞维利乌斯（Gaius Servilius）逮捕梅里乌斯，梅里乌斯企图在拥护者的掩护下逃走。塞维利乌斯赶来并直接杀了梅里乌斯。梅里乌斯储存的谷物最后被免费发放给了平民，但他的拥护者遭到了残酷的镇压。公元前384年发生的一件事，可以与上个例子类比。于高卢人入侵

共和组织

之际保卫了卡比托利欧山的贵族马尔库斯·曼利乌斯（Marcus Manlius），为一位因债务问题而面临牢狱之灾的平民辩护，并且宣布将出售自己所有的领地以避免此类情况再次发生。曼利乌斯的敌人则诬陷他企图复辟君主制，最终将他处死。

借贷行为是罗马小农的灾难之一，也是这些小农失去土地的主要原因。《十二铜表法》针对这一问题限制了贷款利率。公元前347年，最高法定利率从10%（自公元前397年起生效的利率）降低到了5%。最终在公元前341年，法律严令禁止对贷款随意规定利率。显而易见，上述条款仅仅是表面上存在罢了，因为从来没有人贯彻这一条款，并且根据习惯法，人们更希望以每月1%（即每年12%）的比率偿还贷款。从这一时期开始，12%便一直是法律允许的贷款的最高利率。倘若债主规定了更高的利率，则追回未偿债务的请求在法院是不被接受的，法官甚至可以下令归还多余的利息。因此，那些臭名昭著的放高利贷者被绳之以法，并被处以巨额罚款。公元前326年，执政官盖乌斯·彼得留（Caius Poetelius）和卢基乌斯·巴庇留（Lucius Papirius）颁布的《彼得留—巴庇留法》（loi Poetelia-Papiria）针对债务问题做出了重大的改革。从那时起，如果债务人发誓说自己无力偿还债务，那么就意味着他接受将自己的所有财产转移给债权人，而他的人身自由则得以保全。而原法律中的"现金借贷"（nexum）也因此废止，根据"现金借贷"的规则，没有偿还所欠款项的债务人将直接成为债权人的奴隶。所有这些法律改革都是为了消除极度贫困的现象，但从未从根源上解决侵扰罗马部分农民的地方性贫困问题。

尽管人们已经采取了很多措施来缓解农民越来越不稳定的经济状况，仍旧无济于事。事实上，政府无力采取唯一有用的措施：完全废除公共资源占有制，并且广泛地重新分配土地——这也是改善农民状况的唯一"代价"。

罗马成功的对外政策及其在邻近城市中稳固的统治地位，为前者带来了能够拯救贫困阶层的资源。在被征服地区建立殖民地的行为，也为罗马的农业无产者提供了新的土地。国家收入的增加和宽裕的国库，都使罗马政府能够不再通过强硬的手段从人民的手中获得税款（极少突发情况除外）。罗马通过战争和贸易积累了大量的财富，贷款利率也随之降低。城市人口的增多确保了整个拉齐奥的农产品拥有更广阔的市场。许多邻近城市的人口慢慢地融入罗马并获得了公民资格——这同样从人口基数的层面增强了罗马人民的力量。尽管如此，那些为农民带来苦难的问题仍然存在。随着时间的流逝，小农群体将逐渐消失。战争每年会让罗马损失 1/8 的人口，一些人死于战争，另一些人则选择远离这片土地。这些背井离乡的人返乡时，不得不典当自己的家什来养家糊口。许多负债累累的农民被迫以十分荒唐的价格将财产出售给债权人并离开自己的家园。这些农民如果回到罗马，也不过是为贫困群体增加新的成员罢了。

势力间的和解

社会的不平等在平民阶层中引发的动荡比它所带来的政治诉求更甚。大多数情况下，平民阶层中较为富裕的人显然不愿意和贵族同乡一样放弃那些对他们有利的经济政策。尽管这些富裕的平民在政治舞台上总扮演着次等角色，但他们无疑认为在上位者面前表明自己的主张也是不明智的——尤其在那个时代，富裕平民的私人财产已是贵族眼中的巨大威胁。这也很好地解释了为什么这些人在要求公民平等或政治平等时总是有所保留（至少在共和国成立之后的第一个 50 年是如此）。

然而，由于可以运用的手段越来越有效，平民很快便重新开始斗争以争取和贵族享有同等权利。自公元前 445 年起，平民享有和贵族通婚的权利。次年，军队中的高级官员（即军事保民官）开始拥有和执政官等价的权力，并且该职位是向平民开放的。因此，即便军事保民官仅仅在战时或仅在罗马以外的地区才有话语权，但人们还是能在通往平等的道路上看到微弱却不可忽视的曙光——尽管这样只是将一个由贵族政治主导的共和国转变成一个由最富有的人（勋阀政治）主导的共和国：在一定程度上，毕竟只有那些最为富有的平民才有能力将这一切变现。要想完成上述宏愿，除了没有报酬，富有的平民还需要娴熟地掌握各个领域的技能，兼具一定程度的个人威望。

此外，执政官的职能范围逐步扩大，甚至可以覆盖到人口普查工作中的各个细节，这对明确朝贡数额以及确定每个罗马公民服兵役与否至关重要，也给了贵族阶层开设新行政官职位的契机。监察官应运而生，只能由贵族担任。监察官和执政官

■ 共和组织

罗马的合同与诉讼：普遍权利的起点

在罗马共和国，法律不再是某种程度上的宗教惯例的集合，而成了关于公民、商业、职业以及遗产的一系列关系的具有社会技巧辩证性的语言或表达。在新的法律中，立法人不再以神的名义发言，而是以他所代表的人民的利益为出发点发声。"法律是人民投票的最终决定"这句话可以界定《十二铜表法》。

书面或文字的合同。最初源自各位家族之父记录债务人所欠款项的家族习惯。由此便诞生了由罗马共和国书写的第一份合同，该合同涉及全新的关于销售权的法律。此外还有租赁合同、社会合同、委托合同、消费贷款合同、寄存合同、免费借贷合同、典当合同和抵押合同，等等。当一位原告提出诉讼时，他必须将被诉讼人一起带到裁判官面前。如果诉讼涉及动产，诉讼人需要将动产带去法院展示；如果诉讼涉及不动产，诉讼人则需要象征性地带去一抔土或者有争议的房产的一块石头。诉讼的双方需要举行圣礼，包括将誓金暂存在法庭中。审判结束之后，违反法律一方的誓金会被没收。随着时间的流逝，这类罚款变成今天司法流程中由败诉方所支付的诉讼费。罗马的司法高手基于理性创立了新法律，并将新法律带出了宗教的领域——这样便赋予了罗马新法律一种普世价值观。

科尔托纳铜表 公元前 3 世纪至公元前 2 世纪伊特鲁里亚一个谷仓的出售契约（现藏科尔托纳伊特鲁里亚学院）。

右页图为一幅帝国时代描绘诉讼现场的壁画（现藏罗马奥斯提恩塞考古博物馆）。

一样采用两人合议制。每五年一次的选举会产生两位监察官，每位监察官的任期为十八个月。除了对公民及其财富进行普查，监察官的职权还包括监督政府财政、分配公共事业以及征收关税等。监察官还负责元老院新晋成员的选拔工作——这从前是执政官的特权。监察官完全有权根据一个公民的信誉来决定此人能否担任公职。军中高级官职（最高权力军事

保民官）向平民开放，意味着平民阶层同样有可能担任财务官的职位，财务官同时也是执政官的副手。

这样一来，平民便可以进入元老院，有望拥有等同于执政官的权力。公元前367年，平民的诉求完全得到了满足：在两位平民保民官盖乌斯·李西尼乌斯（Caius Licinius）和卢基乌斯·塞克斯提乌斯（Lucius Sextius）的推动下，

共和组织

执政官的职位终于向平民开放。尽管如此，贵族阶层还是找到了限制行政官权限的方法，他们重启裁判官一职，裁判官在城市范围内拥有全部的司法权。不过，此番闹剧收效甚微。公元前356年，罗马出现了第一位平民出身的独裁官；公元前351年，平民阶层迎来了他们的第一位监察官，并且此人于公元前337年成为裁判官。平民阶层和贵族阶层于公元前339年成功地相融，公民大会正式宣布在法律上拥有和罗马公民大会等同的权力。

然而，贵族仍旧年复一年地企图通过诡计和阴谋来对抗平民阶层新近谋得的权利。根据古老的传统，占卜官团体有权无效化所有人民的政治行为，这样一来，贵族阶层也无须考虑后果。结果便是，尽管平民可能在"法律上"获得了平等，仍然花了很长时间去争取真正意义上的平等。然而，在公元前327年，上述"陋习"行不通了——如果一位贵族占卜官想要凭借一些只有他自己才知晓的"天机"去阻挠一位平民独裁官的任命，显然会无功而返。同理，一位贵族监察官试图根据五年一度的人口普查的结果去阻止平民团体参加盛大的牺牲净化仪式（lustratio）的行为，也将是无用功。贵族阶层在旧日所拥有的所有特权，最终只有一个得以被保留：他们可以在罗马公民大会上优先投票。

公元前4世纪中叶，那些坚韧不拔，同时足智多谋的大型平民家族，已经引导平民进行了一场又一场旨在消除贵族阶层特权的运动，并且他们已经基本达成大部分宏愿。一实现政治平等，那些平民领袖就开始意识到和贵族合作的必要性，他们可以保留贵族的特权并最终做到共享贵族的特权。当然，最重要的还是财富。在罗马这个以贵族阶层作为高层建筑的国家中，基数巨大的平民阶层不久之前仍是被掌控的温顺的工具，不过，一旦开始怀揣平均分配国家财富的目的，动用手中立法和行政的武器，他们也会变成一股

共和国的硬币

人们在墓葬和城市考古遗址中都发现了这种类型的硬币。这类硬币在公元前265年—公元前190年流通。装饰有双面雅努斯（Janus Bifrons）的阿斯（现藏沃尔泰拉瓜那卡其伊特鲁里亚博物馆）。

颇具约束力的力量。

对一个全新的致力调和平民与贵族关系的阶层来说，罗马公民大会显然不可能转变为一个如同希腊一般民主的"人民的大会"。而公民大会本应意味着人民对权力的控制力，更进一步来说，也应该暗含着劣势群体对罗马政治生活的统治力。为了避免人民大权在握，全新的由贵族和平民组成的寡头集团，将罗马公民大会交由最为富裕的人群掌控，只有百人队或投票区（特里布斯）才能作为投票单元。作为投票单元的百人队同时是罗马军队的基本单位，每支百人队的构建基于公民提供的军备支持。由富人组成的装备精良的几支百人队，与由大量穷人组成的、军备落后的数量庞大的百人队拥有价值相等的选票。而作为第二类投票单元的，人口基数因所处的乡村投票区或城市地区（特里布斯）而异，城市投票区较乡村投票区拥有更大的优势。大多数的公民都不分布在乡村投票区，基本上都由当地的豪绅或大地主控制。此外，我们还需将所有新近取得公民身份的人归入城市投票区。

在一个不会向公职人员支付固定酬劳的国家中，公共服务通常被掌握在上层阶级的手中。更何况选民都广泛地分布在罗马各处，即便在效率较高的地区，就算刨除贪污腐败的因素，想要完成归票任务也需要花费大量的财力和时间。而雅典公民大会则随时可以被召开，一个贫穷的候选人可以通过两三场精彩绝伦的演讲，向人们展现其雄心壮志和聪明才智。反观罗马，参政的方式大相径庭。倘若在大城市中人们只能在一定范围内阻止购买选票的情况，那么农村地区小型选民团内的腐败现象则更为严重。竞选制度的缺陷很快造成了一系列负面的影响，这些影响随着罗马领土的扩大变得越来越严重。

出于这个原因，人们非常及时地颁布了规范选举活动的法律：公元前432年，人们开始使用亮（"candide"，意为"明亮"，亮白色的衣物暗示了候选人的纯正）托加长袍；公元前358年，选举范围扩大到了罗马城以外；公元前314年，监察官盖乌斯·迈尼乌斯（Gaius Maenius）主持检验了选举机构的规范情况。不过，当选民的人数变成数以万计的时候，各类选举机构的形成便不可避免了。这些选举机构的终极目标就是操纵选举。这种无法阻挡的趋势催生了一类新的"贵

■ 共和组织

托加长袍的象征意义

罗马人全年都身着伊特鲁里亚托加长袍。该服饰最常见的颜色为白灰色。国王的托加长袍为紫色，占卜官身着黄色，哀悼者身着黑色，儿童和元老的托加长袍则是白色并有紫色镶边。

插图 罗马帝国时代一位名叫波西多尼乌斯（Posidonius）的士麦那公民的墓碑（现藏士麦那考古博物馆）。

族"（noblesse），这类贵族中的大部分人都是富有的大地主（出身平民或贵族），并且其中最重要的职位是世袭的。不过，这并不是个封闭的阶级，因此具有比旧日的贵族阶级更强大的生命力。事实上，一个能成功融入大地主圈子的大家族，不仅仅拥有理论上的权力，还真正拥有憧憬甚至是获取最高权力的可能性，即便那些名门之后一开始总带着偏见审视这些新晋成员，后者最终还是能被平等地对待。但是，这些新晋成员开始蔑视支持过他们的人民阶层——人民阶层最初极有可能就是怀揣着对狂妄的贵族阶层的仇视而选择支持那些即将成为贵族的大型平民家族。

有赖于所有以农业为基础的社会体系（如公元前4世纪至公元前3世纪的罗马体系）的稳定性，家族的财富得以世代相传，并且财富的流动也极为缓慢。这种情况随着贸易的发展而得到了局部的改变。虽然有些自相矛盾，但贸易的发展还是为

罗马共和国的行政机构

行政官的等级制度森严，每位行政官都通过选举产生，同时具有合议性和年度性的特点（以避免专制制度复辟）。尽管每次只有一位独裁官，但该官职的任期太短（最多不过6个月）——独裁官完全没有时间去实施一个具体的计划。每位独裁官由一位骑兵长官协助。执政官、裁判官和监察官都由百人团大会（森都里亚大会）选举产生。市政官（édile）、保民官和财务官则由特里布斯大会（即人民大会）选出。自《奥威尼亚法》颁布以来，两位监察官的人选必须是前任执政官。监察官需要确定元老院终身成员名单，终身元老将一直管理国家。

权力的象征

权力的象征或符号有：贵人凳（一种没有靠背的折叠椅）、"法西斯"（束棒，类似一柄绑满答条的斧头）和紫色托加长袍。行政官的护卫官员执法吏（即刀斧手）左手持"法西斯"，右手则执一根木棒，在人群中为行政官开道。独裁官携带一只贵人凳，同时有十二位执法吏随行。裁判官出行时也会携带一只贵人凳，同时有两位执法吏随行。市政官则会像其他元老一样携带一只贵人凳出行。"法西斯"象征行政官的权力：答条象征惩罚，而斧头则象征将国王斩首。插图：马尔库斯•帕丘•奥里努斯（Marcus Pacciu Orinus）的一块石碑，其历史可追溯至公元前1世纪，该石碑展示了一只贵人凳（现藏摩德纳石雕博物馆）。

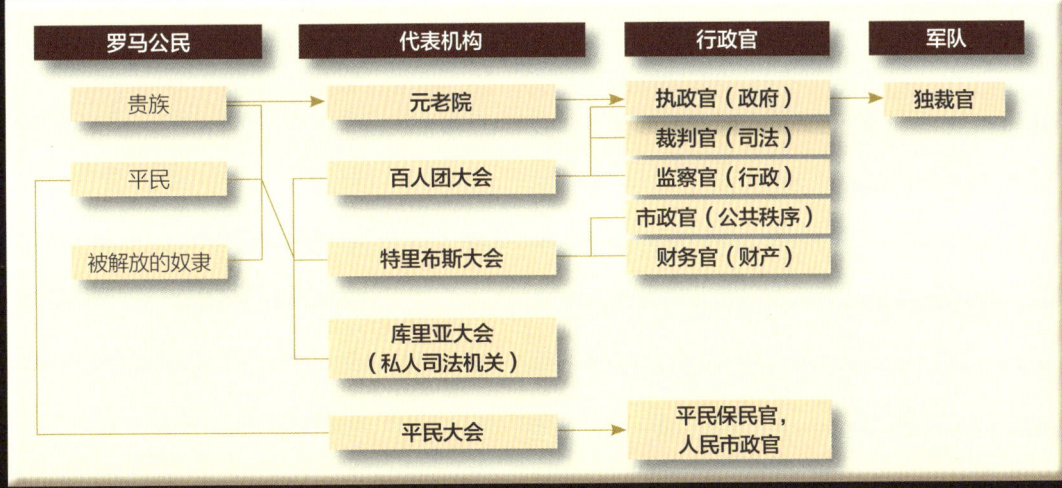

公民资格 罗马的人口由贵族（建立罗马的300个家族的后裔）、平民、自由人、被解放的奴隶和被释放的奴隶构成。

元老院 元老院会聚了所有手握"最高权力"的前任行政官。元老院最初是一个贵族机构，不过后来也向平民或监察官选拔出的人员开放。

会议 有几个类型的会议：森都里亚大会（将公民编入百人队）、库里亚大会（每个库里亚为一个单位）、特里布斯大会（每个地域部落为一个单位）、平民大会（由平民组成）。

行政官 所有的行政官都握有相应的"权力"。而"最高权力"则在执政官手中交替。

军队 带领罗马军队的总指挥官由一位执政官或一位裁判官担任。在有需要的情况下，军事重权会特别授予独裁官。

共和组织

贵族力量的增强做出了贡献。就算是个小地主，也有资格瞧不起一位资源远多于他的富裕商人，毕竟后者并不来自名门望族。因此，比起一个"新人"[23]，一个并不是那么有价值，但来自克劳狄乌斯家族或科尔内利乌斯（Cornelius）家族的名门之后会更受人尊敬。这种态度完全不会损害国家的利益，因为家族的传统和担任过行政官的长者的谆谆教诲，会指引着年轻的贵族走上正途。

此外，那些有志成为行政官的人必须先成为元老院的成员。多亏了元老院对主持大会的行政官的影响力，筛除那些荒唐的或危险的候选人才成为可能。因此，元老院一直为了保持权力的连续性、严密性和逻辑性而十分警惕——即使在上古时代也从未如此谨慎。这也解释了为什么在此期间，罗马的执政官大都是国家利益的忠实捍卫者、战场上的出色指挥官和称职的外交官。同样，我们也能在此中一窥公元前4世纪至公元前3世纪中罗马权贵的主要痛点：他们完全缺乏才华。同样，随着军事行动的增多，军队长官的权威也随之增加。然而，直到苏拉（Sylla）（公元前2世纪）之前，还没有任何一位执政官倚仗兵力去强行获得法律不曾赋予他的权力。

将罗马的行政官和公元前4世纪雅典的行政官放在一起比较，我们会发现罗马的官员相对较少，尽管罗马在该世纪末的领土已经远远超过雅典。人员的精简揭示了这样一个事实：我们必须等到罗马帝国时代才能看到罗马像雅典一样，担负起一个国家的所有行政职能。两位执政官负责统率军队；一位裁判官负责司法工作；两位财务官负责城市的公共财政事务，还有两位财务官作为执政官的副手负责在战场上协助执政官；四位市政官（édile）（平民和贵族各两位）负责城市警戒工作和监督市场；十位保民官负责保护平民并且以平民的利益为出发点监督国家行动；十位法官负责审理次要的案件：这三十一位行政官全年无休地负责罗马共和国时期的战争、司法、治安和公共财政事务。每隔一段时间会出现两位监察官编写公民、士兵和元老名单，以及处理租赁合约和收购国有财产的问题。不过，可以肯定的是，一些重要的行政官肯定也配有来自元老院的副手，同时应该还有很多下属，例如刀斧手或书吏（scribe）——他们也称得上可以信任的人。

---

[23] 新人（homme nouveau），指家族中第一个在元老院服务的人。——译者注

罗马法律中的人身刑罚

在罗马君主制时期，遭到人身攻击的人只能自行复仇、动用私刑或默默承受所受的冒犯。而国家的作用也仅仅是保障人们能够行使这项权利，具体表现为《十二铜表法》中所规定的"同态复仇"。后续的新的刑事法律规定将由国家代替受害者执行惩罚。

两检察部门的职责是区分私犯（delicta）和公犯（crimina），前者指伤害了个体的不法行为，而后者则指损害社会的重罪。处理公犯的诉讼、判决和制裁都是公开的。在刑事审判的过程中，被告会受到审讯（quaestio），在此期间被告也有可能被鞭打，或被火灼烧，为了方便施刑，被告由一只铁颈圈固定。被处以死刑的犯人将被斩首——先用"法西斯"施行，随后刑具换为剑——被砍下的头颅则会出售。政府的激进反抗者或言论偏左的作家会被砍去双手，逃兵会被砍去双腿。那些散布恐怖言论的罪犯会被钉死在十字架上，或被施以车裂（五马分尸）。

插图　罗马帝国时代的浮雕（现藏梵蒂冈额我略俗艺博物馆）。

政治性的竞赛

表演为政治服务的历史由来已久。根据传说，罗慕路斯本人下令举办赛马比赛以分散萨宾人的注意力并趁机掳走其中的女子。

插图 一口伊特鲁里亚石棺上装饰着的四马两轮战车（现藏塔尔奎尼亚考古博物馆）。

在某种程度上，精简的国家组织更能体现其运作的高效性。此外，存在于大小行政官间的等级制度对国家机器的统一性大有裨益，同时也让元老院在领导公共事务的过程中能更方便地集权。就连那些平民保民官也成了元老院政府手中极为高效的工具——即便他们的出身具有"革命性"：保民官的手中握有否决权（veto），因此，他们能够阻止任何不被其他行政官或保民官认可的行为。总有至少一个保民官会听取元老院的意见，更何况大多数保民官都来自富裕的平民家族，并且他们和国家上层建筑的利益一致。因此，曾经的保民官以维护平民或大型平民家族的利益为出发点，采取了一系列集体行动，旨在终结贵族阶级的特权，但当尘埃落定之后，保民官便再也没有积极地以人民的利益为出发点做出任何改革——因为彼时的社会环境正是那些最富有的平民家族憧憬的。然而，这种所谓的"背叛"并没有立刻招致报应。在那个时期，保民官的整合为政府的行动提供了连贯性——罗马后续所有的凯旋，很大程度上都依赖这一点。贵族阶层不再垄断权力，但罗马政体中的"贵族特色"没有减少。实际上，贵族团体很快就在平民阶层中复苏了，"死而复生"的新贵族以一种比旧日贵族更令人印象深刻的姿态出现在历史的舞台上。公民平等刚刚在诸多因素的支撑下勉强站稳脚跟，新贵族专制的出现又带来了新的矛盾和反抗。通过颂扬祖先的美德，新出现的反抗者开始为阻止行政机关的衰落和古老教条的消失而战。那些反抗者试图削弱新晋统治阶级过度的影响力，但最终无功而返。历史学家对这样一个观点进行质疑：国家农业部门的没落是罗马日后所遭受危机的主要成因。

拉齐奥的战争

公元前 4 世纪，罗马统治了拉齐奥并于此地直面高卢人。

插图 帕埃斯图姆大墓地中的一幅壁画（现藏帕埃斯图姆考古博物馆）。

下一页 在帕莱斯特利那一处墓葬中发现的一把伊特鲁里亚手柄（现藏罗马国家伊特鲁里亚博物馆）。

征服拉齐奥

在罗马伊特鲁里亚国王被驱逐后的 150 年中,罗马卷入了一系列与相邻城市的战争。这一系列战争的主要目的是巩固罗马在拉齐奥的统治。不过,罗马人的野心在公元前 390 年遭遇了重创,时值高卢人占领并洗劫罗马城。但是,罗马人很快便重整旗鼓,并在公元前 338 年统治了整个拉齐奥地区。

重拾公元前 5 世纪罗马对外政策的旧观,恐怕比研究同一时期罗马内部发展的不同阶段还要困难。实际上,我们缺少罗马共和国建立之初的相关资料。就连古代历史学家本身,也没有这段历史的相关资料:记录行政官取得的胜利,附有大祭司批注的清单《凯旋年代记》(*Fasti Triumphales*),也无法回溯公元前 400 年之前的历史。为了了解这一时期的历史,我们只能让传统中最古老、最权威的那版,由希腊史学家哈利卡纳苏斯的狄奥尼修斯编纂的历史,将我们重新带回那个时代。

■ 征服拉齐奥

拉丁战争大纪事

约公元前 500 年
拉丁联盟 各拉丁城市在女神费伦蒂娜[24]的神圣树林间盟誓，以捍卫他们在罗马前的独立。

公元前 496 年
勒吉鲁斯湖战役 罗马军团胜利，因此罗马借机成立了一个全新的拉丁联盟，该联盟拥有一支由罗马调遣的公共军队。

公元前 406 年—公元前 396 年
最后一次维爱战争 维爱被罗马人围城并最终被攻克，罗马人成功地让支持这座伊特鲁里亚城市的拉丁人群屈服。

公元前 381 年
图斯库鲁姆暴乱 征服了该城之后，罗马赋予了该市市民充分的公民权——这种政治模式在未来还会被继续使用。

公元前 342 年
新的拉丁战争 拉丁联盟要求重新掌握在新联盟建立期间失去的份额，罗马拒绝。

公元前 338 年
罗马凯旋 在长达四年的战争之后，最终的胜利者罗马解散了拉丁联盟并征服了其中的成员城市。

　　罗马在最后一位国王仍旧在位时，已然确立了在拉齐奥的霸权。但在塔尔奎尼统治期间，拉齐奥南部地区和台伯河盆地伊特鲁里亚势力的式微与席卷了整个罗马的政治危机，深深地撼动了罗马人在大部分拉丁地区的统治地位。罗马共和国希望自身的对外方针与迦太基缔结的第一份条约（也是通过这一条约，罗马开始重燃对南部拉齐奥地区的渴望）所表露出的君主专制保持同一步调。然而，一系列突发事件将击碎罗马上层阶级的愿景和计划。

[24] 费伦蒂娜（Ferentino）女神，是拉丁人共同财富的保护神。——译者注

寇流兰的传奇

公元前537年,伊特鲁里亚和迦太基联军将希腊人驱逐出了阿拉利亚(今科西嘉)。库迈(位于坎佩尼)的希腊人急于摆脱伊特鲁里亚人同时从南北两个方向进行的夹击和压制,便与邻近的拉丁社群缔结了联盟。传说描述了这样一场战争。公元前524年,一支以丘西人占主导的伊特鲁里亚军队和一支由希腊人亚里士多德(不久之后将成为库迈的僭主)率领的拉丁军队(同时也有库迈部队的增援)进入了罗马以南、阿里奇附近的阿尔班山脉,并在这里大败伊特鲁里亚大军。战败的伊特鲁里亚人被迫放弃了他们在拉齐奥地区的统治权,并最终失去了拉齐奥这块交

罗马士兵

士兵的装备包括一顶配有羽饰的头盔和一柄长柄刀(或短剑),以及两种类型的盾牌(圆形和椭圆形),上图的士兵来自公元前4世纪,很可能正是这些士兵在公元前337年终结了意大利半岛南部萨莫奈人的统治。上图浮雕来自库迈(现藏罗马文明博物馆)。

■ 征服拉齐奥

拉丁联盟，一支共御外敌的联盟

众多相似的种族无法在半岛上单独生存，一个传说中的共同建立者和宗教习俗将拉齐奥的人民团结在了一起。当地神祇法乌努斯（Faunus）之子朱庇特·拉提雅瑞斯（Jupiter Latiaris）是拉维尼姆的洛兰图姆人的国王，他在一场与切尔韦泰里的伊特鲁里亚人的战争中消失，后被神化为所有拉丁人的神明。

拉丁联盟即拉齐奥人民的联盟，根据传说，该联盟在公元前6世纪成立之初共有30座成员城市。各成员城市为了纪念朱庇特·拉提雅瑞斯这位"在战争中失踪的神"，举行了所谓的拉丁庆典——这位神明也是这个新近建立的联盟对抗共同敌人的象征。在联盟解体之后，罗马给予四座位置最近的城市（包括图斯库鲁姆和阿里奇）的居民罗马公民的身份。至于其他屈从于罗马的临近城市，罗马也授予这些地区的居民罗马公民的身份，但这些人没有票选行政官的权利（投票权）。因此，罗马的疆域最终扩展至12000平方公里，罗马的居民总数超过了100万人。

插图 图斯库鲁姆圆形剧场一景，该城市也加入了拉丁联盟。

通要地——拉齐奥是托斯卡纳的伊特鲁里亚联盟和坎佩尼的伊特鲁里亚城市之间的桥梁。

在阿里奇所取得的胜利鼓舞了最为强大的拉丁社群：为了重申在面对罗马时的独立性，它们迅速建立（或重组）了一个基于政治目的的拉丁联盟，并选择阿里奇附近的狄安娜（Diane）神庙作为联盟的宗教中心。一份由老加图（Caton l'Ancien）保管的，历史可追溯至公元前500年的资料，阐明了这个联盟的历史。这份资料证明，该拉丁联盟几乎联合了拉齐奥地区的所有强大社群，并且该联盟所拥有的领土及人口都远多于彼时的罗马。不过，在面对南边的沃尔斯克人和东边的耶克人日益增加的威胁时，这个拉丁联盟的行动力和主动性还是受到了限制。而邻近的罗马也不得不面对来自伊特鲁里亚人的威胁，尤其彼时维爱人心中的扩张主义正蠢蠢欲动——他们正试图控制台伯河右岸。

罗马和拉丁联盟的冲突终究不可避免——根据传说，两方军队于公元前496年在勒吉鲁斯湖附近开战。战争最后以罗马的胜利告终，但罗马方面的收益很少，因为随后交战双方便缔结了和平条约。根据最为可靠的版本，两方的同盟条约是斯普利乌斯·卡西乌斯·维凯利努斯（Spurius Cassius Vecellinus）在二度出任执政官时签订的，该条约被称作《卡西乌斯条约》（*Foedus Cassianum*）。几年之后，居住在萨科高地（毗邻耶克人和沃尔斯克人的居住地）的赫尼西人也加入了拉丁联盟。在全新的联盟中，罗马占据了主导地位。联盟军队的总指挥官从各成员城市中轮流选拔——这一制度为罗马行政官尤其是执政官的选拔树立了榜样。

联盟的首要任务是在面对耶克人、沃尔斯克人和萨宾人威胁时捍卫拉丁领土的完整，这些环伺周围的强敌都希望征服拉丁地区。除却萨宾人仍旧不断地"和平侵略"着罗马的领土——一如他们在伊特鲁里亚国王掌权时期所做的那样，罗马还须直面与耶克人、沃尔斯克人旷日持久、艰苦卓绝的战争，同时反观罗马内部，贵族和平民间的冲突不断加剧。不过从公元前5世纪下半叶开始，耶克人和沃尔斯克人的扩张主义野心随着诸多拉丁殖民地的建立而有所收敛。

根据提图斯·李维的说法，在公元前493年罗马和沃尔斯克城市科里奥利的战争中，罗马阵营中一位名叫格涅乌斯·马奇路斯（Gnaeus Marcius）的智勇双全

征服拉齐奥

的年轻士兵立下了赫赫战功。不过，他稍后获得的称号更加响亮——寇流兰。在围城之际，罗马人专注于攻克沃尔斯克人的城墙，疏于关注外部的威胁，一支沃尔斯克人的劲旅，从邻近城市昂提乌姆[25]赶来准备发动奇袭，而与此同时，困在科里奥利城的沃尔斯克人也试图突出重围。凑巧的是，当时正值格涅乌斯·马奇路斯放哨，他率领一支精锐部队先压制了敌人的冲锋，随后又大胆地冲进了仍旧敞开的城门，放火烧毁了与城墙相邻的建筑物。被围困者的号哭声鼓舞了罗马人的同时，也重挫了沃尔斯克人的锐气，沃尔斯克人之前还认为科里奥利城已是手到擒来。最终，科里奥利被罗马人收入囊中，马奇路斯声名鹊起。

两年之后，西西里的粮食减产，为罗马带来了饥荒。元老院企图通过向平民出售廉价的粮食来收回之前出让给他们的特权。这项举措的主要煽动者不是别人，正是这位寇流兰。他说道："如果他们想用从前的价格买到粮食，那么就把元老院从前的权利都还回来吧。"元老院不赞赏这番危险的挑衅。义愤填膺的平民准备拿起手中的武器。他们说元老院居然拿饥饿当作对付他们的武器，就好像人民是元老院的敌人一样。众怒难平，元老院只好惩罚自己阶级中的一位成员以求自保。因此，为了避免最坏的情况，他们将寇流兰交予司法机关处理。但寇流兰在庭审之日并未出席，最终被定为缺席罪。随后，寇流兰流亡至沃尔斯克人的领地，在这里，被仇恨支配的寇流兰开始报复自己的祖国。

提图斯·李维说，沃尔斯克人热情地接待了寇流兰。寇流兰对自己同胞的怨气越积越多，沃尔斯克人对他的好感也日益增多。在沃尔斯克人中最有话语权的、罗马的死敌阿提乌斯·图利乌斯（Attius Tullius）更是将寇流兰奉为上宾。寇流兰的新仇加上图利乌斯的旧恨——两人被相似的动机驱使，开始向罗马发动战争。在征服了几个罗马领地中的城市之后，寇流兰和沃尔斯克人在罗马附近驻扎。罗马的使者带着和平的使命前去和谈，却无功而返。罗马城中的一些已婚妇女只好去找寇流兰的母亲维图利娅（Véturie）和他的妻子沃鲁明妮（Volumnie），说服这两个女人与她们一同前往敌人的营地，随行的只有两位罗马军中最年幼的娃娃兵。一行人一抵达寇流兰的营地，这位叛逆的首领便被告知有大批妇女前来。寇流兰在面对代表

---

[25] 昂提乌姆（Antium），古港市名，即今意大利安济奥（Anzio）。——译者注

国家尊严的使节时无动于衷，在哭泣的妇女面前甚至更加冷漠——直到寇流兰的一位朋友在自己的儿媳和外孙中间认出了维图利娅并告诉了寇流兰。寇流兰不能自已，立即从座位上跳起并想亲吻自己的母亲。之前还在苦苦哀求的维图利娅十分愤怒，说道："在你亲吻我之前，请先让我知道站在我面前的是一个儿子，还是一个敌人，也请让我知道在你的营地，我是你的母亲，还是你的囚犯。"她的话语，让令人害怕的寇流兰内心被责备和愧疚淹没。寇流兰亲吻了自己的亲人，将妇女们打发走。他随后离开了营地，此后再未返回自己的祖国。

因此，寇流兰的传奇可分为三个部分：在罗马人的

寇流兰

根据传说，英雄寇流兰激化了贵族和平民间的社会矛盾。这一传说让人回想起在这一时期摧残罗马平民的饥荒。元老们希望贵族永远独享国家特权，而平民则在为权利平等不断抗争。上图《寇流兰动身离开》（ *Le Départ de Coriolan* ），由新古典主义画家拉斐尔·波斯蒂廖内（ Raffaele Postiglione ）于 19 世纪创作。

征服拉齐奥

胜利远征中，寇流兰是帮助罗马夺取沃尔斯克城市科里奥利的英雄；在饥荒期间，他反对将粮食分发给正在挨饿的平民，接着他被治罪并流亡到敌人的领地，沃尔斯克君主阿提乌斯·图利乌斯接纳了他；最后，他率领沃尔斯克大军对抗自己的祖国，一路将军队带到了罗马城门外，随后，他在罗马妇女尤其是母亲和妻子的哀求下退出了战场。这些元素无疑是古老的史诗的一部分。寇流兰的传奇显然和其他类似的传奇故事一样，孑然脱离于时间线之外，因为该传奇和罗马历史中其他可考的事件没有关联。在传奇中扮演了重要角色的城市科里奥利、朗古拉和波鲁斯卡，在现实中只不过是存在感极低的飞地，并且在对抗沃尔斯克人的历史中没有再次出现过——我们可以据此推断该传说发源于沃尔斯克地区。

事实上，我们没有任何证据在历史的层面上肯定或否定寇流兰的存在——不论在任何时期，我们都不能断言任何一位出现在广为传颂的史诗中的人物存在与否。尽管寇流兰是一位与罗马对立的人物，但令人惊讶的是，他却在罗马的一系列传奇故事中占有重要的地位。我们不妨大胆地假设：寇流兰的名字可以让人联想起科里奥利被征服的那段时光，而该城市的真正建立者早已被人遗忘，甚至这座城市本身也渐渐被时光的洪流淹没。不管起源如何，也不论后期添加的神话元素如何，出现于公元前4世纪的寇流兰传奇反映出的是一个世纪前沃尔斯克人对抗拉齐奥与罗马的那段生动回忆。传说中出现的，在那位大名鼎鼎的驱逐者的领导下被沃尔斯克人征服的城市中，确实有一些城市在沃尔斯克人抵达蓬蒂内沼泽时被后者侵占。传说中一反常态地出现了罗马与耶克人的战争，这种迹象表明该传说混淆了罗马人与耶克人的战争和罗马人与沃尔斯克人的冲突。通过寇流兰的传说我们可以假设，在公元前5世纪的前几十年中，罗马人停止了在拉齐奥的扩张，沃尔斯克人则收复了之前的失地。认为寇流兰或阿提乌斯·图利乌斯的传奇征服和沃尔斯克人在现实中的征服相呼应是不合理的。寇流兰的传奇反映出的是罗马人在面对沃尔斯克人时的恐惧，沃尔斯克人曾将罗马人围困在城市的壁垒之中。

维爱战争

对罗马而言，台伯河下游的控制权是一场战争的赌注，博弈的双方是罗马和南部伊特鲁里亚最强大的城市维爱。自公元前8世纪开始，伊特鲁里亚人便向拉齐奥进军，瞄准的便是台伯河右岸及至台伯河入海口的控制权。实际上，彼时定居在上述区域的大部分拉丁人都被迫屈服了。但拉丁人还是设法在右岸保留了一小块土地，该地从台伯河与克雷梅拉河的交汇处一直延伸到后者的入海口处。这块土地后被并入罗马。

公元前5世纪，发生在罗马北部边境的战斗断断续续，连年不绝。不过，并不存在伊特鲁里亚人和拉丁人之间的大型战斗，卷入战争的不过是两个河畔的城市。在台伯河下游的所有部族中，只有两个部族成功地在公元前6世纪傲视其他部族，其一是台伯河以北的伊特鲁里亚部族维爱，其二便是台伯河以南的拉丁部族罗马。维爱并不占据进行河（台伯河）上航行的地利。无法在河上自由航行，维爱便很难从河流贸易中获益。有失必有得，维爱拥有更加肥沃的土地并且自身所处的地理位置更有战略价值，依赖天险，维爱可以抵御任何来自河流方向的奇袭。传说中的第一次维爱战争，可追溯至罗慕路斯的年代，罗慕路斯迫使维爱人将河流入海口的盐沼地及其周边地区都割让给了罗马人。

没有任何资料显示王政时期罗马与维爱存在明显的冲突。这让人不由得认为罗马王座上的伊特鲁里亚国王促进了两座敌对城市的和睦共处，因此台伯河航道得以自由开放，双方也可以在贸易方面互通有无。塔尔奎尼被驱逐不久，罗马和维爱的冲突便开始了。维爱人有一个先天优势，就是他们知道如何利用拉丁社群费德那（Fidenae）古老而又可靠的忠诚，这番忠诚毫无疑问来自伊特鲁里亚人对该社群漫长的统治历史，以及伊特鲁里亚人在该地人口中强大的影响力。通过吞并费德那，维爱人得以从台伯河上游横渡并在左岸站稳脚跟。罗马人在公元前482年至公元前474年开始反攻，同时，来自耶克人和沃尔斯克人的威胁也与日俱增。

这几年可以考证的事件中，以令人痛心的法比亚（Fabia）氏族灭族事件最为著名。惨剧就发生在伊特鲁里亚领地中，流淌在维爱城附近的台伯河右岸的支流克雷梅拉河河畔。提图斯·李维说，306名法比亚氏族的成员主动承担起对抗维爱人的重责——为了氏族的荣耀，也为了罗马的利益。他们在维爱附近的克雷梅拉河河畔修建了一座堡垒。根据传说，在法比亚氏族和维爱人的反复拉锯战之中，两方各

■ 征服拉齐奥

法比亚氏族，一个百年贵族家族

罗马拥有共计21个氏族，其中17个为农村氏族，4个为城市氏族。法比亚氏族则是其中最令人印象深刻的。氏族中最为著名的几位成员曾于公元前485年至公元前479年担任执政官。

自从在维爱附近的克雷梅拉河河畔搭建起堡垒，法比亚氏族便带着一支由被保护人和支持者组成的军队与罗马的敌人作战。传说，氏族中共有106位元老和上千位战士为此失去了生命。奎尼克

提乌斯·辛辛纳图斯战胜了沃尔斯克人之后，灭族惨剧中的唯一幸存者昆图斯·法比乌斯·维布拉努斯于公元前467年出任执政官。提图斯·李维说，昆图斯·维布拉努斯视与他共同执政的提贝里乌斯·埃米利乌斯·马梅尔基努斯（Tiberius Aemilius Mamercinus）为自己政治上的阻碍。因为后者确实承诺会向贫苦的平民提供土地。元老院的土地所有者担心会失去自己的大农场，准备在昆图斯·维布拉努斯分配从沃尔斯克人手中夺得的土地之际，除掉马梅尔基努斯。法比亚氏族越过自己固有的"权力"，在"最高权力"和占卜结果的授意下，派出了氏族中的六位年轻男子，命他们在牧神节（lupercales）上赤裸全身跳舞，以纪念法乌努斯神。

插图 位于埃斯奎利诺大墓地的法比亚墓葬中描绘军队场景的壁画，其历史可追溯至公元前3世纪上半叶（现藏罗马文明博物馆）。

有得失。维爱人最终用诡计击溃了法比亚氏族。为了让罗马人放松警惕，维爱人将牛群赶到了法比亚的堡垒附近，当法比亚氏族离开堡垒去捉牛，维爱人立刻佯装恐慌，四处逃窜。这样持续了一段时间，终于有一天，法比亚氏族在追击逃跑的维爱人的过程中，离堡垒越来越远，当发现落入圈套时，为时已晚。法比亚氏族拼死抵抗，直至最后一位成员倒下。法比亚氏族的最后血脉昆图斯·维布拉努斯（Quintus Vibulanus）因为年纪尚轻，留在罗马城，得以在这个好战的罗马贵族氏族的灭族劫难中幸存。

如果上述事件发生的地点能与现实中的地点相对应，那么，无论在克雷梅拉河惨剧之前还是之后，故事的细节可能都会不一样。此外，仅有一个年幼的法比亚幸免于难的说法，似乎并不可靠。如法比亚氏族一般的强大贵族氏族，306名壮年男子正值当打之年，应该有不止一个因年幼而无法参军的后代留在罗马。此外，公元前467年（在传说中的惨剧发生仅仅10年之后），那位遗孤昆图斯·法比乌斯·维布拉努斯似乎已经到了出任执政官的年纪，因为他的名字出现在了同年的执政官名录中。极有可能的是，希罗多德所述的300名斯巴达勇士战死温泉关（Thermopyles）的故事在罗马作家中广为流传，由此影响了法比亚氏族的传奇故事的展开。不过，温泉关之战和法比亚氏族灭族的相似之处并不能证明什么。确实存在一些相似的部分，例如战斗人数——这些数字可能来自后世对传说的注解或罗马编年史作者的作品。法比亚氏族仅有一名成员幸存，一如温泉关之战只有美吉斯提亚斯（Mégistias）的独子存活，但法比亚遗孤没有加入后续的对抗敌人的大军。法比亚遗孤的幸存自有其理由，比起模仿希罗多德的故事，他的存在更是为了调和传说和史实之间的冲突——传说中法比亚氏族灭于克雷梅拉河河畔，实际上，该氏族的星火并没有在克雷梅拉河河畔熄灭。在这些假设的基础上，我们可以认为，所有流传下来的描绘法比亚氏族灭亡的史诗，都让人想起一次确实发生过的罗马的败战。这次败战的地点和过程在一定程度上是分不开的，因此我们能够得出结论，罗马人试图在克雷梅拉河河畔站稳脚跟，以阻断维爱和其他伊特鲁里亚城市的联系，不过维爱人迅速挫败了他们的计划。尽管我们很难解释为什么法比亚氏族成了战败的直接受害者，但这不足以从根本上撼动既定的史实。也不能排除的观点是，法比亚氏族

征服拉齐奥

曾试图和罗马达成协议，不过，他们自行负责军资并独自承担兵力，为的是扩大本氏族在罗马的领地。

传说中的法比亚灭族事件后，双方停战了很长一段时间，在此期间，罗马从维爱人手里拿到了费德那的统治权。但是，费德那人于公元前438年发动了针对罗马人的起义，重新和维爱结盟。罗马人随后向费德那宣战，奥卢斯·科尔内利乌斯·科斯苏斯（Aulus Cornelius Cossus）大败费德那人，这位军事保民官杀死了维爱国王拉斯·托伦姆纽斯（Lars Tolumnius），并将他的尸身带回了罗马。还有一些两方对抗的小战争。然而，在取得东部和南部战线的胜利之前，罗马还是无法给予维爱致命一击。

约公元前400年，罗马果断地决定出击，军中全员蓄势待发。为了让人民能挨过这场旷日持久的战争，也为了避免各方物资的匮乏，元老院决定承担军需费用，并且通过出租公有土地来募集必需的资金。罗马一开始就展开了几场军事行动，并在公元前405年包围了维爱城，其他的伊特鲁里亚城市不愿前来支援。在围城长达十年之后，独裁官马尔库斯·弗里乌斯·卡米卢斯（Marcus Furius Camillus）攻克了维爱，随后，罗马便在这片土地上建立了四个行政分区。

关于对抗维爱的最后这一场战争，有好几种说法。最真实也最简洁的版本要从公元前406年讲起。那一年，罗马人第一次决定向士兵发放军饷。公元前402年，维爱人成功地打开了城门，重挫了罗马部队。围城的第十个年头，公元前396年，在马尔库斯·弗里乌斯·卡米卢斯被提名为独裁官后，罗马人通过开凿一条通往维爱城内部的隧道，成功地攻克了该城，并将该地的居民都卖为奴隶。只要把可疑或错误的内容从叙述中删除，我们就会有一个基础的历史认知，这有助于理解最后一次维爱战争。

在费德那落入罗马人之手、罗马与维爱缔结和平条约之后，罗马人和拉丁人便可以全身心地投入与沃尔斯克人的决战中了。沃尔斯克人兵挫地削，似乎已是败不旋踵。但是，罗马人还未从沃尔斯克人的屈从中获得巨大利益，维爱人便开始了敌对行动。不过，单枪匹马地与罗马人战斗，为时已晚——此时的罗马人经过无数战争的洗礼，比以往任何时候都要强大。因此，其他伊特鲁里亚城市的支援变得至关

重要。维爱人无法再指望沃尔斯克人,处境无比艰难。

　　费德那沦陷之后,所有将战场转移到罗马领地上的可能性都消失了。然而,其他伊特鲁里亚城市也没能前来为维爱解围。波河河谷在同一时期被高卢人占领,这似乎能够稍微解释一下此番明显的背叛行为。但是,实际上并没有受到高卢人直接威胁的切尔韦泰里、塔尔奎尼亚、武尔奇和沃尔西尼也没有支援维爱。我们将原因归结为伊特鲁里亚社群共同归属感的缺乏,并且当出现如同罗马一般的强敌的时候,结合自身的情况,每个社群对危险的预估也不尽相同。维爱人意识到了罗马的威胁,因为他们与罗马对抗的历史由来已久,并且也能预见台伯河河谷中部重

伊特鲁里亚人道路

　　伊特鲁里亚人修造了最初的道路,随后罗马人将道路铺设至整个欧洲。清理土地之后,伊特鲁里亚人会先挖出一条纵深为1.5米、宽度1.5米至2.8米的沟渠,然后向沟渠中填入大石块、沙砾、盐以及灰浆(石灰、沙子和黏土)并夯实,最后在表层覆盖上平整的石块。图为维爱城中共和时代的道路。

■ 征服拉齐奥

征服维爱

根据传说，罗马人包围维爱城整整十年，最终在公元前396年取得胜利。罗马军队在马尔库斯·弗里乌斯·卡米卢斯的率领下，夺取了维爱城并将之洗劫一空。战争由此结束，维爱成为"罗马的领土"[26]的一部分。

插图 这篇公元前4世纪的碑文为纪念维爱的征服者马尔库斯·弗里乌斯·卡米卢斯而刻（现藏罗马文明博物馆）。

大的局势变化。还需强调的是，维爱人获得的唯一援助不是来自任何一个"政治上"的伊特鲁里亚社群，而是来自一个拉丁民族——这个民族也和法利斯克人、卡佩纳提人一样，担心自己遭遇和维爱同样的命运。

战争是无情的。既然时机已到，罗马人决心彻底扫清维爱人带来的威胁，而维爱人则决心不惜一切代价进行抵抗。战略要地维爱易守难攻，充沛的水源以及邻近城市法勒里的宝贵援助，增强了维爱人的抵抗能力。对罗马农民而言，远离家人和土地战斗数载，意味着极大的牺牲——他们期望得到和自己的牺牲相称的回报。

马尔库斯·弗里乌斯·卡米卢斯无愧于民间史诗赋予他的荣耀，是他在公元前396年带领罗马夺取了维爱城，这是罗马有史以来最大的胜利，也是一次无论在罗马人、罗马盟友还是敌人的心中都留下深刻烙印的大胜。在此之前，罗马不过是讨

---

[26]"罗马的领土"（Ager Romanus），该词特指罗马城及其周边的乡村和山区。——译者注

阿波罗和维爱的雕塑

维爱的阿波罗雕塑是雕塑家维卡（Vulca）创作的一组作品中的一件。该文物描述了赫拉克勒斯为捕捉刻律涅牝鹿（biche de Cérynie）与阿波罗战斗的故事——这也是赫拉克勒斯的12项功绩之一。根据老普林尼（Pline l'Ancien）在《自然史》（Histoire naturelle）中描述的，维卡在老塔尔奎尼的要求下完成了朱庇特神殿中的巨大的朱庇特雕塑（现藏罗马国家伊特鲁里亚博物馆）。

1 阿波罗雕塑 该雕塑在罗马军队洗劫维爱之际遭到了严重的毁坏，只有图中这块残骸被完整地保存。

2 雕塑的动作 雕塑高1.81米。阿波罗编着长辫，身着精美的织物，正自信满满地朝着他的对手走去。

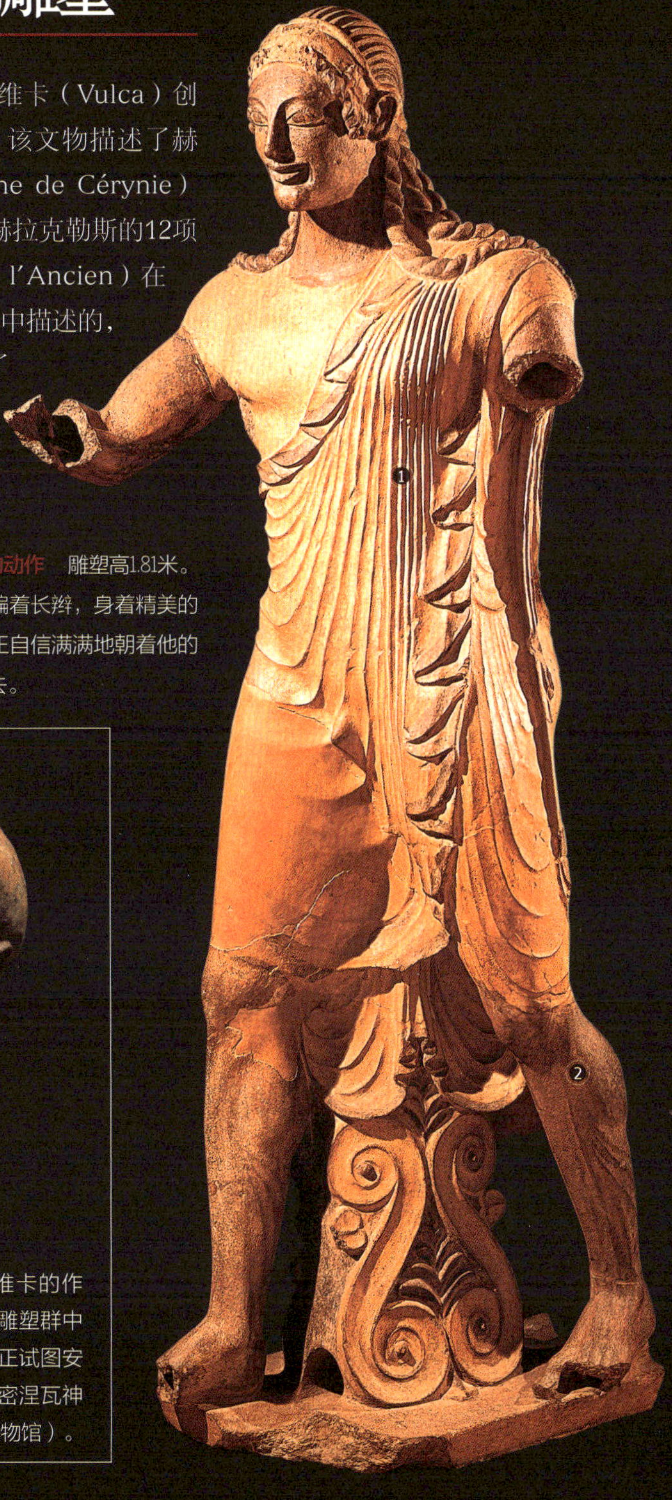

赫尔墨斯（Hermès）的头像

这件赫尔墨斯的头部雕塑同为维卡的作品，也是阿波罗、赫拉克勒斯和牝鹿雕塑群中的一部分。在该雕塑群中，赫尔墨斯正试图安抚他的对手。该文物是为波托纳乔的密涅瓦神庙创作的（现藏罗马国家伊特鲁里亚博物馆）。

■ 征服拉齐奥

伐并征服了几个不是那么重要的拉丁或沃尔斯克小城。而现在，一个富饶、强大的大型城市臣服在罗马的脚下，为罗马人带来了土地和财富。罗马势力的崛起，迫使苏特里、内佩特[27]等南部伊特鲁里亚小城承认它的统治地位。从那天起，罗马无论在人口方面，还是在疆域方面，都超过了拉丁联盟，而此时高卢人开始进入波河河谷，因此伊特鲁里亚势力（甚至是北部疆界的伊特鲁里亚势力）开始迅速衰落。卡

[27] 内佩特（Nepet），即今内皮（Nepi）。——译者注

米卢斯是罗马共和国成立之初的传奇人物之一,并在罗马对抗维爱期间被任命为独裁官,不过后来因为没有公平分配战利品而被指控。他自愿流放到阿尔代亚城。几年之后,高卢人进攻罗马,他又被召回,再度出任独裁官。

根据传说,卡米卢斯重整旗鼓,率领军队赶走了高卢人,并夺回了之前被高卢人掠夺的财物。被高卢人洗劫之后,心灰意懒的罗马人想放弃罗马并移居维爱,但在卡米卢斯的劝说和鼓励下,选择重建罗马。之后,卡米卢斯带领罗马

马尔库斯·弗里乌斯·卡米卢斯

在塞利奥·加斯帕雷(Celio Gaspare)绘制的油画《弗里乌斯·卡米卢斯的战役》(*La Bataille de Furius Camillus*)上,我们可以看到赤身裸体的骑兵——传说裸身作战是高卢人的习惯。我们由此认为,这幅画描绘的是弗里乌斯·卡米卢斯与高卢人的战斗,他于公元前390年占领了罗马。然而,根据历史学家的说法,征服维爱的英雄并没有参加过与高卢人的战争。

征服拉齐奥

人战胜了耶克人、伊特鲁里亚人和沃尔斯克人,并成功击退了进犯的高卢人。卡米卢斯无论从出身还是在精神上,都是一个彻头彻尾的贵族,但他明白向平民让步的必要性,他也在《李西尼乌斯—塞克斯提乌斯法》(loi Licinia-Sextia)的通过过程中扮演了一个决定性的角色。有赖于该法案,执政官的职位得以向平民开放——这是向着真正的阶级平等迈出的一大步。

高卢人的进攻

公元前 5 世纪是伊特鲁里亚的没落时期:伊特鲁里亚内部,占统治地位的贵族阶级和下层阶级间的暴力冲突,导致社会出现巨大裂痕并削弱了军事力量。而在外部,随着临近城市中的民族渐次觉醒,伊特鲁里亚人所需面对的攻势也越发暴力。伴随着所采取的行动越来越有力,拉丁人逐渐转守为攻,最终夺取了台伯河下游河谷的统治权。凯尔特人——罗马人叫他们"高卢人"——势不可当地开始向波河河谷开拔。

公元前 5 世纪下半叶,高卢人穿越了西阿尔卑斯山脉。他们的到来使古代意大利的民族版图变得完整,也打压了罗马人的扩张势头。彼时的伊特鲁里亚内忧外患,特别是维爱在与罗马的战争期间惨遭抛弃,因此必须承受更大的压力。伊特鲁里亚人无力阻止高卢人进攻波河河谷。罗马借机巩固了在意大利中部的势力。从短期来看,高卢人所取得的第一番胜利为之后的进军奠定了基础。

公元前 400 年前后,高卢人已攫取了大部分波河河谷的土地。萨拉瑟斯人居住在瓦莱达奥斯塔,陶林斯人在多拉里帕里亚山谷繁衍生息,而位于波河上游盆地的马焦雷湖地区则是勒彭尼人的家园。提契诺东部生活着因苏布雷人,传说因苏布雷人征服了迈尔波(今米兰)——也恰逢维爱人屈服于罗马。继续向东便是居住在奥利奥河和阿迪杰河之间的切诺曼人的领地,也是在此处,威尼托人竖起了高卢人无法逾越的屏障。来自安纳尔斯的高卢部落一路从波河以南驻扎到了特雷比亚河以西,而林贡斯人和波依人(二者同为高卢人族群)则占领了从埃米利亚及至沿海的所有土地。最后,塞农人占领了从亚得里亚海沿岸的拉文纳到安科纳的所有地区。

威尼托人知晓如何防范高卢人进入阿迪杰河的右岸——如果说伊特鲁里亚人不

能和威尼托人一样抵御高卢人的进犯，一定程度上得归咎他们先前占领波河河谷的方式以及在此定居的方式。面对在此地生活已久的翁布里亚人时，伊特鲁里亚人的人数并不占优势，但当年他们没有试图征服或同化前者，而仅仅满足于将翁布里亚人组织起来进行管理，以便在这片被征服的土地上更好地进行农业开发。伊特鲁里亚人直接在这些已经高度完善的城市中安顿下来，大多数人从事军事或政治活动，也有人发展工业或商业。而翁布里亚人则四散在乡间或乡村的小型社群里，本来就只能靠畜牧业或农业为生。高卢人进犯之后，翁布里亚人成为奴隶，这种身份上的转变从本质上来说对他们的影响并不大。至于波河的伊特鲁里亚人，假若能在进犯者的铁蹄下侥幸存活，那么，大多数人都会尝试投靠他们的同胞，也有一部分幸存者留在了高卢人占领的城市中——这也解释了为什么在公元前4世纪之后，这些地区仍旧存在着伊特鲁里亚文化中的元素，尤其在被高卢人占领的埃米利亚，这里出色的农业结构一直被该地居民引以为做。

最后几波高卢人的攻势让他们成功地在刚刚征服的亚平宁山脉北部站稳了脚跟，与此同时，一群高卢人穿过托斯卡纳，席卷丘西，直奔罗马。参考瓦罗所著的编年史，这一事件发生在公元前390年，但根据波利比乌斯（Polybe）的希腊编年史，这一时间成了公元前387年至公元前386年。这一事件只不过是凯尔特人浩荡迁徙史中区区的一笔，但对罗马人来说，便是关乎国家在意大利中部声望和势力的至关重要的难题。关于罗马这段历史的描述，仍旧存在很多不明朗的部分。

公元前390年早春，一支由三万名高卢人（其中大部分是塞农人）组成的浩荡大军，极有可能在一位所谓"布伦努斯"（Brennus）的带领下，穿越亚平宁山脉去掠夺食物和战利品。传统认为，带领高卢人袭击罗马的酋长名叫"布伦努斯"，不过，这也恰恰是一个世纪之后，领导凯尔特人对战德尔斐的另一位酋长的名字。由此可以联想，可能"Brenn"一词在凯尔特语中仅仅是"军事首领"的意思，又或者"布伦努斯"作为一个荣誉称号先是被授予那位战胜了罗马人的领导者。人们后来以此为据，称那个洗劫了特尔斐阿波罗神庙的人为"布伦努斯"。不过，上述两个假设都是没有根据的。关于罗马人败于高卢人的传说，十分古老，如果这些传说中存在敌军领袖的名字，是顺理成章的。不过，无论是罗马说的原始版本，还是后世

■ 征服拉齐奥

欧洲大陆上凯尔特人的涌现

凯尔特人在公元前5世纪出现在历史的舞台上。希腊人称他们为"加拉太人",罗马人则称他们为"高卢人"。不过,希罗多德和哈利卡纳苏斯的狄奥尼修斯一直称他们为"凯尔特人"。罗马人没有把他们和日耳曼人区分开。

考古学认为凯尔特文明始于青铜时代中期。在巴伐利亚的莱茵河盆地和多瑙河两岸发现的资料显示,这两地即是凯尔特人的发源地和他们扩张的起点。当今最新的研究能够证明,凯尔特人在公元前最后一个千年入侵欧洲西部。凯尔特人于公元前390年洗劫了罗马,这一事件与其他一系列事件一道形成了一股强力的席卷了整个欧洲的"原始凯尔特潮流",这股潮流影响之深远,甚至可以在17世纪还能寻得踪迹。历史悠久的凯尔特人或罗马人口中的高卢人,实际上已经渗透到那些被征服的古老地区中,而这些地区的文化、宗教以及社会,也与古代凯尔特文明十分相似,反而跟先前来到意大利半岛定居的印欧人的印欧文明大相径庭。

拉丁战士

这位战士配备的是公元前4世纪末典型的战士装备。这一时期,长柄刀被广泛投入使用,其锋利的剑刃长50厘米,该武器被称作"伊比利亚长柄刀"(glaive ibérique)。这位战士左手所持的盾牌为金属质地,外观为向外凸出的圆形。这类盾牌一直被沿用到公元1世纪,后被半圆形的盾牌取代(现藏罗马文明博物馆)。

重写的版本,似乎都不可能仅仅根据这些名字去探寻凯尔特人进攻希腊的历史。

当高卢人忙于在丘西烧杀抢掠之际,一支罗马人的使节团抵达了这座伊特鲁里亚城市——很可能他们是被派来刺探进攻的最终目标和进攻的严峻程度的。在这些罗马密使逗留丘西期间,一个事件激怒了高卢人。大概是因为罗马人参加了一次针对分散在田间的高卢人的敌对行动,无论如何,高卢人突然离开丘西并向罗马开拔。罗马政府大为震动,在全国范围内动员并武装了四万名战斗人员,企图

在台伯河和阿里亚河的交汇处截住高卢大军。结果，罗马军队被打得溃不成军。此时的罗马人除了弃城而逃，别无他法，他们将手无寸铁的人都疏散到了临近的村庄，准备依靠卡比托利欧山陡峭的天险进行防守——通过这里，人们可以把所有能够抢救出来的财物都运送出去。

　　这是罗马人有史以来遭受的最为锥心的失败。第一线罗马军队的溃败是一场无法弥补的巨大灾难，因为通过召集后备军来重整军队并不容易。阿里亚（l'Allia）之战的幸存者无法全数回归罗马，罗马也不

■ 征服拉齐奥

古罗马广场之战，一段富有争议的篇章

提图斯·李维和普鲁塔克（Plutarque）都为"洗劫罗马"和"包围卡比托利欧山"书写了一个灿烂的结局，他们将传说中的天降神兵马尔库斯·弗里乌斯·卡米卢斯写进了自己的书中，后者将高卢人尽数斩杀。波利比乌斯则证实，高卢人带着大笔赎金离开了罗马，而损失惨重的罗马人则没有任何值得称道的荣耀。

波利比乌斯（公元前2世纪）不仅是希腊的外交家，驻托勒密（Ptolémée）王朝的大使和一位哲学家，更重要的是，是一位史学家。他拒绝任何关于罗马扩张主义的言论——哪怕只有微弱倾向——的宣传，根据这些风言风语，当时罗马的绝对统治已经覆盖到希腊半岛以及地中海。西西里的狄奥多罗斯（Diodore de Sicile）（公元前1世纪）也叙述了罗马被洗劫的事件，却没有提到任何关于卡米卢斯的战役。公元1世纪的罗马皇帝提比略（Tibère）同样思考过这段历史，他没有因为站在为了让帝国威名远扬的角度而放弃史学史的严谨，同意狄奥多罗斯的观点：卡米卢斯没在罗马存在过。同时，罗马人肯定也依照约定向布伦努斯缴付了赎金，高卢人因此变得富有，卡米卢斯后续也没有杀掉他们或拿走赎金。罗马被占领并被洗劫已是板上钉钉，不过这一系列事件也许没有诗人描写的那样残忍。

插图 古罗马废墟局部景。那场想象中的战争就在此处爆发。

可能倚仗盟友的支援。出于恐惧，那些精于算计的盟友极有可能会对罗马的溃败视而不见，为了自保，也可能想坐收渔利。强大的敌人不费吹灰之力便扫平了罗马的精兵，惨痛的失败让罗马人看不到抵抗的希望，元老院也是心力交瘁。高卢人很快就要兵临城下了（有些人说是阿里亚兵败的第二天，有些人说是三天之后）——元老院没有足够的时间来重整军队。

在此期间，罗马人只能组织卡比托利欧山要塞的防御工作。根据传说，进攻的高卢人看到了一个城门大开的罗马。在夜色的掩护下，高卢人尝试夺取卡比托利欧山。守夜的哨兵和狗都已筋疲力尽，没有注意到敌人的此次行动，不过，本来作为朱庇特贡品的鹅察觉到了敌人的出现，它们的叫声惊醒了防守的士兵，敌人被击退，要塞得以保全。七个月之后，流行病在高卢军中肆虐，疲于围城的高卢人前来和防守者谈判。饥肠辘辘的罗马人也想和高卢人签订和约，最终，他们承诺在高卢人离开罗马城之时送给他们1000磅的黄金。

关于解救罗马的传说，则是这样叙述的。在维爱避难的罗马人试图援助那些被围困在卡比托利欧山的同胞。他们召回了攻克维爱的英雄马尔库斯·弗里乌斯·卡米卢斯，并任命他为独裁官。卡米卢斯成功地重组军队，及时地赶回罗马，此时高卢人正在用吊秤称量罗马的赎金。他迅速地驳回了协议，声称该协议无效，因为此番协议的缔结并没有经过独裁官的同意。随后双方在古罗马广场上开战，高卢人试图逃跑，但最终被尽数歼灭。卡米卢斯凯旋。

以上便是流传至今的最为著名的罗马传说之一。显然，上述传说没有完全反映出史实，它证明的只是公元3世纪的罗马人刻画想象力的一种方式：卡米卢斯的流放也许是捏造的，一旦远离罗马，他就不用为高卢人进攻罗马负责，他也会成为"天外救星"（deus ex machina）[28]一般的人物。阿喀琉斯（Achille）与亚该亚人的故事也与上述传说有相似之处，例如当英雄阿喀琉斯远离特洛伊战场时，亚该亚人便一直吃败仗——我们可以认为，后来的罗马史学家受到了《荷马史诗》中英雄形象的启发，对罗马的传说稍加改造。而所谓"维爱的征服者歼灭了高卢人"的说法同样值得怀疑，尤其是没有证据表明卡米卢斯参与过此后罗马与邻近的拉丁城市的战

---

[28] 该拉丁语片语翻译自希腊语"apò mēkhanês theós"，出自古希腊戏剧。——译者注

争。我们认为,该传说从一开始就混淆了马尔库斯·弗里乌斯·卡米卢斯和其子卢基乌斯·弗里乌斯·卡米卢斯(Lucius Furius Camillus)的功绩,传说后者曾于公元前349年迎击过高卢人。不过,想要证明确实存在所谓的"混淆"也十分困难,因为似乎卢基乌斯从未与高卢人作战,并且罗马纪年表也没有把任何在对抗蛮族[29]中取得的胜利归功于他。

无论如何,高卢人进攻罗马的目的似乎不是永久性地占领这块土地,更像是为了战利品。

[29] 古代希腊人、罗马人称外族为"蛮族"。——译者注

高卢人"布伦努斯"

塞农人和林贡斯人的首领在阿里亚河之滨击溃了罗马军队,而凯尔特人对后续包围卡比托利欧山的行动感到厌倦,他们同意撤出罗马并停止对罗马的洗劫,但前提是罗马人必须拿相当数量的可以称量的赎金做交换。这幅由雅克·安托万·博福尔(Jacques Antoine Beaufort)于18世纪创作的油画描绘了高卢人在洗劫罗马之后称量作为赎金的黄金的场景(现藏马赛美术博物馆—龙骧宫)。

根据可靠资料，高卢人将罗马城洗劫一空才离开。与传说截然相反的是，高卢人除了毁坏帕拉丁尼山上的几处民宅，并没有把罗马夷为平地。上文戏剧化的传说，只能用来证明公元前 4 世纪之前文献或古迹确实十分稀少。

阿里亚战败的直接后果不只是罗马城遭到了严重的破坏——毕竟那些物质上的损失是易于弥补的，更为严重的是，罗马的声望极度受损。才臣服于罗马不久的人们，想及时利用敌军这番意料之外的脆弱期。而拉丁联盟则想摆脱罗马这位强大盟友的钳制。赫尼西人脱离了拉丁联盟，同时大多数已经同意加入拉丁联盟的伊特鲁里亚城市开始反抗罗马的霸权。

罗马的扩张

不过，在有如马尔库斯·弗里乌斯·卡米卢斯一般的人物的有力指导下，罗马的重建工作进展顺利。为了保卫城市，人们重建了塞尔维乌斯·图利乌斯（公元前 6 世纪）修造的城墙——如果那位国王没修，那么城墙就是这个时候修的。军队根据百人队进行重组。同时，几位平民执政官的任命使罗马内部重获和平，同时在外部，罗马在苏特里和内佩特的领土上建立了拉丁殖民区。

同一时期，公元前 358 年至公元前 351 年，罗马向法勒里、塔尔奎尼亚和切尔韦泰里这些伊特鲁里亚城市宣战。那些反抗的城市最后都被征服了，公元前 351 年至公元前 311 年，伊特鲁里亚人不再抱有敌意。在征服切尔韦泰里期间，考虑到两城之间长久的友谊，罗马并没有摧毁它，也没有把该地的居民吸收为罗马公民。为了应对此番全新的状况，"地方自治市镇"（municipium）的概念应运而生，即该城的居民须尽罗马公民的义务（munera），但不享有罗马公民的权利。

卡米卢斯还挫败了沃尔斯克人的企图——沃尔斯克人想重夺早先在拉努维乌姆附近一场战役中失去的阵地。沃尔斯克的土地随后被并入罗马共和国，沃尔斯克人的所有城市都被强制加入拉丁联盟。萨提瑞库姆和塞泽成为拉丁殖民地，巩固了罗马人对被征服土地的所有权。罗马从未对拉丁联盟发动真正的战争。但罗马必须重获并加强自己的威望。拉丁联盟被重组了。两位裁判官取代了独裁官，成为军中最高首领——在战争时期，他们只是军队首领的副官。像其他拉丁人一样，赫尼西人

征服拉齐奥

似乎又重新加入了拉丁联盟。

随着切尔韦泰里、图斯库鲁姆和蓬蒂内沼泽地（位于罗马东南部）的并入，罗马的疆域面积远超 1000 平方公里。罗马至此统治着 3000 平方公里的土地。根据传说，罗马曾于公元前 367 年、公元前 361 年和公元前 351 年三度袭击高卢人，三场胜利为罗马的军队重新赢得了声望。高卢人的失败强化了由伊特鲁里亚人、萨莫奈人、坎佩尼人和意大利半岛南部的希腊人所构成的罗马，在面对来自北方的敌人时拥有强大的凝聚力。公元前 354 年，罗马与萨莫奈人结盟。公元前 348 年，罗马与迦太基人续签了盟约以确保罗马拥有沿海（直到特拉西纳）的统治权，如此一来，盟约双方都可以自由地在地中海西部水域航行。

意大利的希腊人

来自优卑亚岛的哈尔基迪基人，建立了最早一批西方希腊殖民地。这一假说似乎很可靠，因为它十分贴合不久之后的公元前 6 世纪中叶的历史。在这一时期，哈尔基迪基人将西方的统治权出让给了多利安人并逐渐衰落：希腊大型城市的雅典人从中获益良多。

倘若一位航海家从卡拉布里亚海岸起航，前往西西里，并设法躲开了海峡中可怖的暗流，他最后将不得不在陶尔米纳海湾停靠，这里的什索角会为他的舰船提供一道天然的保护屏障。公元前 8 世纪下半叶，哈尔基迪基人在纳克索斯岛上安家，该岛屿是一个向西西里和意大利半岛进行探索的理想据点。在埃特纳火山以南，哈尔基迪基人占领了锡梅托河流域的肥沃平原，并建立了滨海城市卡塔尼亚和内陆城市伦蒂尼，同时也在海峡建立了赞科勒（Zancle）[后为梅萨纳（Messana），今为墨西拿（Messine）]殖民地，还在意大利半岛海角对岸建立了雷吉乌姆。随后，他们将舰队开进了第勒尼安海，并先行占领了位于那不勒斯海湾入口处伊斯基亚岛上的皮特瑟斯——这也是他们朝着殖民库迈迈出的第一步。那不勒斯地区大多数的希腊殖民都从库迈出发，奔赴各地。

哈尔基迪基人开辟了先例，其他希腊人便倚仗便利，在地中海西部建立新的殖民地。也有极少数例外，使用多利安方言的伯罗奔尼撒人就在意大利南部和西西里建立了殖民地。居住在伯罗奔尼撒半岛北部的亚该亚人在塔兰托湾建立了一系列的农业殖民地，以安顿本国过剩的人口。克罗托内坐落在科隆纳角不远处，后者也是塔兰托湾的最西部。锡巴里斯建立在更北的地方，西里斯和梅塔彭图姆则出现在离海约 6 公里的地方，位于锡巴里斯和克拉提斯河之间。亚该亚人的邻居伯罗奔尼撒人在科林斯海湾的对面安家，欧佐拉伊—洛克里人（Locriens Ozoles）[30]在雷吉乌姆和克罗托内之间的卡拉布里亚定居，并在这里建立了洛克奥俄匹兹菲瑞奥（Lokroi Epizephyrioi）[今洛克里（Locres）]。最后，拉科尼亚的居民在塔兰托最东北端的塔兰托湾殖民，这里的自然环境孕育出了该地唯一的良好港口。来自大城市的殖民的不断涌入让这些殖民地的领土、财富以及力量都不断增加。希腊人不久便会占领爱奥尼亚沿海及至第勒尼安海的所有区域，总面积高达 1500000 公顷。一部分原住民被希腊化，另一部分则沦为奴隶。

同时，一些多利安社群也向西迁移，他们的始发地主要是两个贸易城市——科林斯和墨伽拉。在西西里，科林斯人在一个叫作奥提伽的小岛上建立了殖民地，随后便把殖民范围扩大到了主岛上。科林斯人建立的殖民地锡拉库扎胜过了其他所有的西西里城市，因为该城市占据了全岛最好的港口，该地本身也是科林斯在地中海西部的主要贸易飞地。至于墨伽拉人，他们则在伦蒂尼和锡拉库扎之间建立了城市墨伽拉亥布拉（Megara Hyblaea），不过，这个新殖民城市无法很好地发展，因为它被两个强大的邻居压制了。一个世纪之后，公元前 627 年前后，这座城市变成了同样属于墨伽拉人的城市塞利农特的一部分。在更遥远的东部，罗德岛的岛民和克里特人建立了杰拉。约公元前 590 年，在帕基诺的岬角附近，锡拉库扎的居民建立了卡玛瑞那。最后，公元前 580 年，杰拉的希腊人殖民了杰拉和塞利农特之间的阿格里真托，阿格里真托注定成为西西里岛上的第二大城市。至此，从塞利农特到赞科勒，西西里岛的整个东部和东南海岸都遍布了希腊的殖民网络。而在西西里岛的北部，还有一个孤单的殖民地——由赞科勒的哈尔基迪基人与公元前 7 世纪中叶建立的希梅拉，其人种为多利安人。

反观地中海中部，波斯人于公元前 545 年征服了爱奥尼亚。然而，爱奥尼亚人

---

[30] 即艾托利（Étolie）的克洛里斯人。——译者注

■ 征服拉齐奥

意大利南部的希腊人和意大利人

希腊人是地中海东部第一批拓殖意大利土地的航海族群。公元前5世纪的希腊历史学家修昔底德（Thucydide）说，其实腓尼基人早就造访过西西里岛沿岸了，并在那里建立了直到布匿战争时期仍在使用的贸易站。不过，腓尼基人并没有在西西里岛留下神祇、思想或生活方式。反观希腊人，他们如果要征服某地，一定会先行奠定坚实的文化基础——就像他们对大多数拉丁文明所做的那样。

公元前9世纪是希罗多德认为的荷马生活的年代。那时，希腊人认为意大利半岛被群岛环伺，半岛上的山会喷出火焰，神话中的造物和野蛮人充斥其间。公元前8世纪，亚该亚人怀揣着验证之前的假说以及征服野蛮人的想法，开启了第一次意大利远征。400年之后，当罗马人向南部进军时，亚该亚殖民者下达了以下指令：首先，"要像尊重神明一样尊重贵族"；其次，"要像驯服野兽一般驯服野蛮人"。实际上，意大利的亚该亚人曾经驱逐当地人并将他们变为从事农业活动的奴隶——他们大获成功，亚该亚人的殖民地成了地中海地区的第一批小麦出口区。这种状态一直持续到所谓的"野蛮人"与他们开战，并最终夺回了自己的土地为止。

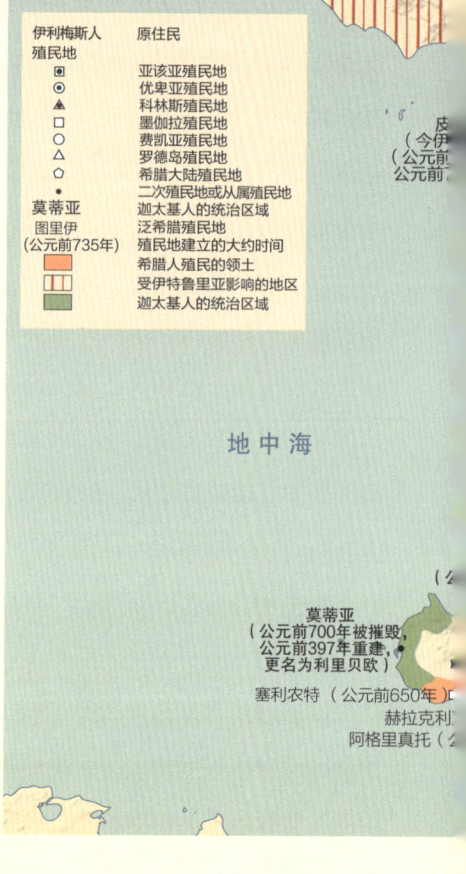

插图 一尊其历史可追溯至公元前6世纪至公元前5世纪的希腊女神得墨忒耳（Déméter）的雕塑，该文物发现于泰拉韦基亚·格拉米凯莱山脉（Terravecchia di Grammichele）（现藏锡拉库扎考古博物馆）。

① **亚该亚城市** 在大希腊所有据点中，拥有最多行政机构的当数下列亚该亚联盟的城市——西里斯、潘多西亚、梅塔彭图姆和锡巴里斯——以及亚该亚殖民地：波塞冬尼亚、拉奥斯、克罗托内、特瑞纳、维博瓦伦蒂亚和考洛尼亚。

② **拥有防御工事的城市** 公元前6世纪，伦蒂尼、波塞冬尼亚和纳克索斯是在大希腊中为数不多的、修建了防御壁垒的西西里城市。其他城市则围绕卫城[31]而建，并没有在外部修建防御工事。

③ **锡巴里斯** 鼎盛时期的锡巴里斯治下共有四个蛮族村庄以及二十余座市镇。大希腊的公民变为奴隶或成为本地人的被保护人后，都会为锡巴里斯人工作。

④ **库迈** 爱奥尼亚殖民地库迈的希腊人建立了帕耳忒诺珀[32]和"新城"那不勒斯[33]，并且在那里建立了一种以勋阀政治为核心的民主政体，这样既防范了暴政，也可以避免内部"蛮族"的暴动。库迈一直在抗争，直到公元前419年被萨莫奈人征服。

⑤ **锡拉库扎** 这座科林斯殖民城市供奉的神祇是女神阿耳忒弥斯（Artémis）。该城是西西里最重要的希腊城邦（polis），同时是西西里最为古老的希腊城邦之一，它的建城时间可追溯至公元前8世纪。锡拉库扎是公元前3世纪的伟大数学家兼发明家阿基米德（Archimède）的出生地。

⑥ **杰拉与阿格里真托** 克里特人和罗德岛岛民在公元前7世纪建立了杰拉城，又在阿格里真托建立了殖民地。阿格里真托迅速繁荣，一跃成为西西里岛最富有的城邦之一。

[31] 城市或地区由筑垒或加固而成作为避难地方的高地，著名的卫城有雅典卫城。——译者注
[32] 帕耳忒诺珀（Parthénope），同为一位希腊神话中海妖的名字。——译者注
[33] "新城"那不勒斯（Neapolis），"Neapolis"在古希腊语中意为"新城"。——译者注

■ 征服拉齐奥

希腊、迦太基和罗马之间的锡拉库扎

如同西西里的大多数多利安殖民地一样，由科林斯殖民一手建立的锡拉库扎成了通往西地中海、第勒尼安海以及欧洲的军事和贸易门户，并被所有征服者不断争抢。

港口城市迅速繁荣起来，但和希腊人一同到来的不只有奥林匹斯（Olympe）众神，还有一系列冲突。实际上，希腊的劲敌进攻了西西里和意大利的希腊地区。公元前480年，隶属波斯阿契美尼德王朝的迦太基舰队袭击了锡拉库扎。在地米斯托克利（Thémistocle）于萨拉米斯岛击败了波斯舰队的同一天，锡拉库扎僭主盖隆的部队也歼灭了腓尼基—塞浦路斯联军。公元前406年，迦太基再次进犯锡拉库扎、杰拉和阿格里真托。但瘟疫的肆虐率先为迦太基人奠定了败局。当时有很多的迦太基人留在了西西里岛的南部。迦太基人又找了几次机会重新进攻，但没有一次能够得逞。罗马不断从北部施压，并在第一次布匿战争（公元前241年）之后和锡拉库扎结盟。然而，公元前227年，锡拉库扎成为整个西西里岛地区的第一个罗马行省。

插图 位于锡拉库扎的那不勒斯希腊剧院。

不甘于臣服这些外来者。大量来自费凯亚的商人移居西方，并为那里的殖民地带来了繁荣。他们定居在科西嘉东海岸的阿莱里亚——二十年前，他们在此地建立了一个贸易站。阿莱里亚的建立巩固了伊特鲁里亚人在科西嘉政治和贸易上至高无上的地位，因此给萨丁尼亚的迦太基人新近征服的土地带来了威胁。共同的利益把迦太基人和伊特鲁里亚滨海城市联合到了一起，迦太基人输掉了与费凯亚人的战争，伊特鲁里亚也在与利帕里的海战中失利。尽管费凯亚人在随后的海战中获胜，但伤敌一千自

损八百，他们不得不将科西嘉岛让给了伊特鲁里亚人并逃往一片还未被伊特鲁里亚人或迦太基人染指的处女地。最终，他们选定了欧诺特利亚人的土地，并在萨莱诺南部建立了韦利亚。

希腊殖民地的竞争

大希腊的各殖民地在公元前6世纪混乱的竞争中变得四分五裂。克罗托内、锡巴里斯和梅塔彭图姆结成盟友对抗西里斯，并最终将它摧毁。克罗托内的元气在与北部及中部的邻居（洛克里人和锡

希腊存在的痕迹

作为古锡拉库扎新区的那不勒斯坐落于奥提伽岛的西北部，同时也是最为有趣的考古胜地之一。我们在这里发现了希腊的剧院、希隆二世的祭坛、奥古斯都凯旋门（l'arc d'Auguste）和狄奥尼修斯之耳（l'oreille de Denys）（独裁者老狄奥尼修斯用来囚禁犯人的古老监狱）。一尊来自那不勒斯剧院的雕像（现藏锡拉库扎考古博物馆）。

征服拉齐奥

拉库扎人)的战斗中被耗尽。克罗托内人在萨格拉被洛克里人重挫,不过他们也在公元前510年摧毁了锡拉库扎。对意大利的希腊人而言,这一灾难性的事件是无法弥补的,因为正是从这个时候开始,人们意识到建立一个强大而团结的希腊国家是不可能的。在希腊人与伊特鲁里亚人以及意大利人最初的几次冲突中,希腊人发现,如果不放弃这些使他们四分五裂的恶性竞争,他们便没有足够的力量抵御敌人的进攻,更别说主动出击了。

西西里的希腊人,即西西特里奥人,处境则有所不同。岛上的原住民并不能指望邻居穿越海峡前来拯救他们,因此他们对希腊人没有太大的威胁。只有居住在海岛最西边的伊利梅斯人须在腓尼基人的支持下才能够稍作反抗。

我们同样知道一位试图反抗希腊人的西库尔人[34]国王的故事——杜凯提乌斯(Doukétios)是门奈农(Menainon)[今米内奥(Mineo)]的国王。公元前5世纪中叶,在帮助锡拉库扎民主人士对付了贪婪的僭主希隆之后,杜凯提乌斯为岛上的原住民建立了新的首都帕利卡(Palica)[今帕拉戈尼亚(Palagonia)]。他曾希望带领岛民走向团结,但最终屈服于阿格里真托和锡拉库扎的联合力量(此时后两座城市暂时忘记了它们的竞争关系)。这次失败也是唯一一次西库尔人企图依靠自己的力量将希腊人驱逐出岛的尝试。

锡拉库扎的地理位置是将西西里岛希腊化的主要王牌:该城坐落于岛上最好的天然港口,这样一来城市的发展速度便得到了保障。从公元前5世纪起,锡拉库扎便是最有能力称霸西西里岛的城市。不过,究竟锡拉库扎能否团结起西西里的希腊人共同抵抗岛上的迦太基人或意大利半岛原住民的进犯?这有待商榷。然而,建立一个强大统一国家的宏愿,与各城市所秉持的"个人主义精神"背道而驰。只有采取强力、紧凑并且谨小慎微的政策,统一大计才有望成功。

公元前7世纪,在翁布里亚人和萨宾人的双重压力下,奥斯克人开始慢慢地从亚平宁山脉迁移到地势更低的坎佩尼地区和第勒尼安海沿岸。据史料记载,居住在桑格罗盆地和奥兰托河上游河谷的萨莫奈人正是奥斯克人。弗伦特人居住在亚得里

---

[34] 西库尔人(sicule),古西西里人部落。——译者注

亚海沿海山坡低处的谷底中，而普利亚南部的雅皮吉人则是这群萨莫奈人的邻居。萨莫奈人占领的这些山区生产力低下，他们不得不重拾自己的迁徙传统。他们沿沃尔图诺河河谷而下，最终成为萨丁尼西人，他们的首都叫作泰亚诺。

公元前5世纪，奥斯克人继续向着坎佩尼低地迁徙，并且与残存的伊特鲁里亚殖民地有了接触，而在沿海地区，他们接触了库迈、帕耳忒诺珀、索伦托和波佐利的希腊殖民地。根据传统，波佐利是由萨摩斯岛的岛民建立的，还留在此地的伊特鲁里亚移民已经与原住民奥匹西人很好地融合了，不过融合后的新人口又被新近抵达的萨莫奈人同化了。这很好地解释了为什么在公元前3世纪至公元前2世纪，在这里还能找到伊特鲁里亚文化存在的痕迹。在主要的坎佩尼城市中，卡普阿第一个被萨莫奈人征服。不久，库迈也遭到了萨莫奈人的进攻，居民出逃，在古城帕耳忒诺珀的废墟之上建立了"新城"那不勒斯。

公元前5世纪末至公元前4世纪的前几十年，其余的希腊城市接连落入奥斯克人的手中——除了位于塞莱河以北的那不勒斯。这座希腊城市保持了独立，相当繁荣，有赖于海上贸易和该城市与萨莫奈人的良好关系。坎佩尼领土上的新主人——众多奥斯克族群，在卡普阿的领导下结成同盟并最终成为"坎佩尼人"。从公元前5世纪中叶开始，萨莫奈人开始向南进行第二次扩张，一举占领了塞莱河源头和布兰达诺地区。

被占领区域的居民卢卡尼人迅速地投入与占领图里伊（位于塔兰托湾）殖民地的希腊人的战斗中。近一个世纪以来，大希腊的希腊人（我们所谓的"意大利奥特人"）通过与他们的锡拉库扎同胞联盟，能够有效地对抗卢卡尼人的统治。

公元前4世纪初，卢卡尼人可能建立了意大利半岛上最为强大也最为稳固的"意大利人的国家"。意大利的希腊人在考虑自身安全的同时，还需要顾及西西里军事君主强国的崛起，因此他们感到有必要团结起来。除了洛克里人，所有的意大利奥特人都团结起来共御外敌。考虑到希腊文明在意大利的活力经久不衰，我们有理由认为，这支希腊人联盟不仅能战胜好战的洛克里人，还能在第勒尼安海沿海的古希

> 征服拉齐奥

库迈，意大利土地上的第一个希腊殖民地

古代史学家认为是哈尔基迪基人（即优卑亚岛岛民）建立了库迈这个希腊在意大利的首个殖民地，但没能给出具体的时间。有人说库迈的建城时间是公元前11世纪，据说当时的航海者在白天由鸽子指引，而在夜晚又有青铜乐器的声音为他们指路。斯特拉波（Strabon）（公元前1世纪）提出了"二次建城"的可能性，即该城由来自库麦的伊奥里亚人第二次建立。

提图斯·李维明确指出是库麦的伊奥里亚人重新建立了库迈，并最终为城市起了"库迈"这个名字。得益于东方世界和意大利半岛间的商业联系，库迈能够蓬勃发展。因此库迈也可以建立其他殖民地，譬如那不勒斯和赞科勒（墨西拿）。伊特鲁里亚人曾在公元前7世纪至公元前5世纪多次试图攫取库迈，不过他们和所有其他侵略者一样，都在城市捍卫者的抵抗下却步。但在公元前419年，库迈落入坎佩尼的萨莫奈人的手中，萨莫奈人的生产活动随着掠夺战争在农业和牧业间交替。萨莫奈人清算了库迈的希腊人，那些来自卡普阿的萨莫奈移民迅速占据了库迈。公元前337年，在萨莫奈战争中击败了之前的"征服者"后，罗马特别授予库迈的居民罗马公民身份，但他们没有选举权。《荷马史诗》中，塞壬的礁石位于希腊传说中地狱的入口奥努斯湖（Aornus）[即阿纳佛斯湖（Averne）]，而库迈正是坐落在礁石附近。我们相信伊特鲁里亚的字母表发源于库迈，伊特鲁里亚的字母表中共有26个字母，拉丁人从中借鉴了21个字母，也正是拉丁人的字母表衍生出今天的字母表。上图这座神庙遗址先是由宙斯庇护，在罗马化之后供奉的则是卡比托利欧三位一体（朱庇特、朱诺和密涅瓦）。人们在神庙的内部发现了一条在火山岩中开凿的长约100米的隧道，该隧道通向的拱洞是一位女先知西比拉（Sibylle）居住的神秘之地。根据传说，这位女先知指引过埃涅阿斯，那位被人奉若神明的建立了拉齐奥诸城的英雄。

插图 库迈的朱庇特神庙遗迹。

■ 征服拉齐奥

斯巴达国王阿基达姆斯三世和意大利部落之间的战争

公元前343年，作为大希腊最大城市的塔兰托，向宗主国斯巴达求援。一支由满怀敌意的意大利布鲁特人组成的军队来势汹汹，贪婪的敌人不仅扰乱了当地人的生活方式，也威胁了城市的安危。斯巴达的国王阿基达姆斯三世当即回应求援的信号，亲自率领大军从蛮族的手中拯救塔兰托。

这位游牧民族的国王曾于留克特拉和伯罗奔尼撒半岛为捍卫斯巴达，与底比斯（Thébain）作战，也支援过与克诺索斯（Cnossos）作战的克里特。而这一次，在塔兰托军队的助力下，阿基达姆斯的军队迎战的是布鲁特人、普利亚人、卢卡尼人、萨莫奈人和坎佩尼人组成的蛮族联军。这些蛮族使用同一种语言，即奥斯克语。他们也怀揣同一个目的，那就是一拥而上，洗劫并占领所有属于大希腊的土地——那些肥沃的，更重要的是十分高产的耕地。塔兰托人和斯巴达人迎击布鲁特人和已经兵临曼杜里亚城下的卢卡尼人，国王战死，意大利人取得了最终的胜利。但国王之死，是其子阿基斯三世（Agis Ⅲ）和希腊人最难过的事：他们甚至没能找到国王的遗体，不能为他安排葬礼并将他奉为神明。国王阿基达姆斯三世成了一个徘徊在阿纳佛斯湖湖畔的永恒游魂，或者说更像一缕阴影，一个既没有活力，也没有回忆的另一个世界的生灵。

插图 国王阿基达姆斯三世半身像（现藏那不勒斯考古博物馆）。

西比拉的秘境（第133页）

在火山岩中开凿出的走廊（dromos）将我们引入了库迈西比拉的秘境，女预言家会在这座庙宇中将预言吟唱成诗，然后立刻将它们忘记。该洞穴是公元前500年在亚里士多德[35]独裁统治期间开凿的，一直被使用，直到萨莫奈人进犯。

腊文明中占据主导地位。很可能卢卡尼人找到了锡拉库扎僭主大狄奥尼西奥斯（Denys）这样一位强大的盟友，此人渴望在意大利的希腊地区建立霸权。意大利奥特人的溃败不可避免，因为他们面对的是卢卡尼人和大狄奥尼西奥斯的双重夹击。

公元前390年，一支由15000名意大利奥特人组成的远征军踏上了敌人的领土以支援希腊殖民地拉奥斯，但这支军队的2/3被卢卡尼人歼灭。不久，公元前389年，一支由25000名意大利奥特人组成的军队在希腊殖民地考洛尼亚附近的埃勒波鲁斯河

---

[35] 亚里士多德（Aristodème），库迈僭主。——译者注

（Elleporus）[今斯蒂拉罗河（Stilaro）]河畔，被大狄奥尼西奥斯的大军击溃。

拉奥斯之战是我们知晓的意大利人在面对希腊人时取得的第一场大型胜利，而后续的埃勒波鲁斯战役，则是到那个时候为止意大利人历史上最大的一场胜利——这是意大利半岛希腊化进程的转折点。意大利奥特人再也没有恢复过来，他们的联盟后来分别在图里伊、赫拉克莱亚、梅塔彭图姆和塔兰托，与锡拉库扎的大狄奥尼西奥斯进行了几次交锋，联盟的力量在这一过程中遭到了不断的削弱，最终完全无法独自对抗意大利人。

然而，大狄奥尼西奥斯声称自己将保护意大利的希腊人。这位锡拉库扎的僭主既没有和卢卡尼人结盟，也没有为了原住民的利益而解散意大利奥特人的联盟。他既没有对希腊殖民地雷吉乌姆进行更深入的破坏——本来意大利奥特人都打算放弃这个地方了——也没有有远见地削弱克罗托内人的力量。他唯一的真实目的是最终统治意大利的希腊地区。因此，他在卡坦扎罗地峡加固防御工事，以保护他的盟友洛克里人以及新近由雷吉乌姆征服的土地。大狄奥尼西奥斯还利用伊特鲁里亚人遭受高卢进攻的脆弱期，摧毁了伊特鲁里亚城市切尔韦泰里的港口皮尔吉，夺取了厄尔巴岛，在科西嘉岛上建立了一个锡拉库扎的贸易站。与此同时，他还在亚得里亚海沿岸的安科纳建立了殖民地，征服了波河河口城市阿德里亚，他甚至试图夺取伊利里亚地区附近的岛屿。

但是，很长一段时间之后，希腊人似乎又重新开始在意大利以及附近的岛屿进行扩张。高卢人洗劫罗马的时候，大狄奥尼西奥斯和他们保持了良好的关系，甚至招募了高卢人作为雇佣军，摧毁了切尔韦泰里附近的港口。似乎不消多时，意大利人就会屈从于来自北方的进犯者和来自南方的希腊殖民。

不久，公元前356年，锡拉库扎人无法采取任何行动来保全意大利奥特人的克拉提斯河盆地——这片土地的最南部被卢卡尼人占领，而与此同时，一群将聚居地定在科森扎的好战的布鲁特人则离开了卢卡尼联盟。在这群外来者的压力下，希腊殖民地锡巴里斯、特瑞纳和维博瓦伦蒂亚（拉丁语"Hipponion"）很快没落了。同时，卢卡尼人将所有的扩张主义力量都集中在了东南部，这也是塔兰托的方向。希

波塞冬尼亚的墓葬

那不勒斯以南坐落着这座公元前7世纪的希腊殖民城市。除了一座供奉海神尼普顿（Neptune）的神庙的遗址，我们还在这里发现了一处拥有上千座墓葬的大墓地。其中一些墓葬保存得极其完好，墓葬中唯一能够辨认的壁画具有古典希腊风格。上图为来自所谓的"胜利之翼"（Victoire ailée）墓的壁画（现藏帕埃斯图姆考古博物馆）。

腊大城邦斯巴达在阿格西莱之子国王阿基达姆斯三世（Archidamos Ⅲ）的命令下，于公元前342年前后向塔兰托提供了军事援助。在取得几场胜利之后，国王在萨兰托半岛的曼杜里亚附近战死。不久，卢卡尼人占领了赫拉克莱亚，此地也是意大利奥特人联盟的大本营。

伊庇鲁斯的摩罗西亚王国国王亚历山大一世（Alexandre Ier）在几年后接替了阿基达姆斯三世的事业并取得了更为持久的胜利。作为亚历山大大帝（Alexandre le Grand）之母奥林匹亚丝（Olympias）的兄弟，亚历山大一世希望自己在西方开展的行动，能为他带来可以与其外甥在东方所取得成绩相媲美的荣耀。实际上，他为普利亚的梅萨比人和雅皮吉人带来了决定性的胜利。亚历山大一世带领他的军队，直抵西蓬托，并在此地迎击了结成联盟的卢卡尼人和萨莫奈人。在波塞冬尼亚（Poseidonia）[今帕埃斯图姆（Paestum）]，他击溃了敌人的联合军队并征服了布鲁特人的首都科森扎。然而，在胜利之后，军中的塔兰托人因无法忍受这位伊庇鲁斯国王的严苛教条而发动哗变。亚历山大一世企图通过获取城市图里伊的支持，以及通过与罗马人结盟来保全自己的地位。不过，在公元前331年冬天，他在位于克拉提斯河河谷的潘多西亚附近为敌军所杀。

塔兰托拥有相当数量的海军，同时有大量商船队，因此，塔兰托是大希腊最为强大也最为富裕的城市。但几支雇佣兵部队就是该地全部的陆地战力。在这种情况下，塔兰托几乎无法参与和罗马人或萨莫奈人的战争，甚至在面对强大的卢卡尼邻居时也丝毫没有自保的能力。

档案：罗马贵族、平民与奴隶

档案：罗马贵族、平民与奴隶

罗马在古代是世界上最大的城市。个体自由的牺牲换来了这座城市的强大与荣耀——这也是古希腊社会为后世留下的宝贵遗产。

在最初的罗马家族中，"家族之父"掌握着绝对的权力。"家族之父"在其父亲死后继承其所有权力。"家族之父"享有自己合法妻子、儿子以及儿子各自的妻子、未婚的女儿以及他们各自财产的所有权。罗马的家族单位是社会秩序的基础。一个家族的生命周期一直延续到家族中的最后一个男性后代死亡为止。然而，历经几代人的流传，家族成员间的亲缘关系不可避免地随之淡薄。因此，古罗马氏族随之出现，那些尽管来自同一祖先，但无法列举出家族中各位宗亲或无法确认自身与宗亲间的亲缘程度的人们，得以重新聚在一起。

贵族的特权（第138页）《维纳斯的浴场》（*Bain de Vénus*）是一盏庞贝银制酒樽上的装饰画。贵族和仆人在沐浴的场景中——这有助于我们更好地理解贵族与仆人之间的关系（现藏那不勒斯国家考古博物馆）。

家族与权力

罗马建立之前，家族中的父权结构围绕着父老与其拥有继承权的长子。长子继承了家族遗产，也继承了凌驾于其母亲、兄弟以及兄弟各自家庭之上的权力。他也主持献祭活动、祝颂经文、负责裁决事务以及引领家族。他的手足、孩子、家族中的女性、被保护人以及奴隶都尊重他的普遍权威。这些来自七座山丘以及其周边地区的各个农村家族的嫡系，联合构成了由罗慕路斯所组建的第一届元老院，同时也是这片土地的主人。被保护人、被释放的奴隶和外来人员只能成为平民。

插图 卡萨利祭坛上的浮雕描绘了罗慕路斯和瑞摩斯的传奇故事（现藏罗马梵蒂冈博物馆）。

档案：罗马贵族、平民与奴隶

罗马式教育，从门生到学生

公元前3世纪末，贵族家庭中的父亲会在儿子7岁时开始负责他们的教育。除了学习阅读、写作和基础的算术，孩子们还会参与社交和政治生活。他们会陪同自己的父亲进入元老院或参与其他政治活动。家庭教育会一直持续到贵族青年年满17岁——在17岁成年的宗教仪式中，青年会将紫色缥边的托加长袍换成成年托加。随后这些贵族青年会被托付给友人的家庭，在此家庭中继续学习一年。再之后，贵族青年会服两年兵役，其间由一位政治人士监管。女儿的教育工作则由母亲负责。从公元前3世纪开始，富裕人家的父母会将孩子托付给一位教育家。随后诞生了初等教育的学校，学校会接收7岁至12岁的贫苦人家的男孩儿或7岁至13岁的女孩儿。在学校里，孩子们可以学习阅读以及基础的算术知识。公元前2世纪，人们创办了教授希腊语和拉丁语的中等学校。中等教育分两个阶段：第一阶段的学生年龄为12岁至17岁，这期间他们会学习语法；第二阶段的学生年龄为17岁至18岁，学生在此期间学习修辞学。在罗马共和时期，高等教育只存在于希腊城市中。

古罗马贵族教育 上图为公元前1世纪的浮雕，其上的教师手持一根木棒（现藏阿尔隆考古博物馆）。下图为一口罗马石棺，上面装饰着孩童不同阶段的生活场景（现藏巴黎卢浮宫）。

❶ **第一个动作** 孩子出生后的第一个动作，是由家族之父参与完成的。家族之父会把新生儿抱在双臂间，并将孩子抬离大地（助产士将脐带剪断后，先将孩子放在地上）。家族之父将孩子举起，仿佛是将孩子呈给阿波罗过目。这个动作标志着家族之父正式认识了孩子，并将尽心尽力地抚养他，同时意味着家族之父在面对孩子时有绝对的父权，父老可以遗弃他、杀死他或将他卖作奴隶。

❷ **被固定住的婴儿** 从出生开始，婴儿就被包裹在紧密贴合的褟褓里，双臂被固定在身体两侧，双腿也因为僵直而无法移动，但是手掌可以打开。两个月之后，人们会解放出婴儿的右臂，目的是让他成为右撇子。婴儿每天都会被浸泡在冷水中，乳母会按摩他身体的各个部位以便更好地"塑形"。

❸ **劳作培养** 在幼儿培养期间，父亲会试着开发孩子的耕作技能，并反复灌输勤劳工作的观念——直到孩子能够独自驾驭由马匹牵引的犁车。贵族专属武器是罗马骑兵的特色，除此之外，贵族家庭中都会有精于马术的宅神，而加入骑兵队便是这位宅神赋予每位贵族青年的宗教义务，宅神会庇佑和考察贵族青年在公民和军事学习的最后阶段的成果。

❹ **实用主义教育** 罗马王政时代和罗马共和时代初期，在传统主义教育下诞生的是家族资产、领土和牲畜的优秀管理者。其结果便是，年轻人精于农业、畜牧业甚至是医学（为了延长农奴的"使用年限"），还有法律。年轻人跟随由父老指定的启蒙老师或导师学习这些技能。

贵族统治

传统认为，最初的罗马贵族，是罗马建立时的一百位家族（氏族）首领，称作"父老"，他们由罗慕路斯选拔出来以构建罗马最初的元老院。因此，这一阶层的出现仅仅基于出身而非财富。然而，种种迹象表明，最初的"父老"是早先居住在日后罗马城山丘中的牧羊人氏族的首领。

随着伊特鲁里亚人的到来以及罗马城的建立，贵族发现在面对新君主时，他们的权力受到了限制。公元前509年，随着最后一位国王被驱逐，元老院重握大权，而贵族也声称自己有权单独行使权力。元老院的排他性因为禁止与非贵族人士通婚而得到了加强。在这种世袭制度的基础上，贵族阶层在国家中缔造出了权力精英。培养执政官成为可能，其后果便是罗马政府变成了贵族阶层的"一言堂"。我们可以通过罗马执政官年表看出在共和之前的几个世纪中罗马的10个重要氏族：克劳狄亚（Claudia）、科尔内利亚（Cornelia）、埃米利亚（Emilia）、法比亚（Fabia）、尤利亚（Julia）、曼利亚（Manlia）、帕皮里亚（Papiria）、博多米亚（Postumia）、昆西亚（Quincia）和索皮西亚（Sulpicia）。

罗马作为一个繁荣的城市，吸引了大批的商人和工匠。这些外部的商人和工匠对古老的贵族组织十分陌生，但对社群的繁荣至关重要。这些新公民一直是伊特鲁里亚国王拥护者中的中流砥柱，尤其在塞尔维乌斯·图利乌斯改革之后，他们成了人民中最为激进、最为活跃的群体。为了瓦解贵族反对派的权力，伊特鲁里亚国王将新公民中最为杰出的人员提拔为参议员。故而，国王的消失和贵族对王权的争夺势必招致这些商人和手工业者群体的不满，随之他们自发地组织起来以反对这个新的贵族制国家。

与这些商业精英并驾齐驱的是从富裕的贵族中派生出的边缘化的次等群体，后者与城市看似无限增长的经济息息相关。但在公元前5世纪初，当伊特鲁里亚和坎佩尼的政治问题直接波及拉齐奥时，这些政治问题引发的重大经济危机严重地打击了这些"剩余群体"——这唤醒并联合了商业精英与被贵族阶层排除在外的次等群体，平民阶层随之诞生。

共和国成立伊始，贵族和平民便开始了对抗，这番对抗持续了至少两个世纪，

■ 档案：罗马贵族、平民与奴隶

底层等级

奴隶没有任何权利，他们在法律上的地位和动物一样。成为奴隶的方式有以下三种：出生便是奴隶 [在主人家中出生的奴隶之子被称作 "凡尔纳"（vernae）]；胜利者将战俘作为奴隶出售以增加自己的战争所得；所谓的"人格减等"（capitis deminutio），也就是说，如果一个人在人口普查中存在欺诈行为或逃避服兵役，作为惩罚会被剥夺公民身份并沦为奴隶。我们既没有相关资料也没有证据证明奴隶群体在罗马人口中占有很大份额。似乎一切都表明，奴隶中很大一部分都是罗马军队的"战利品"，其结果便是，奴隶中的妇女和孩子，尤其是孩子，都是在主人家中出生的。但这些孩子大多都是各自母亲的主人的后代，这种情况解释了为什么罗马城中有大量的奴隶被解放，一个罗马公民帮助一个奴隶获取公民身份的现象也很常见。

插图 在这幅来自公元前 4 世纪的壁画中，一位奴隶正在准备食物（现藏奥尔维耶托考古博物馆）。

短暂的平静和激烈的爆发在这两个世纪中交替上演。两方对抗的原因有很多并且在每个时期都有所不同，不过我们还是能够将原因大体总结为以下三点：平等的政治权利，关于债务的立法，公有土地的开放问题。

尽管所有传统传达出的信息都不值得信赖，但我们仍旧可以将权利平等视作一些人从斗争之初就在不断提出的首要诉求。而那些提出剩下两项诉求（债务法和土地所有权）的人可能也加入了提出第一项诉求的大军，这样一来便扩大了平民的基数。实际上，我们也不能将债务问题和土地问题区分开来——古时候拉齐奥的面积很小但土地肥沃，因此整个拉齐奥的地区的人口密度一定相对较高。无论如何我们必须记住，逻辑上领导平民群体的人一定是该群体中最为富裕的成员，因此这些人也是对平等权利和有权使用国有土地最感兴趣的人。

债务人和债权人

因此，传统将贵族与平民间的斗争置于"经济斗争""争取公民权利的斗争"和"争取政治权利的斗争"的三棱镜之中。经济斗争围绕着三个轴展开：减少债务、分配土地和分配小麦。事实上，债务问题是造成贵族和平民分歧的主要原因，这一结论也可以从金属货币的稀缺推演出来——穷人几乎不可能存储货币。此外，当遇到收成欠佳的年份或者耕地遭到了敌人的破坏，小土地所有者就只得向富人求助否则便无法生存，富人则完全有能力管理和处置自己存储的粮食中的很大一部分。贸易极其受限，需求也远大于供应：通过提出不平等的条件或者简单地索取和风险成正比的利息，富有的土地所有者或事先屯粮的人能够轻松地让那些贫困者的生活更加窘困，后者甚至连恢复元气的希望也没有。

这种经济层面的依赖性在债务人和债权人的法律地位中有所体现。我们不应忘记，古罗马的民法会将无力偿还债务的债务人全权交给债权人处理。在破产的情况下，那些通过签署庄严的合同成为债务人的人或法院宣布应对一笔债务负责的人，会立即被债权人逮捕。在一定的期限（有资料称为60天）之后，如果债务人无法与债权人达成合议，或无法找到另一个人为他担保，那么这位债务人就任凭债权人摆布了。债权人有权将他杀死或将他卖作奴隶，不过执行上述惩罚的地点不能在罗马也不能在拉齐奥境内，执行地点只能在台伯河以外。可以肯定的是，尽管这种残忍的威胁悬在无力偿还债务的债务人头上，但富有的人出于个人利益的考虑往往更愿意让债务人为其服务或"使用"债务人的劳动力。但为了催促债务人的朋友或者家人支付赎金，债权人也可能会虐待债务人。最坏的情况是，债务人一直可以被当作奴隶出售。因此，毫无疑问的是，债务人的痛苦和对陷入贪婪的债权人之手的恐惧是平民和贵族间斗争的强大原动力。

得益于平民离开罗马城（著名的平民分离运动）带来的威胁和平民自己行政官（平民保民官）的出现，平民的第一番诉求即政治权利平等（《李西尼乌斯—塞克斯提乌斯法》）得以被满足。不过他们剩下的要求，例如清除债务或重新分配土地，

■ 档案：罗马贵族、平民与奴隶

并没有同时被满足。政治权利平等的目标达成了，贵族几乎被击溃。但就保护小土地所有者和短工的层面而言，新的国家秩序被证明是无用的，因为仍旧没有机构或专职人员遵照新的土地法进行监督。

奴隶

不论是贵族还是平民，罗马早期的公民很少拥有奴隶。偶有小农会拥有一至两个奴隶，这便足以帮助他耕种微薄的土地。尽管主人和奴隶一同劳作、一同分担农村生活的艰辛，但从法律的层面来讲，奴隶不过是一个简单的物品而已，是主人绝对的财产。奴隶拥

阶级间的不平等

《十二铜表法》中的多项条款都涉及奴隶。该法典是第一个展现古老奴隶制的法律文本，例如法典中提到的奴隶身份和债务问题。奴隶在贵族位于帕拉蒂尼山的华丽住所中，在埃斯奎利诺山和西里欧山的贵族产业中，甚至是在乡村别墅里充当仆人，他们从事厨房、花园、清洁、照顾儿童以及儿童后续的教育工作。农奴（serf）的前身是农民或平民。

插图　古斯塔夫·布朗厄尔（Gustave Boulanger）创作的油画《拿破仑亲王庞贝式宅邸前厅中的"笛子吹奏者"和"狄俄墨德斯的妻子"》(《Joueur de flûte》 et de 《La Femme de Diomède》 chez le prince Napoléon dans l'atrium de sa maison pompéienne）的复制品（现藏凡尔赛宫）。上图为厨房中的奴隶。该浮雕的历史可追溯至公元前 2 世纪（现藏罗马文明博物馆）。

有法律层面的自主存在性，无法拥有自己的财产，即便在主人的同意下也不能组建家庭，男女奴隶的结合也不过是简单的姘居而已，奴隶生下的孩子对主人而言，就像是幼小的家畜或树木的果实一样。

有间接的证据能证明这些奴隶所经受的苦难。据说每年 5 月 14 日会举行一个奇怪的仪式，并且这一仪式一直持续到共和国的最后一个世纪为止。在这一天，人们会从萨布里希乌斯桥向台伯河中丢下 27 件被麦秆捆绑着的"无用之物"。这些叫作"阿尔及"（argei，亚该亚语）[36]的无用之物无疑是战俘的替代物，并且它们出现的年代非常有

---

[36] 一说"阿尔及"是空的棺椁或空的神龛。——译者注

> 档案：罗马贵族、平民与奴隶

可能不是罗马人开始认为特洛伊是他们古老祖源的年代，这一伴随着罗马人的既残酷又古老的仪式会把他们召回到一个更加久远的起源。这些如出一辙的"战俘"似乎取代了最初的受害者——他们不是别的，而是年老体衰、再无用处的奴隶，他们的主人认为借向神明献祭之机摆脱掉他们将更有益处。

直到公元3世纪，所有的罗马公民都可以成为奴隶以偿还自己的债务。这就是所谓的"债务口约"[37]——债务人将自己的自由抵押给债权人。在债务口约被废除之前，这种强制性的奴役在平民阶层中激起强烈不满。不过，还有一些因素会导致一个人成为奴隶：此人为战俘身份；一个存在欺诈行为或者存在损害国家名誉行为的人，会认定为犯下了叛国罪或诱导他人叛国罪，这样的人也会成为奴隶。

此外，被遗弃的婴儿也很容易成为奴隶。主人们会给奴隶提供衣物，也会根据每个人的劳动量来分配小麦、盐和其他食物（橄榄、咸鱼、酒、油……）。总的来说，一个奴隶不会佩戴锁链，除非他是戴罪之身或者被怀疑企图逃跑。

父老的权力

在罗马，奴隶相关的事务是由每位家族中的父老亲自负责的私人事务。在罗马的法律中，一家之主拥有凌驾于其妻子、孩子、被保护人（与施与他恩惠的保护主有关联的平民）——当然还有奴隶之上的无限权力，他可以按照自己的意愿出售或杀死自己的奴隶。因此，这一传统让人想起了某种丧葬习俗——人们会杀掉逝者最中意的女人或奴隶，将他们放在墓葬中或将他们扔到焚尸的柴堆上，以便让他们在"来生"也能陪伴这位逝者。实际上，这种家庭关系的威力基于一位父亲之于他的家人、那些受他恩泽的人、他的仆人有如帝王般的权威，并且这种权威直到公元前5世纪中叶仍旧不可撼动，那之后才有习惯法和宗教试图对这种权威加以限制。尽管如此，一家之主仍旧保有对其妻子、孩子以及奴隶的生杀予夺大权——无论这些人是触动了家法还是在公共场合犯下轻罪。习惯法对家庭父权的唯一限制便是：强行召开家族会议以宣布对犯错的女人或孩子施加的最严厉的刑罚，并且在量刑方面将会与奴隶区别对待。

在《十二铜表法》中，一位父亲保有一切权力：他可以惩罚自己的孩子像奴隶

---

[37] "债务口约"（Nexum），在罗马法中表示"契约"。——译者注

般地在田间劳动，他也可以出售、驱逐或杀死自己的孩子——不过，杀死新生儿的可能性被移除了，丢弃新生儿也受到了限制，可丢弃的仅限畸形的婴儿或女婴。因此，一位父亲必须抚养所有的儿子或至少抚养长子。同样还有一项法律规定，一位父亲如果三次出售自己的儿子，将会被剥夺掉"父权"（patria potestas）。因此，我们能够推断出，在这项法律还没有实施之前，一位父亲可以将亲生儿子用作借贷的抵押，只要他愿意，就可以把儿子反复抵押。如果有必要，一位儿子还可以作为奴隶被出售，如果后续由一位亲戚或国家解放，他还会重回父亲的权威之下——这位儿子还是有可能被抵押出去。

被解放的奴隶

立法者仅以非常有限的手段干预了主人与奴隶之间的关系——他们只是很隐晦地承认了"奴隶解放（affranchissement）遗嘱"的法律价值。一位主人想在自己去世前释放一位奴隶并且不需要这位奴隶为自己做任何事情，因此他实践了这类遗嘱。这一事件影响了法律本身，因为我们知道死者的继承人有权将那位自由人维持在被奴役的状态。裁判官会参与解放奴隶的流程并将被解放者的名字记录在公民名单上。另外，两种解放奴隶的方式基于拟制，根据该拟制，自由和公民权是优先于他们认知中的法律而存在的，因此所谓奴隶身份被认定是一种"过失"，因此人们在此种情况下可以将其纠正。

被解放的奴隶（affranchi）拥有和其前主人一般的法律地位，因此成为拉丁公民还是罗马公民，都取决于前主人的公民身份。不过，被解放的奴隶的公民身份在很大程度上还是有所保留的。只有被解放的奴隶的儿子才能够获得完整的公民身份。出于各种目的或意图，一位被解放的奴隶会成为其前主人的被保护人，前主人也会变成保护主，而这位被解放的奴隶也会被赐予保护主的姓氏（nomen）并被纳入他的合法家庭。因此，所谓"奴隶解放"并不会赋予一位奴隶以自由人的所有权利。除了无法担任公职之外，一位被解放的奴隶既没有投票权，也无法参军。另外，除了拥有个人自由之外，他有权拥有自己的财产也有权拥有合法的婚姻，还有参与一些宗教仪式的权利。就义务层面，有如所有的被保护人一样，一位被解放的奴隶由他的前主人支配，并且不能反抗其前主人——例如不能在法庭上做出任何反对他前主人的行为。

档案：罗马贵族、平民与奴隶

解放奴隶的现场 这幅在比利时莫尔朗韦发现的浮雕展现了解放奴隶的场景，浮雕中的奴隶正向自己的主人表示感激（现藏罗马文明博物馆）。

权杖释奴 主人手持一根权杖佯装做出最后的裁决：在裁判官的面前，主人用权杖轻触奴隶的头顶并说"根据罗马法，我希望这个人获得自由"（Hunc hominem ex iure Quiritium liberum esse volo），随后用权杖轻轻地抽打一下奴隶。

解放奴隶和社会身份晋升机制

　　因债务问题而被奴役的人被称为"农奴"，并且农奴在法律上的地位和奴隶是不一样的。土地所有者利用债务口约将那些在他们土地上劳作的平民变成农奴，并通过支付实物（饲料、食物、衣物和药物）将他们变为自己的债务人，并且要求他们以后续的收成作为抵押。公元前4世纪的内战之后，那些被征服的土地得以被分配给平民，并且《彼得留—巴庇留法》（公元前326年）也废止了上文的奴役模式，债务奴隶（nexi）得以成为农民。在罗马共和时期，人们可以通过遗嘱将奴隶合法地解放，也可以在人口普查期间直接在自由人的名簿上写下奴隶的名字或用权杖（vindicta）解放奴隶，再将他的名字写在自由人名簿上。在第一种情况下，立下遗嘱的人必须表明他想改变自己奴隶的法律地位并将之解放的意愿，主人可以在他还活着的时候就执行解放的流程，不过这样他还要申请额外的程序，或者在去世之前一直享受奴隶的服务。遗嘱的继承人或执行人可以在人口普查期间或通过权杖释奴继续解放奴隶的流程。继承人或执行人会协同奴隶一起来到裁判官面前，并表明解放奴隶的意愿。随后，监察官会将被解放的奴隶登记在一个特里布斯（部落）之中。这一机制一直沿用到维斯帕先皇帝（l'empereur Vespasien）统治末期。人口普查五年仅进行一次，因此直到罗马帝国时代之前，最为常见的解放奴隶方式便是在裁判官前执行的权杖释奴。

主人与奴隶　公元前 4 世纪的罗马社会已然成了一个拥护奴隶制的社会，罗马的人口增量与巨大的奴隶输入量保持着同一步调。塔尔奎尼亚猎豹墓（约公元前 470 年）中的壁画：奴隶正在为他们的主人服务。

当被解放的奴隶去世的时候，他的一部分财产会回到其前主人的手上。被解放的奴隶和其前主人之间的纽带基于所谓"信任"（fide），基于相互的信赖也基于对誓词的尊重。尽管有证据证明被解放的奴隶与前主人能维持较好的关系，但也存在一些被解放的奴隶会遭到前主人的反复虐待的情况，故而有相关法律出台以保护前者。

被解放的奴隶会获得自由，还会获得一笔钱或一笔"膳宿费"（alimenta）。因此，很大一部分被解放的奴隶会成为商人或工匠，最后变得比自己的主人都富有的情况也不少见。被解放的奴隶尝试解放自己亲人的情况也十分常见，他们会先买下亲人，再执行解放的流程。然而，作为新晋富人，他们的炫耀和卖弄总会招致不满。

被解放的奴隶头戴无檐帽（pileus）（一种锥形的毡帽），这种帽子是公民自由的传统象征，不过罗马的自由公民在古典时期只有在极少的情况下才戴这种帽子。

萨莫奈人的庞贝

这座城市中矗立着一座历史可追溯至公元前6世纪中叶受萨莫奈风格影响的阿波罗神庙。庞贝在公元前4世纪整合了附近的盟友城市。在被苏拉的大军围攻并占领之后,庞贝成为罗马土地的一部分。几年之后,维苏威火山的岩浆埋葬了这座城市。

下一页 公元前5世纪装饰着展示形象的烧陶制品(现藏阿雷佐考古博物馆)。

意大利人面前的罗马

拉丁战争结束之后的 50 年，是罗马最令人叹为观止的时期之一。得益于在一系列战争中的胜利，罗马人击败了意大利中部高地上强大的萨莫奈部落，征服了伊特鲁里亚人并最终到达亚得里亚海海岸（公元前 339 年—公元前 290 年）。至此，罗马人拥有的领土要比他们最初的土地多上 100 倍。

平民和贵族间冲突的调和性产物是一个全新的也更为复杂的领导阶层，这一阶层的形成过程是罗马内部政治的鲜明特色：渐渐地，执政官的职位向平民开放，随后其他的执政官职位也得以向平民开放。虎视眈眈的高卢人被击退了，沃尔斯克人和耶克人也被打败了，伊特鲁里亚人开始保持中立了（得益于罗马与切尔韦泰里和塔尔奎尼亚的休战），而拉齐奥也在拉丁战争结束之后臣服了——这个全新的较之前更为团结也更强大的领导阶层开始带领罗马向意大利半岛南部扩张。

上古时代之初，"意大利人"特指三大族群——翁布里亚人、奥斯克人和萨莫

皮耶特拉邦丹泰萨莫奈圣殿

皮耶特拉邦丹泰坐落着萨莫奈部落最大的圣殿。圣殿的修建位置是一个战略要地，可以俯瞰牧羊人赶着公羊和绵羊经过的路径。人们在考古遗址中已经发现了两间庙宇以及一座大型剧院——它们一同构成了该建筑群的宗教中心。一些历史学家认为该遗迹曾是萨莫奈联盟的圣殿。

插图 下图为圆形剧场。右图为皮耶特拉邦丹泰圣殿复原图。

奈人（或萨贝利人）。萨莫奈人占据了亚平宁山脉的边界，从半岛中部的翁布里亚直到南部的卡拉布里亚也是他们的领土。人们普遍认为，意大利人是在公元前的第二个千年从中欧和东欧来到意大利半岛上的。他们首先在波河河谷的几个区域安家，随后渐渐占领了亚平宁山脉的中央山脉，之后继续扩张，最后停在亚得里亚海海岸和第勒尼安海海岸。萨莫奈人征服的主要土地是萨摩尼乌姆地区，也就是今天的坎佩尼大区北部、阿布鲁佐大区、上普利亚大区、莫利塞大区和巴西里卡塔大区的很大一部分。

在罗马扩张征服时，翁布里亚人的近亲、意大利

① **杂糅的风格** 建筑本身混合了意大利风格和希腊风格。实用性和艺术性兼具的各个建筑元素同样体现了多元的外来文明以及当地传统的影响力。一系列铭文暗示了当年来自萨莫奈各族群的重要人物都在此处会晤。

② **圆形剧场和第一间庙宇** 圆形剧场搭建于更为古老的庙宇的遗址之上,它的落成标志着中央建筑群建设的最后阶段。在这座古老建筑的遗迹中发现的爱奥尼亚四面柱头残片可追溯至公元前5世纪,这些残片也可以证实该庙宇最初为爱奥尼亚建筑的建设。

③ **主要庙宇** 主庙的历史可追溯至公元前3世纪。该建筑在一块18米×27.5米的长方形土地上搭建。建筑的屋顶搭建在两面高4米的承重墙上,覆盖有极薄的扁平石块,并装饰有檐口。由于有两排爱奥尼亚式的圆柱沿建筑两侧而立,因此我们认为该建筑是柱廊式的或四柱式的。没有门廊的任何遗迹。

④ **宗教与政治场所** 尽管我们不知道皮耶特拉邦丹泰圣殿供奉的具体神祇,但似乎这些神祇都来自希腊文明。我们认为,圆形剧场同样也曾被用作萨莫奈各方势力的会议中心。

族群奥斯克人占领了除雅皮吉人的领地(今卡拉布里亚的部分土地)之外意大利南部所有的土地,外加沿海的希腊飞地。奥斯克人至少从公元前4世纪中叶开始就居住在南部地区了,然而,他们非常清楚自己的起源不是上述地区中的任何一个。"耕地"(Labour)(历史上称作"可耕地"区,意大利文"Terra di Lavoro")上的坎佩尼人、坎佩尼北部(塔兰托湾和第勒尼安海之间)的卢卡尼人以及居住在莫利塞的亚得里亚海坡岸上的弗伦特人,被认为是萨莫奈人。生活在今天卡拉布里亚的布鲁特人仍记得他们的卢卡尼血统。这些传统说法的真实性至少可以得到部分验证:实际

战神马尔斯

马尔斯青铜像。作为罗马宗教中最为重要的神明之一,马尔斯在意大利半岛上其他民族(萨莫奈人、萨宾人、奥斯克人和伊特鲁里亚人)的宗教中也占据着重要地位。

153

上，居住在山区的萨莫奈人向地势较低的"耕地"区的肥沃平原迁移，并最终成为坎佩尼人——这发生在文字被发明之后。好战的萨莫奈人构成了奥斯克族群坚实的战斗核心，并且十分激烈地同罗马人争夺意大利的霸权，同时他们自认是一批萨宾移民——在他们的传说中，为了抵达"耕地"和肥沃的普利亚平原间的山区并驱逐当地人，他们由公牛领路并最终成了萨宾人。古城博维亚诺（Boviano）[今皮耶特拉邦丹泰（Pietrabbondante）]是萨莫奈人的宗教中心之一，而博瓦亚诺姆（Bovaianum）[今博亚诺（Bojano）]则是历史上萨莫奈族群的主要政治中心，这两座城市以及彭特里人都和上述传说有关。最南部的萨莫奈部落希尔皮尼人（Hirpins）同样认为自己的起源是萨宾人，不过，根据传说，他们是由被战神祝福的动物——狼（凶猛的野兽，萨宾语"hirpus"）引导的，并最终到达了那片历史上确实被他们征服了的土地。此外，"Samnites"（萨莫奈人）这个名字在传统上是指两个族群，其一便是希尔皮尼人，其二是最西部的考迪尼人（Caudiniens），同时"Samnite"（萨莫奈）被认为是"Sabine"（萨宾）一词的变体，萨宾人和萨莫奈人被统称为萨贝利人。所有的萨莫奈部落都使用同一种语言，至少都使用同一种奥斯克语的语支进行书写。该语支与翁布里亚语相近，翁布里亚语与我们熟知的作为意大利语语支的拉丁语有着显著区别。

和其他意大利人一样，当流行病或饥荒在他们贫瘠的牧场上蔓延时，萨莫奈人会将下一个春天出生的孩子作为祭品献给战神马尔斯，我们将这一传统称作"圣春"（ver sacrum）。孩子一旦成年，他便会派出以追寻一个图腾性动物的踪迹，冒着风险在踪迹之上建立新的社群：公牛会把一些人带到博瓦亚诺姆（博亚诺），啄木鸟（picus）则会把剩下的人带到皮西努姆。此外，大量部队的出现使得各种仪式逐渐体系化，例如人们须得在祭坛前说出加入军团的效忠誓词，任何不遵从誓词的人将被处以死刑。这项仪式在亚麻制的帐篷中举行，萨莫奈的部队因此得名"亚麻军团"（legio linteata）。萨莫奈人拥有相当高效的装备，例如标枪（pilum）和长形盾牌（scutum）。他们擅长轻型编队的操练，因此更适合在山地作战。萨莫奈人的装备和战术训练很快被罗马军队采用。

各萨莫奈部落组成了一个叫作萨莫奈联盟的集团，该联盟在公元前1000年至公元前500年中的广泛影响力甚至可以触及他们南方的邻居奥斯克人。不过，我们并不知道萨莫奈联盟成立的历史。我们只知道在公元前4世纪中叶，三个缔结同盟的部落（彭特里人、希尔皮尼人和考迪尼人），严格来说不仅统治着萨摩尼乌姆，还统治着从萨兰托湾到阿玛菲尔的第勒尼安海沿海地带，以及奥尔托纳及至加尔加诺半岛的亚得里亚海沿海地区（这里居住着和萨莫奈人十分相似的弗伦特人）。

在最高长官的指挥下，所有加入萨莫奈联盟的成员部落间的联系得到了加强——萨莫奈联盟变得无往不利。所有不幸被征服的地区的过剩人口都一直承受着饥饿之苦。这些贫民很有可能成为匪徒、雇佣军以及后来出现的角斗士。

撇开伊特鲁里亚联盟不谈，萨莫奈联盟在面积上已经是意大利半岛上最大的政体了，不过该联盟在人口数量上还略逊于罗马—拉丁联盟（尤其在坎佩尼并入之后）。萨莫奈联盟的优势和劣势都来自同一个点，即联盟的统治者和萨摩尼乌姆的统治者间不存在明确的区分。对联盟的统治者来说，所有的部落都是平等的，所有服兵役的人都享有相同的权利，他们都是士兵、农民或牧民，军中也鲜有无产者或奴隶。仅在三个部落（彭特里人、希尔皮尼人和考迪尼人）的接壤处，我们能发现在某种程度上依赖联盟的友军，例如弗伦特人，不过他们从第二次萨莫奈战争开始就采取了自己的政策，即与这些相邻的地区保持距离以便向罗马投诚。中央的权力以每年一换的最高行政官（medix tuticus）或联盟最高行政官的形式体现，并且我们不知道是否会有联盟委员会来辅佐这位行政官。确切地说，部族间的平等削弱了中央权力。由于缺乏像罗马一样坚实的中央权力，萨莫奈联盟可以很容易地激励各方力量集结起来以捍卫共同的土地，或共同出征以确保有足够的战利品，但如果想为一场长期的战争预先制订一个计划则困难得多，尤其是一场长期的进攻战——人们更期待的是眼前的利益而不是及时兑现的回报。这便是萨莫奈人在一场激烈的战争之后会屈服于罗马的原因之一。

公元4世纪中叶，罗马—拉丁联盟是意大利半岛上最为强大的势力之一。而该联盟的邻居则要比前者弱许多：北边的伊特鲁里亚人，在很久之前就被罗马征服了；东边的各个野蛮部族倒是好战，但规模小且贫穷，不成气候——因此征服这些邻居

意大利人面前的罗马

萨莫奈战争的重要年份

公元前343年

第一次萨莫奈战争 萨丁西尼人向坎佩尼人求援以对抗进犯卡普阿的萨莫奈人。罗马人向萨莫奈人宣战。

公元前341年

萨摩尼乌姆求和 新联盟的成立带动了沃尔斯克人、萨丁西尼人、坎佩尼人和拉丁人一同反抗罗马。

公元前328年—公元前326年

第二次萨莫奈战争 位于弗雷格尔的一个罗马殖民地针对萨莫奈人发动起义。萨莫奈人吞并那不勒斯，新的战争由此爆发。

公元前321年—公元前304年

冲突扩大 考迪尼岔口路（Fourches Caudines）[38]之战。经年的战争之后，伴随着伊特鲁里亚盟友的溃败，萨摩尼乌姆迎来了和平。

公元前298年—公元前290年

第三次萨莫奈战争 萨莫奈人、高卢人和伊特鲁里亚人发动了森提乌姆（Sentinum）战役，导致了萨莫奈人的最终失败。

公元前290年

敌对终止 罗马统治萨摩尼乌姆。萨莫奈人成为没有选举权的罗马公民。

萨摩尼乌姆、罗马与各自的战神

萨莫奈人尊崇的三位一体为：最高神维克托（Victor）、大力神兼战争之神赫拉特里克斯以及司牧群和社群繁殖与生产的萨宾女神奥普斯（Ops）。

在近半个世纪中，萨莫奈的战神赫拉特里克斯和罗马的战神马尔斯化身在各自的阵营中交战不休。因此人们在战争之前都要以浇祭祭祀各自的神明。如果双方休战，那么这些好战的神明则会在一场象征着交战双方和解的神圣宗教仪式上也达成和解。战争结束之后，胜利者罗马人将战败方的神明也据为己有。罗马并没有像希腊或其他上古民族的征服者一样，将败方的人民斩尽杀绝，而是将这些人口纳入自己的"原始帝国主义国家"中，将败方的神明送入自己的万神殿中。昆图斯·法比乌斯·马克西穆斯（Quintus Fabius Maximus）在公元前295年大败萨莫奈人之后，在罗马为维克托朱庇特修造了一座神庙。

插图 萨莫奈版图上的萨摩尼乌姆与罗马的主要战役。

简直易如反掌。但当罗马决定沿着第勒尼安海沿岸向南扩张领土时，还需要保证那些南部奥斯克集团不要变得太有威胁。

拉齐奥以南的第勒尼安海沿岸，超越了拉丁殖民地齐尔切奥和沃尔斯克殖民地安济奥的地方居住着奥朗西人，他们集结成了一个小型联盟，根据传统，该联盟于公元前345年被罗马人击溃。反抗南部希腊城市的总号

[38] 拉丁语作"Furculae Caudinae"，又译寇定叉口。——译者注

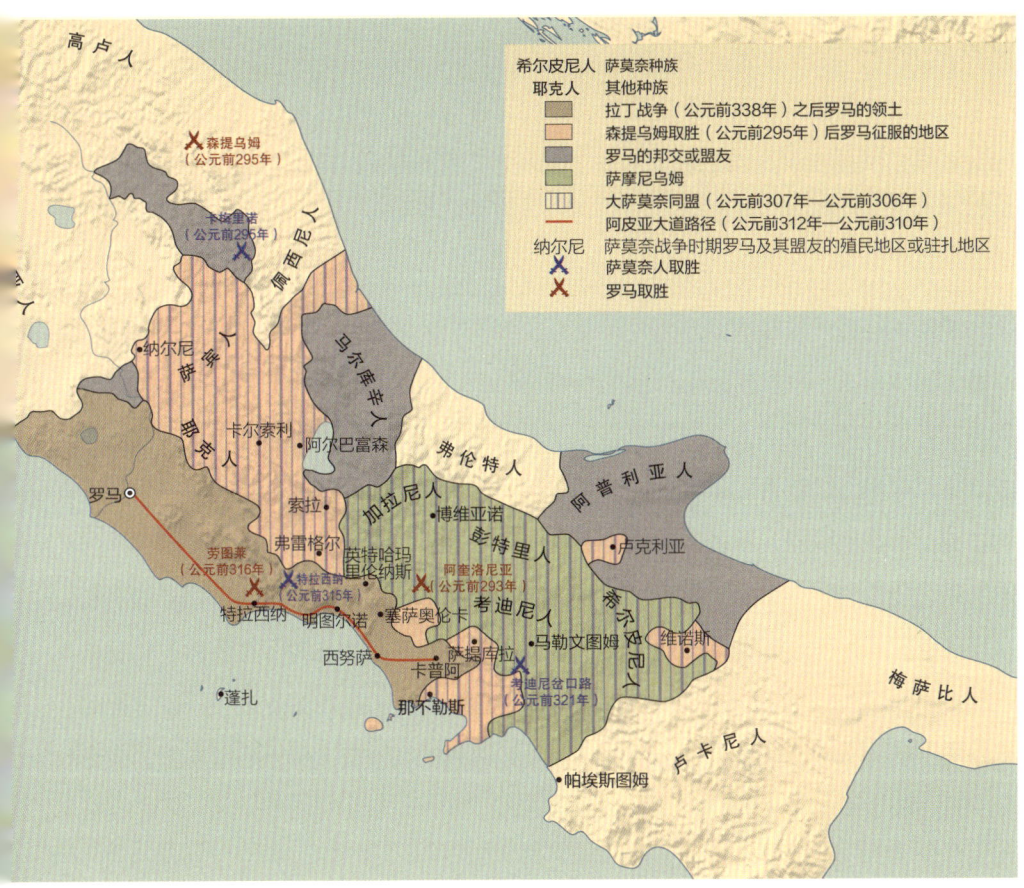

角被吹响，卢卡尼联盟中的强大部族因此联合了起来，这番总动员也渐渐蔓延到萨摩尼乌姆——这也是卢卡尼人的发源地。

公元前4世纪中叶，萨莫奈人开始与罗马接触。根据传统，公元前343年至公元前290年共爆发了三次萨莫奈人与罗马人的暴力冲突，最终萨莫奈人被并入罗马人的势力范围。随后便是漫长的罗马化的过程，直到公元前1世纪，萨莫奈人才真正消失。

■ 意大利人面前的罗马

吞并坎佩尼

公元前 4 世纪，萨莫奈部落在政治上完全控制了坎佩尼。尽管伊特鲁里亚殖民的古老残留仍存在于坎佩尼领土的各个飞地中，但这些残余也一点一点地消失了，最终被当地人和新的征服者吸收。

不过，希腊殖民地那不勒斯倒是唯一的例外，尽管坎佩尼的移民同样定居于此，希腊人还授予这些坎佩尼人公民身份。坎佩尼的萨莫奈人并没有围绕着一个核心政体团结起来——和他们的萨摩尼乌姆同胞相比，这就是他们的主要硬伤。同为萨莫奈族群的萨丁西尼人（聚居中心为泰亚诺）居住在北部。更远处，在卡普阿的统治下，坎佩尼联盟吞并了今天的卡塞塔。而在南部，库迈、苏瑟苏拉和阿切拉显然独立于坎佩尼联盟，不过，它们与坎佩尼联盟有着相同的命运。接下来是位于那不勒斯湾南岸的诺拉，还有诺切拉与其盟友城市阿尔法特纳、赫库兰尼姆、庞贝、斯塔比亚和索伦托。萨莫奈联盟的领土及至萨莱诺湾。在上述的所有政体中，就人口和规模而言，最重要的无疑是坎佩尼联盟。意大利最古老的城市之一，拥有无比肥沃领土的卡普阿就是联盟的一员。在那时，坎佩尼联盟在人口与财富方面，完全与罗马不相上下。

第一次萨莫奈战争

在迎接城市丰迪和福尔米亚加入罗马—拉丁联盟之后，罗马人开始和奥朗西的奥斯克人建立政治联系，后者拥有拉齐奥和坎佩尼之间的领土——这引发了萨莫奈联盟和萨丁西尼人（聚居中心为泰亚诺）之间的严重冲突。考虑到自身的实力无法与萨莫奈人抗衡，萨丁西尼人便向坎佩尼联盟求援。同样，萨丁西尼人还向罗马人寻求帮助，甚至主动提出臣服于前者——他们不介意将这种"约束"视作在萨莫奈人进犯之际罗马人能提供的"保护"。罗马立即往萨莫奈阵营派遣了一支使团，并要求他们不要进犯坎佩尼，但这番尝试显然是徒劳的：敌人的军队踏平了卡普阿周边的农田。由此引发了第一次萨莫奈战争（公元前 343 年—公元前 341 年）——提图斯·李维在描述这场战争时叙述了不少不寻常的情节以及三场重要的战役：萨提库拉战役、高鲁斯山战役和苏瑟苏拉战役。无论如何，十分明显的是，罗马人似乎没有胆量去直接进攻萨摩尼乌姆——和20年之后如出一辙。

提图斯·李维提到的许多战斗地点以及在这场战争中所爆发的实际战役总数，我们都不了解。我们知道的是，执政官马尔库斯·瓦列乌斯·科尔乌斯（Marcus Valerius Corvus）的军队前往坎佩尼是战局向罗马人倾斜的第一个拐点：罗马人相对轻松地击败了萨莫奈人。同时，与马尔库斯·瓦列乌斯·科尔乌斯联合执政的奥卢斯·科尔内利乌斯·科斯苏斯却在敌人游击战中失利并遭遇了伏击，故而被堵截在萨提库拉附近的窄小峡谷中，因此被迫求援。在萨提库拉大败罗马人进而在附近的峡谷中伏击他们——这番情节似乎受到了萨莫奈人在后续的第二次萨莫奈战争期间的考迪尼岔口路之战的启发。另外，阿切拉与卡普阿之间的高鲁斯山战役和苏瑟苏拉战役则完全符合史实，并且似乎完全没有后续的战斗能够"启发"它们。实际上，萨莫奈人只能从两个地点切入坎佩尼：其一是从卡普阿方向的贝内文托发动进攻，其二是取道那不勒斯沿岸抵达库迈，后者与卡普阿一样，是罗马的盟友。苏瑟苏拉战役在公元前341年为战争画上了句号，双方签署了对萨莫奈人更为有利的和平条约。

一些当代的历史学家不接受这种说法，并倾向于认为这种说法更可能是为了解释和验证接下来的几年中一系列的事件而精心构造的。毫无疑问，在那不勒斯被围之后，萨莫奈人与坎佩尼人签署了一项协议（且不论该协议的性质如何），但萨莫奈人听任罗马人占领坎佩尼并且其间毫无作为的假设，似乎是站不住脚的。

随后的一系列事件在历史上倒是无可争议。拉丁人和坎佩尼人起义对抗罗马。随着高卢人的消失，罗马—拉丁联盟得以重组，随后拉丁人发现他们在罗马人面前的地位迅速转变：他们从盟友变成了臣民。我们知道拉丁人针对罗马发动起义的大体原因，因为两方势力都想在拉齐奥地区夺取对方的控制权。坎佩尼人也感受到了罗马的威胁，因此与拉丁人结盟，同时萨莫奈人也与罗马人成为盟友。

在这次的战争中，沃尔斯克人与拉丁人并肩对抗罗马——这一事件似乎已经得到了证实。传统认为的某些事实和第一次萨莫奈战争的描述同样令人困惑。三场发生于公元前340年至公元前338年的战争为这次大战画上了句号。坎佩尼人在第一场战争的西努萨（Sinuessa）战役中被击溃，而拉丁人则在另外两场战争中顶住了

意大利人面前的罗马

希腊对萨莫奈艺术及宗教的影响

拉丁人称萨莫奈人占领的土地为"萨摩尼乌姆"（Samnium），而萨莫奈人的南方邻居，大希腊的希腊人则称他们的土地为"萨尤尼泰"（Saunitai）。考古研究发现，在萨摩尼乌姆出现的第一批萨莫奈人其实是萨宾人，和他们一起到来的是奥普斯——司农业和生产的女神。该神祇也是我们在萨莫奈联盟神庙中发现的三位一体之一。

据斯特拉波说，萨宾人领土的殖民者是来自拉科尼亚和斯巴达的移民，他们从大希腊的拉栖第梦（lacédémonien）殖民地塔伦托迁移到了萨摩尼乌姆。因此，希腊风格的建筑和艺术得以在这些最为重要的希腊殖民地之上蓬勃发展，其势头甚至超过了介于两地之间的坎佩尼亚地区。公元前6世纪至公元前5世纪，移民发展了"圣春"仪式，并通过与当地原始社群融合的方式彻底殖民了萨摩尼乌姆。同样，这些季节性的希腊移民也传播了诸多宗教仪式，例如祭祀传说中的得墨忒耳和珀耳塞福涅，或一系列来自埃莱夫西纳的秘密仪式。公元前4世纪，这些移民和那不勒斯的希腊人结盟以对抗罗马，此后在公元前180年，他们又与皮洛士结盟再次共御罗马。

插图 这件发现于帕埃斯图姆的瓷器显然受到了希腊风格的影响（现藏帕埃斯图姆考古博物馆）。

敌人的攻势。萨莫奈人仍然忠于自己的罗马盟友，不干预任何冲突。

作为战争补偿，坎佩尼人必须将法莱诺（Falerno）[今卡塞塔（Caserta）]的肥沃农业用地割让给罗马，这片土地坐落在沃尔图诺河右岸，罗马在此建立了拉丁殖民地卡莱斯。战后罗马的力量再度壮大（农业和经济资源都有所增加）——这是卡普阿的肥沃土地和坎佩尼数量众多且久负盛名的骑兵的贡献。他们对战败一方展现了自己的宽宏大量，赢得了败方人民的友谊。极少数个例除外，拉丁人再也不会背叛罗马人了。直到公元前

3 世纪，坎佩尼人才摆脱了罗马——汉尼拔（Hannibal）的辉煌胜利为他们带来了那个时代最为可靠的希望的曙光，他们得以将卡普阿转变为第一个意大利城市。

在与拉丁人缔结的和约中，罗马人展现出了极大的政治审慎性。此番和约催生出了一个平衡的联盟结构。阿里奇的拉丁同盟宣告解散，罗马则赋予同盟中的拉丁人与罗马人通婚与交易的权利。通过缔结同盟条约，不同的拉丁城市被罗马吸收，并且根据城市的不同条约中的条款也有所改变。中型拉丁城市的公民可以获得完整的罗马公民身份。

萨莫奈战争

正因为萨莫奈人曾与伊特鲁里亚接触，以希腊为本源的伊特鲁里亚艺术同样影响了萨摩尼乌姆的艺术风格。献给卡帕纽斯（Capanée）的伊特鲁里亚式装饰品，该人是传说中参与过底比斯围城的英雄（现藏沃尔泰拉瓜奇纳伊特鲁里亚博物馆）。

女战士的石棺（第 162 页—第 163 页）

伊特鲁里亚的墓葬壁画受到了希腊审美风格的影响，同样会出现希腊神话中的主题，例如图中出现的发现于塔尔奎尼亚，历史可追溯至公元前 4 世纪的石棺（现藏佛罗伦萨考古博物馆）。

大型城市必须缔结有利于罗马的同盟条约。在战争中忠于罗马的厄尔涅人得以保留从前的盟友身份，并且仍旧拥有相对较大的政治主权。罗马元老院更为严厉地处理了沃尔斯克人和奥朗西人，其主要城市的大部分土地都被没收了，人民也被共和国吸收，成为没有政治权利的公民。至于泰亚诺的萨丁西尼人，保留了盟友身份。

公元前300年前后，罗马的领土面积已然超过16000平方公里，而其盟友的土地面积外加拉丁殖民地的总面积理应具有相似的规模。在意大利半岛上，只有萨莫奈联盟可以说自己拥有更大面积的领土（约20000平方公里），不过该联盟的人口数量则不及罗马—拉丁—坎佩尼联盟（约80万居民）。

第二次萨莫奈战争

公元前326年，罗马人与萨莫奈人再度爆发了巨大冲突。彼时恰逢被罗马围城一年的那不勒斯投降，那不勒斯在最恰当的时机加入了罗马的同盟。因此，萨莫奈人所有向坎佩尼沿岸扩张的可能性都被阻断了。在这个时期，萨莫奈人慷慨激昂地发动的各种战争在40年间频繁地激怒居住在南部亚平宁山脉的冷漠的居民。这场战斗将确立是拉丁人还是奥斯克人在意大利半岛上建立霸权。

彼时的罗马人面临着新的军事问题，因为他们不得不和擅长伏击战术并占据着地利的敌人作战。罗马军团为了准备山地战役而进行了军队分区演练。罗马人自己的小型舰队在沿海地带展开行动。战争的头几年并没有爆发激烈的冲突。然而，在公元前324年，一支冒险挺进萨摩尼乌姆的罗马部队在考迪姆峡谷被敌军包围，因此被迫投降。罗马人被迫签署一项条件相当严苛的和平条约，传统将该条约讹传成一纸被即刻废止的停战协议。

考迪尼岔口路之战被认为是罗马军队遭受的最大屈辱之一，并值得反复钻研。一切都始于卡普阿东南部的卡拉提亚，当时由两支罗马军团组成的大军正经过日后的阿皮亚大道向贝内文托进军。阿列恩佐和阿尔帕伊阿之间的狭小道路通向坐落着古城考迪姆的山谷。该山谷长约10公里、宽约7公里，只有两个出口。罗马军队在执政官斯普利乌斯·波斯图米乌斯（Spurius Postumius）和提贝里乌斯·维图里乌斯（Tiberius Veturius）的指挥下以长纵队阵形在隘路中交火时，发现萨莫奈

考迪尼岔口路的灾难是如何成为一则爱国寓言的

考迪尼岔口路的溃败在后续的几个世纪中被人不断扭曲，最终揭开了罗马帝国主义不为人知的一面：人们正有条不紊地将这个故事重新编纂进史书中，目的便是宣扬罗马的政策。或者人们也想通过艺术手段，为罗马树立一个战无不胜、强大且光辉的形象。

与公元前390年高卢人占领罗马的寓言如出一辙，罗马的古老氏族也在这次危机中扮演了重要角色。元老院声明其有权出于维护国家安全的目的而取消执政官签订的和平协议。达成一项和平协议的条件便是，必须在古罗马祭祀团（fétiaux）的见证下举办一场宗教仪式，仪式期间用动物（牛或羊）献祭，并祝颂祷文（rogatio）：实际上，这一仪式是在请求神明的加持。因此，这道仪式所颁布的是神圣的条款，任何违抗它的人都会受到诸神的惩罚。萨奠奈人和罗马执政官在缔结和平协议的时候没有举办仪式。因此，元老院宣布该和平协议没有法律效力。唯一和"罗马军团在考迪尼岔口路颜面尽失"相关的真实描述却被一笔带过：这番失利让战无不胜的罗马人蒙羞。但事实上，凶猛的萨莫奈战士在此次战斗中，掳走了罗马人的守护神，杀掉了他们的领导者，也抢走了他们的土地。不过，后期对此次战斗的描述还强调了罗马军团精良的装备、罗马步兵团的排兵布阵以及罗马骁勇的骑兵。

插图 19世纪画家夏尔·格莱尔（Charles Gleyre）创作的《考尼迪岔口路之战》（*La Bataille des Fourches Caudines*）（现藏洛桑州立美术馆）。

意大利人面前的罗马

人为了防止他们夺取贝内文托，已经封锁了一个出口并在该处搭建了防御工事。更糟糕的是，执政官决定掉转方向的时候，他们发现阿尔帕伊阿的通道也被敌军切断了，早先他们正是经由该通道进入了山谷。

萨莫奈人的优势在于他们占据的地势较高和对地形的了解，不过，他们必须分散兵力来驻守隘口。而在考迪姆被截住的罗马军队因为早先的行军已筋疲力尽，企图突出重围失败，再加上缺乏食物，军中上下士气低迷，罗马人不得不向敌人投降。大获全胜的萨莫奈人在和罗马缔结了和平条约之后，同意归还这些罗马人自由，根据该条约，罗马须得放弃弗雷格尔和卢克利亚这两个战略飞地。对于被扣留在考迪姆的罗马军团，萨莫奈人提出了一个释放条件：士兵必须放下武器并半裸地从由两支插入土地中的矛支撑的与地面平行的轭下穿过，这样一来，他们不得不耻辱地鞠躬。

考迪尼岔口路的惨败在罗马人的心中留下了不可磨灭的记忆。该战役的历史性特征和发生的时间无疑都是真实的。然而，古代史学家的描述是对史实的歪曲：为了证明罗马军队的反应是恰当的，他们不仅夸大了执政官的无能，而且在描述考迪姆山谷的地形以及罗马军队经过的隘路时也很浮夸——它们仿佛是陡峭而荒芜的高山道路，而萨莫奈占据的天险更是坚不可摧。对考迪姆灾难之后的和平的描述更是极尽讽刺之能事：饱受屈辱的败者一回到罗马就仓皇逃回自己的家中，两位执政官也引咎辞职。

两位新的执政官在被任命的当天就开始履行他们的职责，元老院就考迪姆的和平协议展开了激烈的讨论。在斯普利乌斯·波斯图米乌斯本人的建议下，最终决定将所有与萨莫奈人缔结条约的官员都交给敌人，同时视该条约无效。但萨莫奈人的领袖盖乌斯·彭提乌斯（Caius Pontius）拒绝接受并控诉罗马人违背誓言，他给了罗马人两个选择：要么批准早前由执政官缔结的条约，要么把罗马部队重新放回缔结条约之前的战斗位置。双方再次剑拔弩张，愤怒再度升级。

似乎有理由认为，罗马历史学家对萨莫奈战争的传统性描述实际上是在一段时间之后发生的史实。譬如公元前137年的事件，当一支2000人的罗马部队在执政官盖乌斯·荷提里乌斯·曼西努斯（Caius Hostilius Mancinus）的指挥下于

西班牙行省同努曼西亚人作战时，他们被敌军包围。执政官投降，罗马人丢盔弃甲，包括提贝里乌斯·塞姆普罗尼乌斯·格拉古（Tiberius Sempronius Gracchus）在内的另一批高级官员签署了罗马和曼努西亚之间的和平条约。在公元前136年元老院取消了该条约之后，人们决定将执政官荷提里乌斯·曼西努斯交给曼努西亚人。如果单单按照逻辑，即使这些官员都参与了条约的缔结，人们应该做的正是避免将他们牵扯进去：这关乎提贝里乌斯·塞姆普罗尼乌斯·格拉古的声誉问题，此人备受人民青睐并于该事件不久（公元前133年）成为平民保民官的候选人。荷提里乌斯最终还是被移交给了曼努西亚人，不过被十分轻蔑地拒绝了。

卢克利亚之战

在这个罗马殖民地中，执政官马尔库斯·阿蒂利乌斯·雷古卢斯（Marcus Atilius Regulus）与卢基乌斯·波斯图米乌斯·梅格鲁斯（Lucius Postumius Megellus）陷入与萨莫奈人的苦战：这场战争两败俱伤，双方死伤无数。

上图为修建于帝国时代的卢克利亚圆形剧场。

167

意大利人面前的罗马

公元前316年，罗马人和萨莫奈人的战火重燃。得益于罗马人与萨莫奈人后方的阿普利亚人缔结的一系列同盟条约，战争的天平向罗马倾斜。因此，在考迪尼岔口路溃败之后，罗马人的优势逐步扩大：萨莫奈人在战术上落于下风，并且罗马人也在避免犯下在战争头几年犯过的战术性错误。此外，罗马统治的人口量和掌握的土地数量以及严明的军队秩序，都让罗马有能力武装远比萨莫奈军队强大得多的部队——不过，问题是，要实现这一目标必须付出巨大的牺牲。入伍的人数增加了。每年将会有三支军团而不是两支罗马军团进入战场，外加盟友的军队，总共会有30000人投入战斗。当一支军团在一个战区进行防守时，余下的两支军团便会尝试进攻。这一切都喻示了战斗结果很快见分晓。

包括建立在阿普利亚的殖民地卢卡利亚在内的所有在先前战斗中失去的殖民地又重新被罗马人夺回。尽管得到了几个伊特鲁里亚城市的帮助，意大利中部的不少萨贝利部落以及耶克人和赫尼西人都伸出了援手，但萨莫奈人还是无法击退罗马人的军队。在昆图斯·法比乌斯·鲁利安努斯（Quintus Fabius Rullianus）击败伊特鲁里亚人之后，萨莫奈人不得不在公元前308年提出休战40年。公元前304年，一纸条约为罗马和萨摩尼乌姆带来了和平，尽管根据该条约，罗马未动萨摩尼乌姆的领土分毫，但后者的领土被罗马殖民地包围了。

这些意大利中部的反抗者陷入了被动——和在公元前338年与罗马缔结同盟条约的拉丁人如出一辙。

第三次萨莫奈战争

在与罗马的最后一次战争期间（公元前298年—公元前290年），萨莫奈人设法和伊特鲁里亚人以及高卢人结成了一个强大的联盟。在将近半个世纪的时间里，忌惮于两支已经成形的强大军队（罗马和萨摩尼乌姆），高卢人没有冒险进一步深入拉齐奥和意大利南部。不过，波河河谷的全新凯尔特移民的到来以及罗马对手的邀请，激励了高卢人，他们准备重新发动进攻。更何况，作为卡梅里诺的居民和佩西尼人的盟友，罗马人也威胁到了费利和安科纳之间的"高卢领地"（ager gallicus）塞农。

公元前299年，一支由高卢人和伊特鲁里亚人组成的部队在台伯河以北的罗马领土上大肆破坏，并攫取了大量的战利品——罗马传统忘记了敌人的这次胜利远征，但强调了罗马人在伊特鲁里亚土地上进行的野蛮破坏。尽管缔结联盟成员的种族不同，各种族的文明程度也各不相同，但他们拥有倾覆罗马力量的唯一共同兴趣。当高卢人在伊特鲁里亚人和萨莫奈人的帮助下打败了好战的翁布里亚和萨宾部落时（后两者被高卢人打败，但从未真正被统治），罗马城陷入了巨大的危机。即便不把波河河谷算在内，高卢盟友的土地面积也高达50000平方公里——这远比罗马的总面积大得多，同时这些地区的总人口数也远超罗马。

尽管同盟有着压倒性的优势，但同盟成员各怀心思，外加没有单一的领导以及统一性的不足，所以在面对组织稳固的罗马政体时，该联盟还是无法取胜。敌人没有占领任何罗马自治市和殖民地。除了伊特鲁里亚和意大利最南部的地区，罗马没有被任何一个盟友背叛。并且毫无例外的是，居民被授予罗马公民身份的所有城市和殖民地，以及那些沃尔斯克社群（罗马有意削弱当地人的力量以便实现拉丁化），同样也和罗马站在同一阵线上。因此，雄辩和事实都论证了适当且宽宏大量地处置那些拉丁战争败者的意义。倘若罗马在当年胜利之后不假思索地虐待臣服的人，挥霍别人拱手呈上的贡品和金钱，那么，罗马遭遇的第一番军事失败对其霸权来说将是致命的。

在军事方面，与第二次萨莫奈战争相比，罗马和对手各自有利的战略位置这次置换了。萨莫奈人先前在面对并不稳固且队形狭长的罗马军队时，倚仗着自己的中心位置显然有更大的优势。但现在，罗马的领土形成了一个紧凑而坚实的集合体，将萨莫奈人和其北部盟友分隔开来。罗马人首先得防范军中卢卡尼人的叛逃，因为好像这些人自有其安排。这不是没有根据——和罗马结盟似乎除了只能拥有不是非常有利可图的和平，对塔兰托来说便没有其他好处了。因此，罗马迅速进行了干预，加之萨莫奈人不愿与罗马进行过于激烈的交锋——这很好地解释了为什么从公元前298年开始罗马在该地区的影响力得以逐渐复苏。罗马人和卢卡尼人重新结盟，罗马交还了之前扣押的土地以保证对方的顺服。此后，罗马人可以联合一部分卢卡尼军队着手进攻萨摩尼乌姆了，另一部分卢卡尼人军队中有伊特鲁里亚人的存在。在森提乌姆（卡梅里诺附近）爆发了决定性的战役——这就是我们所说的"民

游击战：萨莫奈人的装备和技巧

萨摩尼乌姆坐落在山丘中，这种地形对小型战斗单元十分有利，对大部队来说则十分不便。这也解释了为什么萨莫奈士兵的武器都是长矛、飞镖和标枪，而不是剑。对萨莫奈人来说，考迪尼岔口路之战无异于一场大型的伏击战。

萨莫奈人同样在公元前315年的一场战役中展现了他们战术的极大机动性，那就是他们在特拉西纳附近和昆图斯·法比乌斯展开的战役。但在山地中十分灵活的游击战术，却有一个致命的缺点：指挥缺乏统一性——这也是一个联盟的典型硬伤，就像萨莫奈联盟和联盟大军一样。因此，公元前322年，萨莫奈人的骑兵已经各就各位，准备包围并一举歼灭科尔内利乌斯·阿尔维努斯（Cornelius Arvinus）的大军——但一马当先的骑兵队在收紧包围时，却被罗马的军队瓦解了，只留下姗姗来迟的步兵队来对抗科尔内利乌斯的大军。科尔内利乌斯首先歼灭了那些落马的萨莫奈骑兵，然后将缴获的战利品收入囊中……在第二次萨莫奈战争期间，萨莫奈骑兵同样表现出了无能，不仅毫无组织，也缺乏恰当的战术，落马之后只能再次成为粗野的萨莫奈普通战士。

右图为帕埃斯图姆一座墓葬壁画中的萨莫奈战士（公元前4世纪）。左图为一顶发现于皮耶特拉邦丹泰的有护颌的萨莫奈人青铜头盔。（这两件文物均藏那不勒斯国家考古博物馆）

族（Nations）之战"：罗马的胜利昭示了意大利半岛的命运。

战争在萨摩尼乌姆持续了几年。萨莫奈人不愿寻求和平，罗马也不会放弃在阿普利亚的韦诺萨建立第二个殖民地——这样就能完全封锁敌军的一方阵地了。罗马和萨莫奈人续签了旧日的同盟条约，该条约充分保证了萨莫奈人的独立性，并且只要求萨莫奈人在领土上做出小小的让步，例如将社群阿蒂纳和韦纳夫罗割让给罗马。该条约迫使萨莫奈人加入罗马人的同盟，尽管萨莫奈人的领地实际上保持了完整，但他们失去了日后恢复元气并联合早先的盟友重新战斗的希望。同年，罗马人战胜了负隅顽抗的萨宾人和佩图佐人，吞并了他们的领土并把败方的所有人民都吸收为没有政治权利的罗马公民。由此，萨摩尼乌姆和意大利中部及

北部地区外加拉齐奥东部建立联系的可能性被悉数清除。

在最后一次萨莫奈战争期间支持萨莫奈的人民受到了严厉的惩罚。塞农人和翁布里亚人失去了一部分土地，罗马随后在这些土地上建立了殖民地塞纳加利亚（Sena Gallica）[今塞尼加利亚（Senigallia）]。至于那些加入"反罗马联盟"的翁布里亚城市，一些被迫加入罗马联盟，另外一些则直接被罗马吞并。伊特鲁里亚人的待遇则相对较好，尽管一些中部伊特鲁里亚城市（沃尔西尼、阿雷佐、佩鲁贾、武尔奇、丘西和鲁瑟勒）被迫同罗马缔结了同盟条约，不过对于北部伊特鲁里亚城市来说，情况则并非如此。

高卢人在公元前284年的阿雷佐之战中大获全胜——此时备

■ 意大利人面前的罗马

矛和标枪

标枪是萨莫奈人的主要武器。一支标枪由两个部分组成：一根长为120厘米至140厘米的木制手柄，以及一个长为60厘米至70厘米的铁制尖头。铁制尖头嵌入木制手柄中。

一块印有士兵形象的青铜板。该文物出土自圣马力诺（San Mariano）城堡（现藏佩鲁贾翁布里亚博物馆）。

受屈辱的塞农人也开始针对罗马发动起义——执政官卢基乌斯·凯基利乌斯·梅特鲁斯（Lucius Caecilius Metellus）、7位军事保民官，外加13000名战士，全部在与高卢人作战期间殒命。罗马的失败无疑给人们留下了深刻的印象。这有可能是伊特鲁里亚人、萨莫奈人和卢卡尼人都在等待的一个反抗的信号，因为此后几年间，他们联合了布鲁特人一同反抗罗马人。罗马把这些"普遍"的叛乱扼杀在襁褓之中。罗马的新领袖马尼乌斯·库里乌斯·登塔图斯（Manius Curius Dentatus）击败了塞农人——也许是因为缺少高卢人的力量，塞农人仍然留在伊特鲁里亚激励反抗势力，也许更应该归功于罗马得到了翁布里亚的支持，塞农人担心被高卢人统治。

马尼乌斯·库里乌斯在面对塞农人时展现了他的冷酷无情，他将那些还没来得及溃逃的人尽数斩杀，塞农人从殖民地塞纳加利亚以北及至翁布里亚古城阿里米努姆（Ariminum）[今里米尼（Rimini）]的全部领土尽数被罗马吞并。塞农人的悲惨命运激起了邻居波依人的复仇欲望，波依人于次年赶往伊特鲁里亚支援留在那里的塞农人以及与罗马交战的伊特鲁里亚反抗者。一支高卢—伊特鲁里亚军队从台伯河左岸向罗马的方向进军，不过，他们在今博马尔佐附近的瓦迪莫湖就被执政官普布利乌斯·科尔内利乌斯·多拉贝拉（Publius Cornelius Dolabella）率领的罗马部队阻截了。

由此，罗马重新控制了伊特鲁里亚并强迫波依人签署了和平条约。

这一时期，罗马共和国的土地总面积不少于20000平方公里。第三次萨莫奈战争之后的首次人口普查显示，共和国的人口总数（包括外来人口和奴隶）已经超过了100万人。罗马盟友的土地在20年间涨了两倍。及至公元前280年，盟友的领土总面积已经高达60000平方公里，并拥有接近200万居民。在地中海盆地，只有领土面积高达80000平方公里、居民总数高达300万人的迦太基、希腊、叙利亚和埃及王国能超过罗马—意大利联盟。

萨莫奈人的反抗

萨摩尼乌姆的溃败没有攫取萨莫奈人心中的独立主义精神。萨莫奈人在公元前280年与希腊人皮洛士结盟，也在第二次布匿战争期间和迦太基人汉尼拔结盟。同样，萨莫奈人也是同盟者战争（guerre sociale）期间（公元前91年—公元前88年）第一批反抗罗马的族群之一。

上图为公元前3世纪的一口伊特鲁里亚石棺上的细节。该文物发现于丘西（现藏巴勒莫考古博物馆）。

军事改革

通过引进军饷机制，罗马在公元前 5 世纪进行了一系列的军事改革，该国的军事结构也迎来了不同的创新。然而，直到公元前 3 世纪布匿战争之前，罗马的军事结构都没有得到充分的改进，并且在很大程度上，我们也不了解此前各阶段的演变情况。我们只知道改革后的军事结构一直沿袭至公元前 2 世纪末，也是在这一时期，盖乌斯·马利乌斯[39]的改革极大地提升了罗马的军事能力。

萨莫奈战争期间，罗马人根据与敌人接触学到的知识，改变了军队的战术和武装。军队的力量来自部队的统一性，也正是这种统一性为罗马人带来了面对萨莫奈人的第一场胜利。但是，如果说仅凭统一性就足以支撑罗马人在拉齐奥和坎佩尼的平原上作战，那么考迪尼岔口路的惨败则说明当阵地转移到萨摩尼乌姆的多山地带时，"统一性"就显得独木难支了——机动性极强的骑兵队在面对笨重的罗马纵队时更有优势。步兵的机动性必须加强——罗马人通过在每个军团内部创建 30 个小型战术单元"支队"实现了这一点。

每个支队的士兵数量是不固定的。最初，第一线的战力包括 10 支支队，每支支队中有 120 名士兵，这些士兵都是从最年轻的"青年兵"（hastati）[青年兵最初都是长枪兵（hasta）] 中选拔出来的。战斗的第二线同样由 10 支支队组成，新加入支队的 120 名士兵都是经验丰富的"壮年兵"（principe），这些壮年兵既是一流战力，也是主要战力，他们配备的装备也比一线士兵的精良。最后的"三线兵"（Triarii）（因这些战士居于战斗的第三线而得名）都是身经百战且富有胆识的老兵，他们组成了 10 支支队，每支支队的人数为 60 人或 30 人。每支支队还配有 40 名轻步兵（velites），每支罗马军团配有 10 支骑兵（equites）队，每支骑兵队的人数为 30 人，故共计 300 名骑兵。因此，一支罗马军团有 3000 名重装步兵、1200 名轻步兵和 300 名骑兵，共计 4500 名战斗人员。但是，在实际战斗中的人员总数并不固定，一支罗马军队的人数在 3000 人至 6000 人。

第一线和第二线的重装步兵位于阵列的最前方并且彼此紧靠，而作为后备兵力的第三线士兵的站位则靠后。各支队以梅花形排列，呈棋盘状。负责骚扰敌军的轻

---

[39] 盖乌斯·马利乌斯（Caius Marius），又译盖乌斯·马略。——译者注

步兵穿插在支队间，骑兵则负责掩护两翼。

军团的坚实核心是罗马公民，除此之外，罗马军队还会吸收人数不固定的盟友特遣队，这样，军团的总战力就有可能高达5000名步兵及900名骑兵。这项军事改革为罗马赢得了最终的胜利，因为在改革之后，萨莫奈人发现在自己的山区中，他们在战术层面仍落下风。伊特鲁里亚人没有改变他们的方阵结构，他们发现自己已经被罗马军团超越，因为后者在保留了方阵统一性的同时，还变得更加灵活，故而可以适应任何地形。

这类战斗单元是萨莫奈人的首创，自然条件和多山的领土结构迫使他们开发轻型作战单元。同样也是萨莫奈人首先使用重标枪（pilum）（一种长为120厘米左右的木杆，前端镶有呈金字塔形并且长度不一的金属尖头）。萨莫奈人的重标枪成了遏制凯尔特人猛烈攻势的最高效的武器。向远处的敌人投掷标枪会打乱敌人的阵形，这样一来己方士兵在近距离的战斗中就占据了优势。以萨莫奈人为榜样，罗马人将第一线的短矛（pila）方阵的武器都替换为长矛——此前的短矛方阵需要一直前进到敌人无法再靠近的距离时才能发挥作用。长矛抵挡不了近身的敌人——为了更好地保护自己，第二线和第三线的士兵已经开始使用的矩形木制和皮革制盾牌，也在第一线的士兵间被广泛应用——之前他们配备的是小型青铜盾牌。

骑兵的转变和步兵的转变同步进行。也许是借鉴了萨莫奈的例子，之前的罗马骑兵（equitatus）更像是高阶的步兵，后来才成为真正的骑兵。然而，尽管每年会招募至少4支罗马军团，但18支常规骑兵百人队已经不能满足当时的需求了。然而，如果不改变之前的以财富水平来划分罗马社会等级进而确定百人队的机制，那么增加骑兵的数量将非常困难。根据提图斯·李维的说法，自公元前403年围攻维爱时起，即使没有缴纳"骑兵税额"，那些自愿养护自己坐骑的人都可以成为骑兵——尽管长期以来，在骑兵队中服役一直是贵族的特权。

根据惯例，缴纳特定的税款才能进入骑兵百人队，但不是所有有钱的平民青年都能成为骑兵。不过，骑兵能在军事活动中享有的特权还是吸引了一些志愿者：他们可以免于从事营地中最让人恼火的工作，他们有权穿上紫色镶边的短斗篷（trabea）（一种紫托加），还可以佩戴金制指环而不是平平无奇的铁制指环，他们

意大利人面前的罗马

走向专业化的罗马军队

罗马王政时代的战争往往始于春天，随后在秋天落幕。随着共和国不断外扩，罗马军队在各个季节都不得不作战。罗马围城、拉丁战争和萨莫奈战争表明罗马迫切地需要新的军队，"支队"应运而生。这种全新的军事分区一直沿用至今，并且在全世界范围内的军队结构中都是最基本的作战单元（现在被称为"连"）。

罗马军队首先是一支非常不专业的"国防民兵"部队，任何可以武装自己的个体都能加入。这支民兵队的框架结构则基于财富。罗马军队的方阵结构承袭自塞尔维乌斯·图利乌斯，后者受到了斯巴达人重装步兵布阵的启发。这种方阵能保证军队的稳固性，但我们已经能从罗马人的几次失利中隐约看见该方阵的局限性。也许正是卡米卢斯成立了一支常规军队并规范了军饷制度。最初，只有罗马公民才能加入军团，但在共和国末期，意大利半岛上所有盟友的居民都被授予了罗马公民身份，因此这些新晋公民也可以加入罗马军团。

插图　巴贝里尼（Barberini）家族收藏的一块刻有战士形象的浅浮雕（现藏罗马国家伊特鲁里亚博物馆）。

领到的军饷是普通士兵的三倍，在战利品分配和土地分配的过程中也享有优先权。每五年一次的人口普查过程中，监察官通常不只会登记 18 支骑兵百人队的名单，还会根据个人财富、年龄和身体条件，将另一批适合成为骑兵的人的名字也登记在册，这份名单用于招募志愿骑兵，如果军团中既定的骑兵人数不足，这些"预备军"将被强制征召——这种机制至少自第二次布匿战争时起就开始实施了。

罗马的军事机构在公元前 4 世纪下半叶的发展以及第一次布匿战争，都为罗马的政治和社会生活的转变进程贡献良多。该进程可分为三个阶段：支队机制的引入；募兵体系的改变（该体系首先基于百人队，继而基于罗马本土的行政分区）；征召最底层的公民"无产者"（proletarii）入伍，简言之，就是单纯的"算人头"（capite censi）。

支队的全新布阵

支队是马略军事改革（公元前2世纪）前罗马军队的基础战斗单元。最初的支队由120名成员组成，并由一名百人队队长指挥，随后一支支队的人数变成了160人。一支支队由两支百人队组成，先锋百夫长（centurio prior）号令整支支队。每支支队呈长方形排布，其中的每支百人队站成10排（每排6人或8人）。两支相邻的支队间的自由空间，则会由一支二线壮年兵支队负责掩护，这样做的目的是预防让敌人找到突破口。

骑兵队

一支罗马军团中共有10支骑兵中队（turmae），每支中队有30名骑兵。10支中队平均地排布在阵形的左右两翼。在罗马共和国时代，骑兵队是罗马军队的弱点，实际上，骑兵队随着步兵队的发展而越来越弱。与高卢人、萨莫奈人以及迦太基人的战争迫使罗马人强化他们的骑兵队：先是轻步兵出现了，随后又有拉丁同盟者（socii）的骑兵加入罗马的阵营，并且随着罗马的扩张，罗马得以在伊比利亚或高卢等地征召额外的骑兵。

插图 这幅发现于博洛尼亚的浮雕的历史可追溯至公元前4世纪（现藏罗马文明博物馆）。

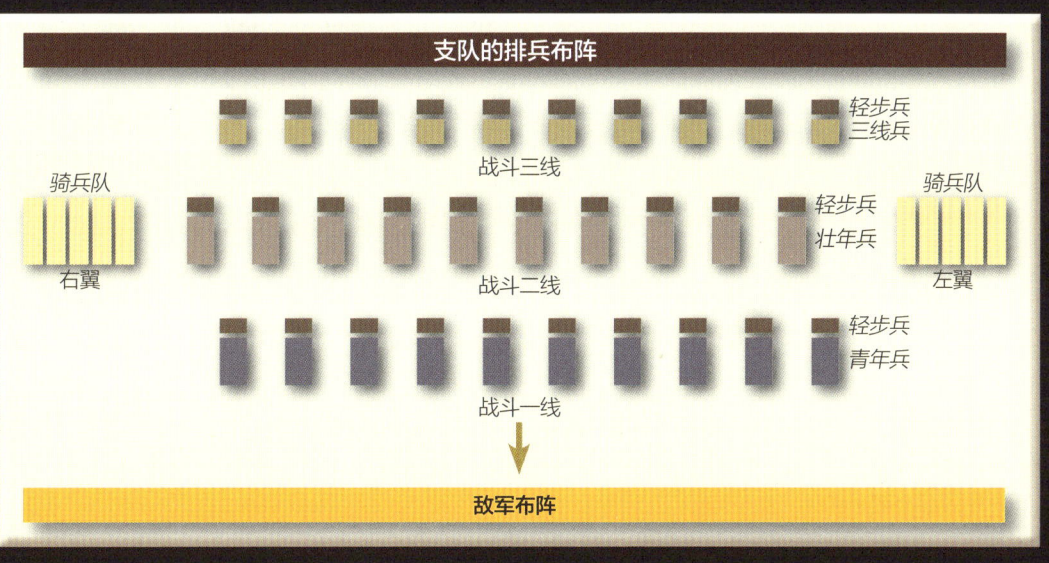

1 青年兵 青年队位于战斗阵形的第一线。他们不会携带长柄的武器，而是配备一支标枪，在"阿门图姆"（amentum）的辅助下，一支标枪的射程可达40米。阿门图姆是一种皮质的绳结，用于提高标枪的速度并稳定飞行的路径。

2 壮年兵 壮年兵位于战斗阵形的第二线。他们的站位和青年兵保持一定距离，并会根据后者的动作采取行动。如果青年兵后撤，为了保持阵线之间的"一个支队"的空隙，因此壮年兵也会随之后撤。而当青年兵冲锋的时候，壮年兵会拿起手中的标枪和剑进行战斗。

3 三线兵 配备有长矛的矛兵位于第三线，他们不会推进。三线兵列阵时单膝跪地，将长矛的末端插入大地，矛身倾斜，矛锋指向前线：这道由铁矛组成的阵线可以保护后撤的一线战斗人员。

4 轻步兵 轻步兵的编队形式既不是支队也不是百人队。在需要变阵并封锁阵线的情况下，他们的作用是去填补阵形中出现的空隙。他们会被排布在各支队之间作为支援。如果战斗获胜，那么轻步兵的成员会升级为后备军。

■ 意大利人面前的罗马

罗马士兵的装备

考古学家发现的这副装备来自萨莫奈战争之后的某个罗马军团。其中用于投掷的武器，尤其是重标枪和短标枪（verutum），借鉴自萨莫奈人。盾牌则来自希腊。

插图 彼得·康诺利（Peter Connolly）创作的装备还原图。

① **剑和投掷武器** 图示：锋利的长柄刀、长矛、箭矢、重标枪、轻标枪，以及没有手柄的短矛。所有步兵都在使用的武器是短剑（剑刃长50厘米），而骑兵则会配备较长的剑（剑刃长70厘米）。

② **小型武器** 图示：短刀的刀鞘、骑兵（位置在军团的两翼）的轻标枪、短刀以及铅制飞镖。铅制飞镖是源自希腊的防御性武器，被安装在盾牌的背面，可以向近身的敌人发射。

③ **盾牌** 凸面的盾牌宽75厘米、长120厘米。一块盾牌由两块木板拼接而成，最后用金属边框加固。盾牌中心有一块坚硬的铁块，称作壳嘴（umbo），这样士兵就能手持盾牌向敌人冲锋并抵御投掷物。

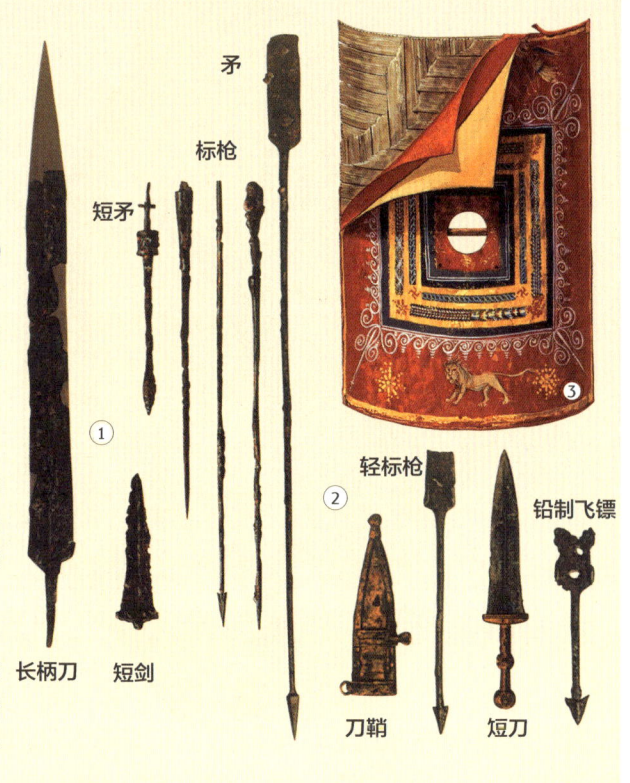

萨莫奈战争期间进行的支队改革伴随着装备的变化：这既是出于战术的需要，也能反映依照财富（或纳税额）进行排兵布阵的机制的终结。因此，新的战术标准优先考虑的是战斗人员的年龄及其使用装备的经验，再也不涉及所谓的人口普查制度。

共和国建立之初，由百人队负责募兵的工作。根据个人财富，每个公民会进入相应等级的部队中。共有五个纳税等级，且每一等级的参军比例都是一样的。当人口增加——尤其是有新的公民被吸收时，下层人口的数量也随之增加了，因此，上述机制对上层阶级而言十分不利。有必要高效地利用人口资源来实现战争的最终目标，基于本土行政分区的募兵机制应运而生。至于最底层公民得以参军的时间，则是在公元前281年至公元前280年，罗马第一次将无产者纳入了军队中，即使理论

上他们并没有"法律行为能力"。公元前213年，人们降低了参军所需财富的要求：最低的纳税额从11000阿斯变为4000阿斯。此番目的很明显：尽可能多地允许无产者参军，他们继而能加入共和国发动的战争。新加入的无产士兵有了收入，有了晋升的机会，还获得了一项新的权利：纳税。

骑士（骑兵）阶层

在罗马王政时代，最富有部落的贵族才能成为骑兵，这些骑兵被编入骑兵百人队。尽管在罗马共和时代，步兵数量增加并且在人数上逐渐占优，骑兵百人队仍是最重要的百人队。卡米卢斯改革之后，骑兵队的力量增强了，这一点在布匿战争期间就有所体现。在罗马帝国时代，随着来自日耳曼、高卢和西班牙行省的预备骑兵进入编制，骑兵队已经完全专业化。

上图为桑特考古博物馆展出的浮雕作品。

伊庇鲁斯的皮洛士

希腊将军和战略家皮洛士的半身像,该人是共和国的劲敌(现藏佛罗伦萨碧提宫)。

下一页 一只公元前4世纪的剑柄。剑柄被塑造成两位士兵正在对战的场景(现藏维也纳历史博物馆、文物馆)。

皮洛士对抗罗马

公元前282年之后不久，罗马开始与塔兰托为敌。塔兰托是意大利南部最为繁荣的希腊城市。塔兰托人向希腊王国伊庇鲁斯的国王皮洛士求援。因此，罗马人现在直面的是当时最为杰出的将领，此人也是亚历山大大帝（Alexandre le Grand）的侄子。但皮洛士的野心让他本人损失惨重：他介入了希腊和西西里的冲突，后来又在返回意大利时一败涂地。

萨莫奈战争标志着两方阵营的第一次接触：一方是罗马人，另一方是卢卡尼人、布鲁特人、最南部的奥斯克人以及南部的希腊人（也就是意大利奥特人）。自从公元前304年罗马人和萨莫奈人宣告和平之后，卢卡尼人投靠了罗马，目的便是与罗马结盟并和塔兰托再次开战。罗马人自然是求之不得——与其说他们希望和希腊的意大利奥特人开战，倒不如说是为了让南边好战的民族远离罗马另一侧的敌人。

■ 皮洛士对抗罗马

皮洛士战争重要纪事

公元前281年

请求支援 塔兰托人请求皮洛士对抗罗马。皮洛士于次年率领25000名将士离开希腊。

公元前280年

赫拉克莱亚 皮洛士操练意大利的塔兰托人，并在赫拉克莱亚与罗马开战。皮洛士胜。

公元前279年—公元前278年

阿斯库路姆（Ausculum）[阿斯科利（Ascoli）] 皮洛士第二次取胜，此役的损失人数已超过了赫拉克莱亚之战。皮洛士班师返回西西里。

公元前275年

贝内文托 在西西里受挫之后，皮洛士重返欧洲大陆。罗马人于贝内文托击溃皮洛士，皮洛士返回伊庇鲁斯。

公元前275年—公元前272年

一系列起义 尽管皮洛士告负，但卢卡尼人、布鲁特人和萨莫奈人相继与罗马开战。

公元前272年

罗马大胜 罗马军队全面入侵大希腊，并攫取了塔兰托。那些被征服的土地被分配给罗马军团。

皮洛士在意大利半岛中的战场

塔兰托人希望伊庇鲁斯会派来一位"经验丰富且名震天下的将军"来将他们从罗马人的手中拯救出来。他们谎称自己有35万名步兵和2万名骑兵，皮洛士相信了他们。

塔兰托只招募了5000名新兵，但皮洛士没有改变他的计划。普鲁塔克说，皮洛士曾向好友兼重臣齐纳斯（Cinéas）敞开心扉：他说自己必须击败罗马以攫取意大利，这样不日之后他就能整合西西里了——自阿加托克利斯去世之后，这块丰饶肥美的宝地便手到擒来，因为从那时起，西西里便处于无政府状态，反动的言论大行其道，各类暴动也层出不穷，如果众神真的让他获胜了，那么为什么不再接着图谋迦太基和非洲呢？在两年零四个月中，皮洛士在南部苦战，没有从罗马人的手上讨得任何便宜。几场失败和几场"皮洛士的胜利"让他的兵力折损，皮洛士正准备撤退，此时锡拉库扎人向他寻求军事援助，因为他是阿加托克利斯的女婿兼盟友。他带着战船、士兵以及大象前往锡拉库扎，但在那里他并没有取得伟大的胜利。他再度返回意大利半岛，这一次，罗马人在贝内文托以碾压之势战胜了他，并将他赶出了半岛。

公元前303年，罗马人和卢卡尼人结盟，他们的结合放大了威胁，深陷恐惧的塔兰托第三次向希腊求援。斯巴达派去了亚基亚德世系（dynastie des Agiades）国王克里昂米尼二世（Cléomène Ⅱ）的儿子克利奥尼穆斯（Cléonyme）。克利奥尼穆斯一抵达意大利，就迅速集结了一支20000人的军队，其中大多数成员都是雇佣军或意大利奥特人。面对这种情况，罗马人希望和塔兰托人缔结和平协议，塔兰托人迅速地接受了这个提议，为的是尽快摆脱那个"碍事"的保护者。意大利奥特人清楚地知道斯巴达人意欲控制意大利南部，面对着敌意满满的意大利奥特人，克利奥尼穆斯不得不离开大希腊，返回伯罗奔尼撒。

　　克利奥尼穆斯的短暂逗留，足以保证让塔兰托人和罗马人缔结一份有利于自己的和平条约。根据该条约，罗马人的舰队严禁越过克罗托内附近的拉辛尼角。因此，罗马人不得不放弃爱奥尼亚海和亚得里亚海的航线。

　　当克利奥尼穆斯离开意大利，罗马和萨摩尼乌姆又重新开战时，卢卡尼人也准备发动进攻（背后显然有布鲁特人的支持）。意大利奥特人再次寻求援助，这次是锡拉库扎的僭主阿加托克利斯（Agathocle）伸出了援手。另外，罗马人发现卢卡尼人的军事部署已成威胁，便强迫他们与自己续签联盟协议，不过也向他们送上了作为抵押的土地。

183

皮洛士对抗罗马

阿加托克利斯之死成了一个信号，让卢卡尼人和布鲁特人迅速展开敌对行动。布鲁特人快速重夺之前短暂失守的希波尼昂。卢卡尼人则再次对图里伊发动猛烈进攻，而两个世纪以来，图里伊一直负隅顽抗。传统中一直是塔兰托对图里伊进行支援，但这次图里伊居民则没有塔兰托的帮助了，为了自保，他们只好转而向罗马人求援。罗马自有打算：通过将意大利奥特人重新聚集在一起，希望能狠狠地教训奥斯克人——因为之前的事件让罗马早已不能指望奥斯克人的忠诚。公元前325年，一支罗马的分遣队在图里伊就位。他们前来，是帮助图里伊抵挡卢卡尼人的攻势——尽管卢卡尼人是罗马的盟友。

塔兰托之战

和半岛上其他的意大利奥特人有所不同，塔兰托人比邻居要强大许多，并且对意大利人带来的威胁不以为意，毕竟罗马在大希腊进行的干预行为已经严重威胁他们的独立性。塔兰托与罗马于公元前302年缔结了条约，不过该条约不久就成为双方开战的理由。

罗马人成为卢卡尼人的"主人"的时间不长，也是意大利奥特城市的保护者，他们认为此前和塔兰托人缔结的条约中有关禁止他们在爱奥尼亚海中航行的条款，与罗马的尊严及政体的存在性无法兼容。公元前282年夏，在沿着塔兰托湾航行一段时间之后，一支由10艘罗马战舰组成的海军纵队"顺理成章"地抵达塔兰托。罗马人出现了，但他们这番演习的本意既不是威胁，也不是挑衅，目的仅仅是强调罗马的实力及尊严。罗马本希望塔兰托人可以理解这个信号，顺便表达自己和平的愿望。

但事与愿违。塔兰托认为罗马的这番行径是事先准备好的对自身武力的宣扬，认定他们早已与地方寡头集团的小首领沆瀣一气，目的就是统治塔兰托。于是，塔兰托人袭击了罗马的战舰。其中几艘战舰被击沉了，剩下的且战且退。尽管罗马做出的努力只是为了维护和平，这一事件仍给出了敌对的信号。塔兰托人立即进军图里伊，在当地一些支持党派的协助下，他们强迫罗马驻军撤离了图里伊。

罗马元老院派遣一支使节团前去索要赔偿，但失败了。使节一返回罗马，罗马便向塔兰托宣战。之前在萨摩尼乌姆作战的罗马军队一路长驱直入，踏平了敌人的土地，塔兰托人、卢卡尼人和梅萨比人的联军在他们面前无异于螳臂当车。

为什么塔兰托人有好战的倾向？原因是他们的身后有希腊世界最具声望的将领、伊庇鲁斯国王皮洛士的支持。皮洛士的宏愿是，在解放了罗马治下的意大利南部地区以及将迦太基人赶出西西里之后，通过统治的方式让整个西方世界所有的希腊人团结在一起。那时的皮洛士已经年近40岁了。公元前295年，皮洛士夺取了希腊王国伊庇鲁斯的王位，其人的政治生涯十分动荡，一番起起落落之后，他短暂地统治了马其顿，直到他最后被色雷斯国王雷西马克（Lysimaque）驱逐。

公元前280年春，当皮洛士的大军出现在意大利时，罗马的军队指挥官不得不面对超出自己应对能力的强敌。皮洛士集结了约3万名士兵，军队中还有大量的骑兵以及20头大象。当时的罗马人不认识这种动物，也叫不出它的名字，只好将其称作"卢卡尼的牛"。皮洛士在塔兰托期间，对当地的公民进行了训练，这些公民不得已加入了皮洛士的大军。当年的罗马执政官普布利乌斯·瓦列乌斯·拉维努斯（Publius Valerius Laevinus），向那些仍旧忠于罗马的希腊城市（雷吉乌姆、洛克里和图里伊）派遣了驻军。第一场交火在塔兰托湾附近的赫拉克莱亚爆发。

罗马人已经做好了战斗的准备。然而，直接和皮洛士对阵的罗马军队数量不多，因为仍旧有一大部分兵力驻守雷吉乌姆和洛克里。此时，伊特鲁里亚地区又爆发了叛乱，罗马必须迅速解决叛军，以免伊特鲁里亚人和皮洛士结盟。因此，另一位执政官提贝里乌斯·科伦卡纽（Tiberius Coruncaniu）率领两支罗马军团前往伊特鲁里亚。普布利乌斯·瓦列乌斯·拉维努斯只能用手中剩下的两支罗马军团，也就是大约2万名士兵来对抗皮洛士。罗马人毫无疑问必须抢在敌人充分准备，与意大利奥特人很好地磨合之前就发动进攻。罗马人表现出丝毫不畏惧那位伊庇鲁斯的将军——他们希望通过这一点震慑后者的盟友。罗马人善于在人数较少的情况下发动进攻——任何战役都是如此，因此，他们不知道在这次战役中自身将面临的风险。

踏平卢卡尼之后，执政官普布利乌斯·瓦列乌斯·拉维努斯抵达爱奥尼亚海沿

■ 皮洛士对抗罗马

赫拉克莱亚之战：皮洛士的谋略与胜利

皮洛士是大名鼎鼎的亚历山大大帝的侄子，这位伊庇鲁斯国王也将后者奉为自己的偶像。当皮洛士穿戴着锃亮无比的头盔与胸甲、手持精良的武器出现在赫拉克莱亚的竞技场上时，两方的官兵都不禁以为，一定是传说中的英雄赫淮斯托斯（Héphaïstos）或伏尔甘（Vulcain），在埃特纳火山或维苏威火山中为他锻造了装备。看到如此熠熠生辉的金戈铁甲，那些希腊的老兵欣喜若狂，认为他们看到了亚历山大大帝再临。

皮洛士吸引了如此之多的注意力，以至在开战之前，第一罗马军团中骑兵中队的队长在战场中锁定了他，向他冲锋。这位罗马军官还没有得逞就丧命了，但还是给了皮洛士一个教训：他必须将自己的行踪隐藏在军队中。战斗开始时，他和朋友麦加克勒斯（Megacles）互换了甲胄。皮洛士的骑兵与拉维努斯的骑兵进行了7个回合的交火。身穿闪闪发光的盔甲的麦加克勒斯吸引了大量敌军。某个叫作德西乌斯（Decius）的人将他撞倒并杀了他，德西乌斯缴获了死者的头盔和盔甲呈给拉维努斯，拉维努斯宣布皮洛士已死。而此时的皮洛士则率领大象以及塞萨莉亚（thessalienne）骑兵冲锋。他拆下头盔，露出自己的脸，比着手势大喊，告诉将士他还活着。罗马人正在庆祝他已死的说法，不攻自破。

右图为铜版画，由后世的马修·梅里安上色。
左图为印有皮洛士肖像的硬币。

岸并向赫拉克莱亚开拔。如果皮洛士没有赶来支援这座城市，那么罗马人肯定就能将它占领了——他们还能顺便封锁进入希腊殖民地卡拉布里亚、雷吉乌姆、洛克里和克罗托内的道路，这些地区仍旧对它们与罗马缔结的条约保持忠诚，但为了完成自己的统一大计，皮洛士绝对不会允许这样的事情发生。因此，尽管还没有做好充分的准备，别无选择的皮

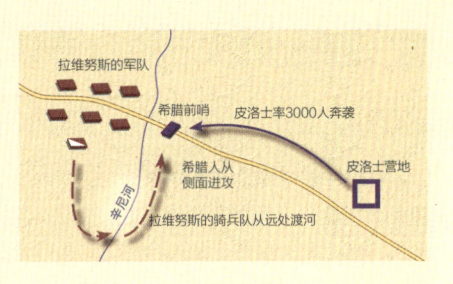

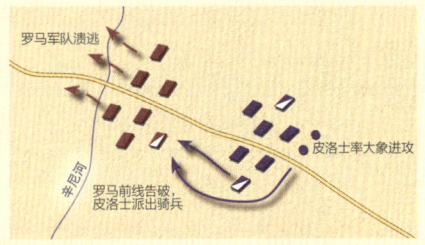

皮洛士与罗马交锋 ①皮洛士率领3000名骑兵中的先头部队冲锋陷阵。这是和罗马骑兵中队的第一次交锋。②皮洛士下令将大象部署在方阵的左翼,并向罗马骑兵发动进攻,敌军的战马面对大象惊慌失措,罗马骑兵被击溃。伊庇鲁斯的骑兵进而攻击侧翼的罗马步兵,后者四散而逃。

洛士只好开战:如果避战,心理上的折磨比一场失败的战事还要糟糕。两军势均力敌,甚至皮洛士的实力略逊一筹,考虑到在塔兰托还有罗马的驻军,他在赫拉克莱亚和潘多西亚之间的辛尼河附近安营扎寨。皮洛士决心让敌军先动,因为他想等约定好的塔兰托的盟友的到来。

希腊人只能控制河岸的一小片区域,似乎罗马

伊庇鲁斯的皮洛士，一位特别的将领

作为公元前301年伊普苏斯（Ipsos）战役败者的皮洛士（公元前319年—公元前272年），成了埃及国王托勒密一世的人质，托勒密一世对他十分赏识。托勒密一世将女儿嫁给了皮洛士，给了他一支军队助他重夺伊庇鲁斯。公元前295年，皮洛士成功夺权，与叔叔涅俄普托勒摩斯二世（Néoptolème Ⅱ）共同掌权，随后皮洛士将他清除。在雷西马克的支持下，皮洛士侵略了马其顿，雷西马克于公元前285年将他驱逐。因此，皮洛士重回伊庇鲁斯。不久，他响应意大利奥特人的号召——塔兰托人请求他去统领一支由希腊人、萨莫奈人、卢卡尼人、布鲁特人以及盟友组成的浩荡大军。塔兰托人派遣了一整支舰队来运送这位伊庇鲁斯国王以及他的战士和人象前往意人利南部。皮洛士在赫拉克莱亚战役中取胜，并摆开方阵朝罗马进军。

插图　皮洛士半身像。原雕像为希腊人制造（公元前3世纪），该版本为罗马人复刻（现藏赫库兰尼姆帕比里庄园）。

1 **普鲁塔克与普桑** 17世纪的画家尼古拉·普桑（Nicolas Poussin）根据普鲁塔克的描述，创作了《年幼的皮洛士获救》（Le Jeune Pyrrhus sauvé），该画作在巴黎卢浮宫被展出。伊庇鲁斯的父亲、国王埃阿喀得斯（Éacide）被夺取了王位，他的亲信秘密地将还是孩子的皮洛士带去了马其顿的墨伽拉。其间他们无法渡河，只能请求河对岸人的帮助，他们向对方发出的信号只有一个词：皮洛士。

2 **救援者** 皮洛士的随行人员大声地呼喊并恳求聚集在河对岸的墨伽拉居民施以援手。湍急的流水发出的噪声让那些居民无法听清他们的话。他们只好在一片橡木树皮上写下这位王储的名字，将树皮绑在一块石头或一根标枪上，再丢到河的对岸——普桑不愿排除任何的版本，因此他画出了一位使用投石器的士兵和一位投掷的标枪兵。

战象与作战技巧

尽管希腊人和迦太基人已经将战象应用于战斗中了，但在和皮洛士交锋之前，罗马人并不了解它们。这些伊庇鲁斯国王的厚皮动物，无论在意大利，还是在希腊的土地上，都参与了大量的战斗。赫拉克莱亚之战中，向前进军的大象使罗马的战马受惊，最后整个罗马军团也四散而逃。然而，在贝内文托战役中，战象却帮了皮洛士倒忙：罗马人吸取了之前的教训，开始向大象投掷石块。惊慌失措的大象掉转方向，朝着皮洛士军队的方向跑去，造成了大面积的破坏。回到希腊之后，皮洛士在和斯巴达人以及阿尔戈斯人的战斗中也使用了战象。皮洛士在与阿尔戈斯人作战期间殒命。随着战象在军队中不再新奇，针对或消灭它们的手段也发展了起来，例如在战场上大量放置障碍物，或在大象无法进入的地形中开战。

插图 战象。公元前2世纪作品（现藏巴黎卢浮宫）。

3 墨伽拉的居民 读到这条信息后，墨伽拉的居民明白了事态的危急，他们砍下树干，将之连接在一起以搭建一座能跨越河水的桥。两位墨伽拉居民得以从桥上通过。一个叫作阿喀琉斯（Achille）的人将皮洛士抱在怀中。他们一同前往国王格劳基亚斯（Glaucias）的领地伊利里亚。由于对卡珊德拉（Cassandre）的预言有所忌惮，这位国王还在犹豫是否收留皮洛士，但是，当那个孩子出现在宫殿中的时候，国王动容了。

4 赫耳墨斯的雕塑 这尊在石头上刻凿出的雕塑被用作城市的界标。在普桑的这幅画作中，这尊雕塑界定了场景，因为普鲁塔克说这个故事发生在墨伽拉的墓地中。希腊的墓地是不在城市的管辖范围内的。在罗马，神祇赫耳墨斯是生者与逝者间的信使，也被叫作特尔米努斯（Terminus）。

人并没有遇到什么困难便成功渡河，皮洛士也无法阻止他们迅速整顿部署。两军开始交火，也许皮洛士方面已经有了人员的折损，此时伊庇鲁斯的骑兵和大象来到了阵形的左翼，希腊人开始向前推进。两方步兵陷入死战，僵持不下。伊庇鲁斯的骑兵和国王的大象奠定了胜利的基础。实际上，他们赶跑了罗马的骑兵并直接对两翼的步兵发动猛攻，这样直接冲散了罗马军团的阵形。执政官的大军四散而逃，其营地也落入皮洛士的手中。

罗马人遭受了巨大的损失，不得不后撤：7000名将士非死即伤，还有2000人被俘。皮洛士同样也损失惨重：伤亡4000人，其中包括一些军官。在公元5世纪的神学家兼诗人保卢斯·奥罗修斯（Paul Orose）的笔下，皮洛士这样说道："再来一场像这样的胜利，当我回伊庇鲁斯的时候，可能身边连一个兵也不剩了。"这一片段引入了一个短语，即"皮洛士的胜利"（victoire à la Pyrrhus）[40]，用来形容"伤敌一千自损八百"式的成功。

然而，皮洛士的胜利还是给意大利的希腊人留下了深刻的印象。洛克里的居民背弃了当地的罗马驻军，转而加入了皮洛士的阵营。显然，雷吉乌姆的居民也有同样的企图，但该地的罗马驻军指挥官德西乌斯·朱庇留斯（Decius Jubelius）和他的4000名将士（主要来自坎佩尼），将这种想法扼杀在了摇篮里：他们对居民发动了突然袭击，他们杀掉了所有抓住的男人，并把女人都送给了士兵。

萨莫奈人、卢卡尼人和布鲁特人开始频繁地出入皮洛士的营地，因为皮洛士的胜利给予了他们前所未有的信心，并且由于远离了拉维努斯的控制，他们也可以和希腊人结盟。然而，罗马的军队并没有被瓦解，他们撤退至坎佩尼，罗马方面则毫不犹豫地武装了无产者（通常情况无产者是不能服兵役的）并将他们作为援军增援拉维努斯，得益于罗马援军，拉维努斯可以重整部队。

皮洛士希望以一个解放者的身份出现在坎佩尼，但库迈和那不勒斯都没有选择与他站在同一阵营。皮洛士继续向罗马进军，通过拉丁大道抵达距罗马60公里处的阿纳尼。皮洛士的目的并不是通过奇袭来夺取被城墙保护着的罗马城，对罗马进行围城也不可能，因为他现在的兵力不足以支持围城策略，罗马城和皮洛士作战基

---

[40] 指得不偿失的胜利。一说这句谚语诞生于后来的阿斯库路姆（Ausculum）战役。——译者注

荣耀的塔兰托：一座由英雄建立的城市

塔兰托的建城可追溯至公元前 8 世纪至公元前 6 世纪，同一时期那股移民浪潮，让数不胜数的希腊城邦涌现在西西里和意大利半岛的土地上。塔兰托的特色便是，它是大希腊唯一一个源自斯巴达的城市：传说中的英雄法朗特（Phalente）率领着一群被驱逐的人，在爱奥尼亚湾的一处梅萨比殖民地安家。

塔兰托的港口成为东方与西方海上航线间第一个大型中转站。此外，由于占据了地利，塔兰托在连接亚得里亚海沿岸、爱奥尼亚海沿岸以及第勒尼安海沿岸的贸易航线中，都扮演了重要的角色。根据希罗多德的说法，在公元前473年夺取塔兰托期间，雅皮吉人和梅萨比人组织了希腊历史上最大的一场屠杀。城邦勉强保住了，开始实行民主政策，也在公元前433年殖民了赫拉克莱亚。塔兰托在哲学家阿尔库塔斯的领导下，于公元前367年至公元前361年攀上其顶峰。公元前3世纪，塔兰托与意大利人爆发冲突，塔兰托向希腊求援——这一次，不幸再次降临在塔兰托人的身上。

插图 来自塔兰托的珀耳塞福涅雕塑。公元前5世纪作品（现藏柏林佩加蒙博物馆）。

皮洛士对抗罗马

地的距离也相当遥远。不过，皮洛士可能会有前往伊特鲁里亚与该地叛军结盟的打算。然而，由于无法渡过罗马附近的台伯河，他必须从河流的上游渡河，渡河之前，他必须先行深入满怀敌意的翁布里亚人控制的山区。皮洛士只得放弃了这个计划。

与此同时，罗马人加快了他们在伊特鲁里亚的行动速度，并且在武尔奇和沃尔西尼大获全胜。在赫拉克莱亚战役之后，罗马人命令提贝里乌斯·科伦卡纽和伊特鲁里亚人签订和平条约。伊特鲁里亚和罗马宣告结束敌对，皮洛士决定返回阿纳尼。不久，提贝里乌斯·科伦卡纽率领着两支之前和伊特鲁里亚人对抗的罗马军团火速与拉维努斯会合。面对着四支罗马军团，皮洛士的军队在人数上便不占优势了。结果便是，由于担心会被包围，皮洛士不敢向敌人的城市发动进攻，他别无选择，只能后撤并越冬休整。来年，皮洛士提议释放罗马的战俘，代价便是罗马保证所有的希腊城市实现自治，并且归还之前掠夺的萨莫奈人、卢卡尼人以及布鲁特人的土地。但罗马认为达成合约的条件根本不可接受，于是双方重新展开军事行动。

战争在阿普利亚的阿斯库路姆爆发。战场的地形起伏，并且树木繁茂，皮洛士军队的力量在此处无法完全施展：他们既不能在这里排布方阵，骑兵和大象也无法有效率地作战。整整两天，两军鏖战不休，直到皮洛士夺取了一处最具战略价值的阵地，罗马人被击败了，但并未溃退，他们仍旧守住了拥有防御工事的营地。再一次，对垒的两军都损失惨重。罗马人失去了 6000 名将士以及一位执政官，皮洛士则失去了 3500 名战士，他自己也受了轻伤。他无法消受这次胜利，随后便撤回了塔兰托。

面对着这样的局势，皮洛士坚信自己仍旧处在强势地位，他愿意和罗马缔结和平条约，这样一来，自己也可以尽快赶回西西里。然而，罗马人拒绝该条约，原因是元老院反对该条约，迦太基也发来了关于结盟的反提案。实际上，一支由 120 艘战船组成的迦太基舰队抵达了奥斯提亚港，目的就是阻止罗马和皮洛士缔结和平条约。

迦太基人提出的条款对罗马有利。这些条款基本上预见了：当其中一方的领土被皮洛士进犯时，另一方有义务派兵增援，联军期间产生的费用将由侵犯者承担。此外，迦太基同意提供己方的船只用于运输，并且会将自己的舰队用于战斗。这项条款让罗马能够进攻塔兰托，或将皮洛士隔绝在西西里或意大利。而迦太基人则达

成了一个重要目的：他们阻止了伊庇鲁斯国王的密使和罗马人正在谈判的条约的达成。

最终，公元前278年秋，皮洛士率领1万名士兵向西西里起航，将自己剩下的军队留在塔兰托和其他的希腊城市。

西西里的希腊人

公元前8世纪至公元前7世纪，腓尼基人可以轻而易举地守住自己在第勒尼安海的商业霸主地位。然而，公元前650年之后，希腊的外扩已

阿拉利亚海战

公元前537年，在今吉索纳恰对面的科西嘉海域，伊特鲁里亚和迦太基的联合舰队（由120艘三层桨战船和双层桨战船组成）迎击60艘希腊和腓尼基联军的五十桨战船。希腊人摧毁了敌人的舰队，但也遭受了巨大的损失，以致必须撤出科西嘉。

上图为亚里士多德双耳爵上的细节，其上装饰着一艘战舰（现藏罗马卡比托利欧博物馆）。

经严重威胁到他们位于马赛的利翁湾的殖民地。迦太基保证将抗击共同的敌人，彼时的迦太基是地中海西部主要的腓尼基城市，也是拥有许多殖民地的大城市。因此，迦太基人不仅和西西里岛西端的伊利梅斯人合作，以遏制当地的希腊殖民化进程，与此同时，他们也准备和伊特鲁里亚盟友一同守住第勒尼安海。这两者的联盟在公元前537年的阿拉利亚海战中大获全胜，成功地赶走了科西嘉的希腊人。从那时起，迦太基和锡拉库扎便必须直面对方了。锡拉库扎是西西里人口最多、最重要的希腊城市。在面对野心勃勃、实力强大的迦太基人时，倘若其他的希腊人能表现出保持团结的意愿，并懂得放弃自己的利益，那么锡拉库扎在对抗前者时所要完成的任务就不会那么艰巨，也不会超出它的能力范围。

锡拉库扎于公元前480年达到巅峰。盖隆在阿格里真托国王西伦（Théron）的帮助下成为锡拉库扎的僭主，号令整个西西里岛上所有重要城市的大军共同御敌，最终联军在希梅拉之战中大败迦太基人。这次布匿人（拉丁文"punici"）[41]的损失如此惨重，以致在接下来的80年间甚至都不敢跨出自己的领地（西西里岛西部）。意大利的希腊人也从这一事件中获益，因为几年之后，盖隆的继任者希隆帮助库迈战胜了伊特鲁里亚人，而后者完全失去了坎佩尼的控制权。

如果说卢卡尼人和布鲁特人对意大利半岛南部的希腊人来说是个永恒的威胁，那么西西里的希腊殖民地很少与当地原住民发生冲突。数量并不占优的西西里原住民被希腊殖民环伺，他们并不能驯服这些希腊人或阻止沿海城市希腊化的进程，他们反而被希腊人影响了，一步一步地被希腊化。西西里的希腊人真正的敌人仍旧是迦太基人，迦太基人不久便有机会收回其在希梅拉的失地。实际上，随着锡拉库扎僭主力量的逐渐衰减，其他西西里的希腊城市纷纷抛下军事层面的顾虑，转而将精力集中在发展农业实力以及进行商业竞争上。

不过，伯罗奔尼撒战争的爆发恶化了这些城市的局势，西西里岛的势力分成两个阵营。公元前413年，当雅典人的精锐舰队被敌人倾覆时，他们那建立一个伟大西方世界帝国的梦想随之烟消云散。锡拉库扎人在对阵雅典人打了一场漂亮的胜仗，但这不足以让锡拉库扎重振军事雄风，也无法让该城的内部秩序恢复稳态。锡拉库

---

[41] 指北非历史上一个源于迦太基的民族，根据原文，此处泛指迦太基人。下文同。——译者注

扎对自身的力量怀有盲目的自信，毫无疑问，当地的居民也拒绝为建立一个强有力的军事组织做出牺牲。

这边是迦太基人一直等待的时刻。他们已经比70年前要强大许多，并且已经可以号令一个地中海西部的强大帝国了。他们借机干预了西西里岛内部的希腊城市与伊利梅斯人之间的冲突。通过公元前409年和公元前406年的两次征伐，迦太基人占领了西西里2/3的土地，塞利农特、阿格里真托、希梅拉、杰拉、卡马里纳都被他们占领并被踏平。当一个名叫狄奥尼西奥斯的年轻军官掌管了锡拉库扎的政府时，布匿人正准备对该城进行围城。在最初的几场失败之后，狄奥尼西奥斯成功地阻止了迦太基人的进军，并迫使迦太基人于公元前392年

阿格里真托

迦太基人的橄榄由阿格里真托供应，因为迦太基人的领土（今突尼斯）上只有很少的种植园。此外，阿格里真托还有整个西西里以及整个大希腊的供奉宙斯和赫拉的最大的神庙。宙斯神庙长112米、宽56米，每根圆柱的直径为6米。上图为赫拉神庙（或朱诺神殿）一景。该建筑坐落于阿格里真托神殿之谷。

与他缔结和平条约。迦太基承诺放弃先前占领的希腊城市，并承认自己的统治权只局限在西西里岛的西部角落（即伊利梅斯人的领土）——迦太基人在该地区的利里贝欧（Lilybée）[今马尔萨拉（Marsala）]修筑了坚固的防御工事。

锡拉库扎的僭主大狄奥尼西奥斯已是西西里大部分地区的主人了，他有一个野心勃勃的计划：让西方世界的所有希腊人组成一个政治联盟。因为他知道，只有这样，他们才有足够的实力对抗西西里的迦太基人或意大利的卢卡尼人。但希腊人心中根深蒂固的个人主义精神很难与这位锡拉库扎僭主的计划调和。大狄奥尼西奥斯首先必须接触的城市是雷吉乌姆，但雷吉乌姆对结盟的问题三缄其口，并禁止锡拉库扎在意大利奥特人联盟的支持下进入欧洲大陆。

不过，大狄奥尼西奥斯与洛克里达成了协议，并在雷吉乌姆展开军事行动。公元前387年，这座城市被攻占并被摧毁。这位僭主在其他的意大利奥特殖民城市中进行了周密的部署，这样一来，在面对卢卡尼人带来的威胁时，他就能成为意大利的希腊人的保护者。在这一时期，位于塔兰托湾的塔兰托成了意大利奥特人联盟的领头者——在阿尔库塔斯（Archytas）的统治下，它是意大利最为强大的希腊城市。

大狄奥尼西奥斯于公元前367年去世，其子小狄奥尼西奥斯（Denys Le Jeune）继位。国家攀上了力量的巅峰，但征服者去世了，他既没有成功地将西西里的迦太基人驱逐，也没有赢得臣民的爱戴。小狄奥尼西奥斯的性格不如其父强势，他既不能抵抗怀揣敌对情绪的迦太基人，也无法清除内部的反对势力——柏拉图学派的门徒狄翁（Dion）是一位有能力将这位僭主驱逐的领袖。迦太基人即将卷土重来——为了直面这一威胁，锡拉库扎人将该城的统治权交由来自科林斯的将军蒂莫莱翁（Timoléon），面对布匿人的进军，这位将军成功地联合起了西西里奥特人的力量。在克里米索斯岛（Crimisos）之战中，蒂莫莱翁亲自带领步兵队作战，大败迦太基人，这也是自希梅拉之战后，西西里的希腊人最大的一次胜利。

战胜了迦太基人之后，面对着内忧外患，蒂莫莱翁致力促进岛内希腊人的团结。然而，他无法根除深植于西西里奥特人心中的个人主义。与整个希腊团体的普遍利益相比，他们总会优先考虑自己的利益，这便导致了一个世纪之前，曾发生在

从西西里僭主的朝廷到阿尔戈斯的街巷

皮洛士搁置了与罗马人的战争，目的便是带着他征服的蓝图、士兵、大象以及对非洲的野心赶往锡拉库扎。他娶了僭主阿加托克利斯的女儿拉纳莎（Lanassa），收获了作为陪嫁品的莱夫卡斯和克基拉岛。

那两位呼唤皮洛士前来的锡拉库扎官员泰尼翁（Thynion）和索斯塔特（Sostrate），不愿听到关于在非洲开辟战场的话题。伊庇鲁斯国王杀掉了泰尼翁，这一

举动立刻招来所有西西里奥特人的仇恨——他的僭主生涯很快就走到了尽头。不知不觉中，皮洛士已将自己置于与达摩克利斯（Damoclès）相同的窘境。达摩克利斯曾是大狄奥尼西奥斯的朝臣，君主让他当了一天国王并给他上了一课：达摩克利斯必须坐在王位上，但头上悬着一柄用马尾毛捆着的剑。皮洛士必须返回塔兰托，随后转战贝内文托，再回到伊庇鲁斯。最后，他向阿尔戈斯进军。在阿尔戈斯，他与一位渴望荣耀的士兵展开了战斗，而这位士兵的老母亲则在屋顶上观战，她向皮洛士丢了一块瓦片——她的投掷非常精准，竟然直接割伤了皮洛士的脖子，他从马上摔了下来，一个敌人认出了他，一举将他击杀并斩首。

插图 19世纪画家托马·库蒂尔（Thomas Couture）创作的油画（现藏卡昂美术博物馆）。

■ 皮洛士对抗罗马

被人奉若神明的皮洛士

罗马人在击败伊庇鲁斯国王之后，将他奉为神明，在优胜台上为他竖起大理石雕像，这位君主的命运和萨莫奈战神维克托类似。

上图为带有战神马尔斯特征的巨柱型皮洛士雕塑。公元前1世纪作品（现藏罗马卡比托利欧博物馆）。

意大利的希腊人（第199页）

希腊的神话在意大利重焕生机。来自一座供奉阿耳忒弥斯和阿尔泰翁（Actéon）的塞利农特神庙中的排档间饰细节。该文物的历史可追溯至公元前5世纪（现藏巴勒莫考古博物馆）。

大狄奥尼西奥斯身上的故事再度上演。蒂莫莱翁去世不久，政治上的不和再一次危及锡拉库扎的存亡。来自民主主义党派的、经验丰富的官员阿加托克利斯（Agathocle）是一位杰出的演说家，他趁机利用乱局来扩大自己的势力。在积极参与政治斗争的过程中，阿加托克利斯两度被流放。第二次被流放期间，在迦太基将领阿米利卡（Hamilcar）的干预下，他得以重返锡拉库扎。两年之后，即公元前316年，阿加托克利斯发动政变，成功夺取了至高的统治权，并自称大统帅，直到公元前305年，他的称呼才变为国王——就像亚历山大大帝的所有后继者一样。阿加托克利斯重新采纳了大狄奥尼西奥斯的政治纲领，他提议团结起西方的所有希腊人，将迦太基统治下的西西里解放，同时将意大利从原住民的威胁中解救出来。他大胆地与迦太基人、奥斯克人开战，但两边战争的局势不尽相同。他带领自己的大军进入了非洲，同时让锡拉库扎重握整个西西里岛（阿格里真托除外）的统治权。在意大利，他的部队与布鲁特人开战，成功地从他们手中夺取了希波尼昂，阿加托克利斯迫使布鲁特人向他献上奴隶。

时年70岁的阿加托克利斯希望在向迦太基发动新的战争之前确定自己的继任者。有两个选择：其一是与他同名的四儿子，其二是他的侄子阿奇埃加瑟斯（Archagathe）。后者在军中很受爱戴，是一位经验丰富的队长。不过，国王更喜欢小阿加托克利斯，指定他为继任者。阿奇埃加瑟斯没有对国王的想法听之任之，他在一场宴会中杀害了自己的表兄。国王早已大权旁落，无法重树威望，他宁可在锡拉库扎重塑民主政体。

皮洛士对抗罗马

阿加托克利斯在公元前289年才勉强走完了自己的一生，在他死后，锡拉库扎人与雇佣兵开战。最终，锡拉库扎同意授予这些雇佣兵（大部分是坎佩尼人）公民身份，冲突平息。然而，这些新公民更愿意出售自己的财产，并重返自己的家园。他们集中在墨西拿穿越海峡，不过，在途中，他们对锡拉库扎发动奇袭，杀掉或驱逐当地的公民（女性除外）。他们自称"马迈尔坦人"（Mamertins），字面意思就是"马尔斯之子"，以纪念奥斯克战神。

一个意大利人的国家墨西拿海峡建立了——对西西里岛上的希腊人来说，这严重损害了他们的利益，因为不日之后，这会对罗马的进攻提供便利。此外，这个马迈尔坦人建立的国家从根本上否认了这些希腊人的所有权利，因此他们频繁地向自己的邻居发动战争。尽管在面对这一撮恶棍的时候，分裂的希腊人尚能自保，但迦太基人开始在西西里岛上实施某种意义上的保护主义政策。也正是在那时，罗马和迦太基正式缔结条约，而皮洛士于公元前278年率领自己的大军返回西西里。

伊庇鲁斯的皮洛士的溃败

西西里热烈欢迎皮洛士的凯旋，在此地，人们拥立他为国王和"霸主"（hégémon）（军事和政治领袖）。所有的希腊人联合起来，抗击共同的敌人迦太基。皮洛士立马取得了几场大胜。他迫使迦太基人解除对锡拉库扎的封锁，占领了几乎所有被敌人征服的土地。

势不可当的皮洛士现在麾下有3万名步兵以及2500名骑兵（他自己的兵力外加西西里奥特人的兵力）。受到震慑的迦太基人不敢与他交火。因此，皮洛士一个接一个地占领其他的希腊城市（赫拉克利亚米诺阿、塞利农特、哈里西亚、塞杰斯塔以及埃里切）以及几个布匿行省，他同样占领了腓尼基港口帕诺尔莫斯（今巴勒莫），以及位于佩莱格里诺山上可以俯瞰该港口的战争要塞。除了利里贝欧，迦太基人一个飞地也没有了。

伊庇鲁斯国王在一次战役中闪电般迅速取胜，可以说，迦太基人当时的惨状，与24年之后和罗马人展开的第一次布匿战争的溃败相比，有过之而无不及。皮洛

意大利半岛南部硬币的冲制与铸造

除了字母表、罗马万神殿中的诸神以及大批建立了城邦（或希腊殖民地）的英雄，希腊人还为意大利半岛带来了最初的一批硬币。这批硬币一直到公元4世纪之前，在半岛南部的城市中都被广泛使用。一些阿普利亚和坎佩尼的卢卡尼人原住民社群，开始仿造希腊人的硬币打造自己的硬币。

库迈是希腊城市，因此可以打造硬币，并且在公元前5世纪末被萨莫奈人征服后，还在持续地铸造硬币。坎佩尼于公元前4世纪铸造了第一批罗马硬币：它们是不同类型的铜币，其上印有阿波罗的头像或牛头人。兴许这些硬币是公元前326年在那不勒斯铸造的，用以纪念该城与罗马签订的和平条约。而后来大量生产的硬币主要是"德克拉姆"（didrachme）银币：该银币的一面是马尔斯的头像，另一面则是马头以及"Romano"的字样。这种银币估计出现在公元前4世纪。第一批于公元前5世纪出现在伊特鲁里亚的金、银或铜币则是在武尔奇、波普罗尼亚和沃尔泰拉被冲制或铸造的。在随后几个世纪里，伊特鲁里亚人采用12进制来打造铜币。皮洛士战争使得西西里以及大希腊众多城市的财政需求猛增，人们开始使用纯度较低的金属。在意大利半岛的非希腊地区，硬币流通变得普遍起来。

插图　一枚公元前4世纪铸造于锡拉库扎的德克拉姆（现藏雅典海事博物馆）。

士军队的强大能量和他自身的将才能够解释这一次的胜利，同样也因为军中的西西里奥特人对推翻布匿人的统治怀有巨大热忱。迦太基人变得如此不堪一击，他们迅速向皮洛士求和，同意归还除了利里贝欧之外在西西里的所有领土，并答应额外支付赔偿金以及赠送船只。

然而，这番提议遭到了拒绝，因为希腊人希望从岛上完全抹去迦太基人的存在。那位伊庇鲁斯君主首先试图通过陆路夺取利里贝欧。但该地固若金汤，所处的位置也难以被攻克。在进行了两个月徒劳的尝试之后，皮洛士开始围城。他同时也开始采取措施强化舰队，并取水路来进攻这一飞地——直到此次行动的开支让他的盟友感到灰心。

皮洛士对抗罗马

战争持续了三年,但皮洛士并没有取得决定性的进展。当从陆地攻克利里贝欧的企图落空之后,皮洛士决定组建一支强大的舰队,以从非洲对迦太基发动最后的攻击。但西西里的希腊人不支持这个计划,因为这个新方案对他们来说又意味着大笔的开支,再加上这位君主习惯性的专制以及他对希腊城市民主政权的蔑视本就引起了普遍的不满,反对的声音更大了。甚至有些希腊人最终无法自洽,只能寻求迦太基人的援手以帮助他们摆脱皮洛士。最终,只有锡拉库扎仍旧被伊庇鲁斯国王握在手中,皮洛士再一次面临着重新夺取西西里的难题。

与此同时,罗马人稳住了意大利的局势。他们占领了克罗托内和洛克里,并重整了萨莫奈和卢卡尼地区的秩序。这番举动很快唤醒了居住在欧洲大陆上的希腊人的怨怼情绪,他们同样无法自洽,毫不犹豫地请求皮洛士回归。无须三催四请,皮洛士在公元前275年春便离开了西西里。

返回意大利之后,皮洛士企图发动最后一场战场,但罗马人成功击退了进犯贝内文托的伊庇鲁斯国王。率领罗马大军的是执政官马尼乌斯·库里乌斯·登塔图斯,他也是第三次萨莫奈战争的英雄。皮洛士企图在一次夜间行军的过程中夺取几处有利位置,但黑暗让他们迷失了方向,马尼乌斯·库里乌斯·登塔图斯趁机进行了战略部署。此外,事实证明,大象在此次战役中对伊庇鲁斯国王来说是致命的:罗马人发射的投掷物让大象受到了惊吓,它们转身冲向了自己的阵营,并制造了巨大的混乱。罗马人占领了敌人的营地,并俘获了近1000人。同样,他们还抓住了4头大象并将它们带回了罗马,这里的人从没见过这种动物。

皮洛士清楚地意识到自己无法在会战中直面罗马人,因此他也不能阻止后者的进军。如果能以自己的盟友为代价来拖延住罗马人,皮洛士便很满足了。在冷静地对局势进行评估之后,皮洛士只剩两个选择:要么返回伊庇鲁斯,要么向希腊强国求援——后者可能会对保护意大利的希腊人感兴趣,同时这样他们也能防止罗马人染指希腊的事务。似乎只有两个人会接受这个提议:塞琉古国王救主安条克一世(Antiochos Ier Sôter)和戈努斯人安提柯二世(Antigone Gonatas),后者通过战斗夺得了马其顿的王位。但这两位都有更紧急的问题亟待解决,他们不想将自己的部分军队派遣至意大利,这样会削弱他们自身的力量。增援无望,皮洛士只能眼睁

睁地看着自己的力量在半岛上被消耗,并且也没有一丝扭转战局的机会。他只好在塔兰托留下一支由其子赫勒努斯(Hélénus)带领的驻军,自己则于公元前275年秋离开意大利返回伊庇鲁斯。

然而,似乎皮洛士并没有打算彻底放弃意大利半岛上的希腊人。倘若他能够利用伊庇鲁斯和马其顿的王权,将希腊的力量集合,那么他在面对罗马人时,就会更有胜算。皮洛士成功地夺取了马其顿的王位,但其后不久,公元前272年,他在阿尔戈斯的街道中殒命。伊庇鲁斯与马其顿相比更有话语权,主要是因为在

马尼乌斯·库里乌斯·登塔图斯

行政官登塔图斯因廉正不阿而美名远扬,据说当萨莫奈人的使团带着黄金来收买他的时候,他正坐在自己小谷仓的炉火旁煮萝卜。他拒绝了黄金,他说,比起拥有黄金,自己更情愿击败那些拥有黄金的人。上图为18世纪画家约翰·乔治·普拉泽(Johann Georg Platzer)创作的油画《萨莫奈人和库里乌斯·登塔图斯》(Les Samnites avec Curius Dentatus)(现藏德累斯顿历代大师画廊)。

皮洛士对抗罗马

皮洛士去世之后，本就弱小的马其顿便开始衰落。戈努斯人安提柯二世重新夺回了马其顿。这位享有盛名的国王在位很久，并在希腊强国中为自己的国家重新寻回了一席之地。

在离开意大利后不久，皮洛士便要求其子赫勒努斯率领先前留守塔兰托的驻军返回伊庇鲁斯。塔兰托的居民担心会被罗马人报复，因此在没有取得他们的同意下很难撤军，故而伊庇鲁斯人秘密地和罗马人商讨放弃塔兰托，并允许罗马的驻军进入该城。木已成舟，塔兰托也不得不和罗马签订极其严苛的和平条约：塔兰托必须永久性地允许罗马驻军的据守，并放弃铸币权，打造一队战舰向罗马输送人质，以证明他们会遵守条约。塔兰托在公元前272年投降之后，也被强制性地纳入了意大利联盟，随后在公元前270年，作为最后一股抵抗力量的雷吉乌姆也投降了。至此，罗马成功抵达了意大利半岛的最南端。

罗马，意大利的主人

公元前272年，罗马人强迫卢卡尼人、萨莫奈人和布鲁特人（这三者都参与过皮洛士的统一计划）与其签订和平条约。罗马人没收了一部分卢卡尼人的土地，并在古城波塞冬尼亚之上建立了罗马殖民地帕埃斯图姆。而在被没收的布鲁特人的土地上，罗马人则在不久建立了维博瓦伦蒂亚，该处也是希腊城邦希波尼昂的原址。至于萨莫奈人，则割让了8000平方公里的土地，他们同意罗马人在兼并的土地上建立贝内文托和伊塞尔尼亚两处拉丁殖民地。至此，罗马成功地统治了萨摩尼乌姆，萨摩尼乌姆直到同盟者战争（公元前91年—公元前88年）之前都不会反抗。同样，公元前269年至公元前268年，萨尔西纳的腓尼基人与翁布里亚人的暴动被镇压了，在吞并了他们的大量土地之后，罗马也吸收了这些地区的居民，这些居民成为没有政治权利的罗马公民。雅皮吉人的命运也如出一辙，他们被赶出了布林迪西。二十年后，罗马人在此处建立了拉丁殖民地。在这一系列的行动推进的过程中，伊特鲁里亚城市沃尔西尼也被摧毁了，此前该地曾发生了人民起义，而罗马则站在当地贵族的立场上进行了干预——罗马对该城进行了长达一年的围城（公元前265年），最终起义军投降，沃尔西尼也被踏平。随后该城又在附近的湖畔重建，取名为

"博尔塞纳"，这个名字被沿用至今。

皮洛士溃败，罗马一时间在希腊世界声名大噪，从那时起，希腊的统治者们开始乐于将这股新兴的意大利力量纳入他们的政治计划中。这些统治者中最为强大的是恋姊者托勒密二世（Ptolémée Ⅱ Philadelphe），此人于公元前273年派遣了一支使节团前往罗马，目的是和后者建立友好的贸易联系。实际上，罗马是一个强大的政治集合体的一部分，这一政治集合体联合起了意大利半岛所有的意大利社群——从比萨和里米尼，一直到墨西拿海峡。在面积为130000平方公里的领土中，只有约2500平方公里的土地属于罗马人，而约有12000平方公里的地区都属于享有拉丁公民权的城市或殖民地，剩余的土地则被罗马的盟友割据。至此，罗马约有100万名公民，而拉丁盟友的人口数量则是前者的两倍多。

公元前271年前后，意大利半岛已实现了政治统一——尽管还需要再过两个世纪，等到第二次布匿战争结束的时候，才能将波河河谷纳入这个庞大的政治组织。那一系列历时两个世纪之久的罗马人与伊特鲁里亚人、高卢人、翁布里亚人、萨莫奈人、卢卡尼人以及塔兰托人的艰苦卓绝的既定的斗争，最终实现了意大利的统一，但统一并不能从战争中归因。罗马政府是无法构想出统一意大利的计划的，原因很简单：在古代世界，无论从人种的角度，还是站在地缘版图的角度，"意大利"这个概念是不存在的，是罗马创造了意大利。

因此，在共和国成立后的三百年中，罗马发动战争或向外侵略的原因是无法在一个协同性的计划中探寻的，实际上，这是罗马领导阶层的策略：当面对着内部的冲突时，他们需要寻求一个出口，同时，他们也有防患于未然的意向。此外，根据传统说法，罗马和意大利中部以及南部人民之间反复爆发的战争，是不可避免（或不可或缺）的，或者就是"适逢其时"的——它们都是出于保护国家安全的考虑而展开的。然而，罗马的征服扩张已是既定事实，因此我们也无法对罗马贵族对权力的渴望做过多的粉饰，与罗马征服行为共生的则是罗马必须满足焦虑不安的平民阶层对政治权利的诉求——这一压力和土地问题所带来的压力相比，有过之而无不及。在与伊特鲁里亚人和拉丁人的斗争过程中，罗马人确立了在拉齐奥的霸权，此后，罗马对萨莫奈联盟发动了进攻，而萨莫奈联盟刚征服了坎佩尼以及第勒尼安海沿岸，

因此没有威胁拉齐奥独立性的足够力量。再之后，为了保障最后一系列征服行为的顺利进行，罗马人与塔兰托开战，目的便是强行开辟沿海的自由航线，以及能够自由地出入大希腊的各个港口。罗马和其他地中海强国展开的第一场斗争也是出于相似的动机——这就是第一次布匿战争。

公元前 270 年，罗马占领了位于墨西拿海峡的雷吉乌姆，取得了所有希腊城邦都没有取得的成就：为了组建一个统一的国家，罗马将一个庞大的半岛联合在了一起。罗马人政治策略是先将敌人分离开，再与他们分别结盟。如果之前早已存在一个联盟形

式的国家，那么似乎罗马联盟也不会有存在的可能。在不同的意大利种族中，有一些能够成功地融入罗马这个国家，并获得罗马公民的身份，例如赫尼西人和萨宾人。而剩下的种族则变成了盟友，并且每一个种族通过缔结不同的条约和罗马联结在了一起。而这些条约，只不过是试图掩饰他们被罗马统治这一残酷现实的遮羞布罢了。

帕埃斯图姆

上图为尼普顿神庙（又称波塞冬神庙）和罗马广场的遗迹。锡巴里斯的希腊人在公元前7世纪末建立了一座名为"波塞冬尼亚"（意为"波塞冬的城市"）的殖民城市。公元前510年，锡巴里斯覆灭，但波塞冬尼亚得以幸存。该城于公元前280年与伊庇鲁斯的皮洛士结盟，对抗罗马，当时这座城市由卢卡尼人统治，更名为"帕埃斯图姆"。作为报复，罗马人于公元前273年将该城变成他们的殖民地。

档案：罗马的宗教信仰

档案：罗马的宗教信仰

拉丁和罗马世界将希腊神话中的奥林匹斯山诸神吸收进他们的宗教信仰中，但罗马的宗教信仰同样有独特的风格。

青铜时代末期到铁器时代的这段时间里，也就是约公元前9世纪，拉齐奥的居民——他们中的一些人便住在日后会出现罗马的土地上——相信，无生命的物体如植物和水源，都拥有其固有的"内在精神"（numen），他们认为这些无生命的物体是值得尊崇的神圣的实体。因此，他们崇拜树林、树木、水、山丘、洞穴、天空以及大地。而一些野生动物，例如狼、蛇、野猪或秃鹰，也能算作神圣的实体。因此，这种最初的宗教信仰是不存在神秘元素的，基于人们的具体需求，并且通过大众对神性的统一认知而自发形成，而这种统一认知便来源于个人、家庭、农耕、牧群以及家族。

守护神和家神 已故的祖先是"家神"，而守护神则是守护个体的一位神明，喻示这一个体的"守护天使"。

左页图《守护神和家神》（Génie et lares），来自庞贝维蒂之家（maison des Vettii）的壁画。

从希腊到罗马

希腊人和罗马人开辟的宗教和两者文明存在的时间一样长——家族信仰，灵魂（anima）崇拜，对家神还有逝去的祖先的崇拜，以及在与自然的斗争中对自然力量的敬畏，毕竟整个世界就是诸神进行战斗的战场。每条涌动的溪流，每处喷薄的火山，每个运转的天体以及所有变幻的气象，都是神的工作、行为或旨意。神便是所有生者或死者的智慧、记忆以及灵魂的集合体，同样也是支配生死的外部力量。希腊和罗马的宗教有不同的教条和仪式，这两种宗教从未融合过。随着时间的流逝，个人对死者的崇拜不会有所改变，或改变很小，但对神祇崇拜的变化则很大。希腊人是一步一步地丰富罗马人的万神殿的，而伊特鲁里亚人充当了两地间的桥梁。因此，罗马宗教的形成最先基于的是相似的一类人之间的关系，以及人和神之间的关系，在这种关系中，个体是可以被忽略的，因为个体总来自群体：家庭、氏族、部落或城市。不久，新一波的希腊化浪潮将带来救赎个人的信仰。

插图 林神头像。公元前4世纪作品（现藏那不勒斯考古博物馆）。

追求的普遍利益。因此，如果人们想要了解神明的旨意，必须由（占卜者或肠卜僧）来解读自然的变化。根据这一宗教概念，人们不仅可以从自然现象中，也可以从所有人类的行为中、人类所有的器官中，甚至是属于人类的无生命的物体中，寻得神明的踪迹，了解神明的旨意。

罗马宗教信仰的演化几经波折，意大利人的移民潮和罗马本身历史的进程都对其产生了影响。因此，就算不按照时间顺序，我们也能专门从罗马的宗教信仰发现多元且复杂的组成元素：首先，当印欧人的故事和地中海居民以及临近社群（翁布里亚人、奥斯克、沃尔斯克等）的一些外来的史实相互交融的时候，罗马宗教中便出现了意大利元素；其次，至少在公元前6世纪之前，伊特鲁里亚元素就出现了；最后是希腊元素，无论是通过直接接触，还是经由伊特鲁里亚人与希腊产生的间接接触，罗马宗教从公元前7世纪末就深受希腊的影响。

家神崇拜

在古代的罗马宗教中，大地是神圣的，因此农耕生活的每一个时刻都伴随着一场宗教仪式，例如保佑家畜、播种或收获的仪式。这些宗教崇拜关乎万物之灵的力量，罗马的房舍以及农业用地便是体现人们敬畏之心的永恒的中心：用来储藏食物的家庭储藏室（penus）受到宅神（或守护神）的庇佑；家中炉膛中的炉火也有自己的女神维斯塔；门（janus）和门槛的保护神是雅努斯（Janus）。此外，还有家神——整间房舍、整个家族的守护者，还有亡灵——作为家族中的祖先被尊崇。每个家族都有自己的亡灵、家神和宅神，不过他们都没有自主的神格或单独的名字——人们将他们当作一件房舍的内在力量。此外，家族中的每位男子都有自己的保护者（守护神），家族中的每个人（包括奴隶）都要对每个人的守护神顶礼膜拜。而包含着这些家神、宅神或维斯塔的精神力的，成为神灵实体的代替物，则会被放在一个称作"家神龛"的小祭坛中，然后被放置于房屋的中庭或厨房。

在一个家族的日常生活中，宗教占有很高的地位。实际上，诸如出生、死亡、发身和婚姻一类的重大事件，都会伴有宗教仪式的举行。在举行私人祭典（sacra privata）的过程中，家族之父要扮演祭司的角色，他也是祖先传统仪式的守护者，负责将这些仪式传授给后人。家庭崇拜的一些人格化的神会跻身大众崇拜的神祇的行列，维斯塔从炉火的守护神成了国家圣火的保护神，门槛神雅努斯也成了城门的守护神。

希腊的影响

我们在非常早期就能发现罗马宗教中的希腊痕迹，不论直接还是间接，意大利人群与意大利南部的希腊殖民地接触，或以伊特鲁里亚为媒介与希腊产生了接触——这都为罗马宗教留下了深刻的烙印。在宗教系统重组的过程中，最原始的宗教习俗消失了，但神祇的世界得到了极大的丰富。

希腊和伊特鲁里亚为罗马诸神的转变带来了重要的影响，并且在转变的过程中，前两者也难以被区分。最初由朱庇特、马尔斯和奎里努斯（Quirinus）组成的三位一体，后被所谓的"卡比托利欧三位一体"取代了，即朱庇特、朱诺和密涅瓦的三位一体。似乎这种信仰最初发源于奎利那雷山，后来又转移到了卡比托利欧山上，而根据传说，正是在公元前509年，卡比托利欧山上建造了"卡比托利欧三位一体"的神庙。根据我们对这第一座神庙的了解，这座神庙是根据伊特鲁里亚的宗教仪式建造的，其中收纳了大量彩绘陶制雕塑，连同朱庇特的雕塑，都出自维爱著名的雕塑家维卡之手。

最初的三位一体的主宰朱庇特，也成为第二个三位一体中的神祇，他的地位等同于伊特鲁里亚的提尼亚（Tinia）或希腊的宙斯，因此他便是诸神的主宰。我们称他为"最崇高的朱庇特"（Jupiter Optimus Maximus）。意大利中部的人们，长时间以来将朱诺尊崇为冥间的女神，即"克托尼俄斯"（chthonienne）的女神，也是地母神中的一个。在希腊神话中，朱诺对应的是宙斯的妻子赫拉，而在伊特鲁里亚神话中，她对应的则是提尼亚的妻子乌尼（Uni）。密涅瓦则是艺术和创造之神，过去她曾在法勒里被人尊崇。她对应的是希腊神话中的雅典娜，以及伊特鲁里亚神话

■ 档案：罗马的宗教信仰

中的梅恩瓦（Menrva）。

然而，在罗马神话中分析希腊的影响是十分困难的，尤其还要追溯古风时代的罗马。在罗马王政时代，伊特鲁里亚—意大利世界，甚至罗马本身已经吸纳一些希腊的神祇了。例如，希腊神话中的狄俄斯库里兄弟（Dioscures）——宙斯和丽达（Léda）的双胞胎儿子卡斯托尔（Castor）和波吕丢刻斯（Pollux）——先是大希腊（库迈或塔兰托）的人们开始崇拜他们，随后拉齐奥的人也开始尊崇他们了。拉维尼姆是传播这一宗教崇拜的基站。朱图尔纳（Juturne）神庙让我们在公元前6世纪便

与神保持良好的关系

  罗马人对所谓的"伊特鲁里亚学问"——一套与神保持良好关系的学说——特别感兴趣。伊特鲁里亚人研究出了一种复杂的占卜学，该学说涵盖了与神的意志相关的方方面面。神的意志可以从不同的方面表现出来，天体运转、自然现象、一些鸟类飞翔的轨迹等。而对这些现象的解读，则包含了分析牺牲动物的内脏（尤其是肝脏）——这便是肠卜僧的工作。

  左图为公元前1世纪的罗马浮雕展示了祭祀动物的场景（现藏巴黎卢浮宫）。

  上图为刻有铭文的青铜肝脏。这件伊特鲁里亚文物的历史可追溯至公元前3世纪或公元前2世纪（现藏皮亚琴察法尔内塞宫考古博物馆）。

能在罗马发现狄俄斯库里兄弟的踪迹。但是直到后来才出现关于狄俄斯库里兄弟的传说，他们的白马以及他们在勒吉鲁斯湖畔的战役——公元前496年，人们把本在维斯塔神庙边的狄俄斯库里神庙搬到了古罗马广场。

  人们崇拜赫拉克勒斯可追溯的时间也不甚明确。根据传说，赫拉克勒斯将革律翁（Géryon）的牛群带到了拉齐奥，将它们放到台伯河畔吃草，而此处也就是后来的屠牛广场（forum boarium）。卡库斯（Cacus）将这群牛盗走了，他是居住在阿文提诺山山脚下一处洞穴中的怪物。杀掉卡库斯之后，赫拉克勒斯成了帕拉蒂尼山上的居民心

213

中的英雄。尽管根据传统，赫拉克勒斯是一位希腊的神话人物，但他与当地神话中的一些形象（例如卡库斯）的联系，证明他其实是各种意大利神祇的结合体。在拉丁版本中，赫拉克勒斯是健康和农业丰收的庇佑者，就这一层面而言，我们可以将他和良善女神（Bona dea）、狄安娜（Diane）以及刻瑞斯（Cérès）——她们都是司掌农业、生育和授粉的女神——联系在一起。

各地的诸神

不论是敌是友，罗马对邻近地区带来的影响一直持开放态度。朱诺的引入就是一个很好的证明，该神祇源自阿尔班山区的拉努维乌姆，还有拉丁人崇拜的朱庇特·拉提雅瑞斯，则是巴尔巴郎格的神祇，最后还有来自阿里奇的狄安娜。同样需要强调的是，对马尔斯的崇拜在奥斯克翁布里亚以及伊特鲁里亚世界中十分广泛；而刻瑞斯则与希腊的女神得墨忒耳关系紧密；崇拜群体以马尔斯人居多的安吉提亚（Angitia），则与罗马的良善女神息息相关；奥斯克人的女神赫仑塔斯（Herentas）对应的是拉丁人的维纳斯，以及萨宾人的女神芙洛拉（Flora）、费罗尼亚（Feronia）、瓦库纳（Vacuna）和维苏那（Vesuna），她们都是司掌植物生长、树木和湖泊——更为广泛来说，是丰饶——的女神。

根据当地传说，公元前 396 年，在罗马发动决定性的进攻之际，诸神之后朱诺"抛弃"了维爱城。同样的情况也发生在公元前 264 年，沃尔西尼被其主神维尔图努斯（Vertumne）"抛弃"。也是在同一年，马尔库斯·费尔维乌斯·费拉库斯（Marcus Fulvius Flaccus）征服了该城，并将维尔图努斯神庙中的几尊雕塑搬回了罗马，并且将它们安置在卡比托利欧山和台伯河之间的屠牛广场中。因此，罗马的宗教吸收了十分古老的宗教中的信仰和仪式，而这些古老的宗教我们甚至难以说出它们出现的时间。

如果说，将外来的神祇吸纳进罗马的万神殿是一个目标的话，那么达成目标的方法之一就是通过召唤仪式（evocatio）来获取那些被征服的城市的守护神。罗马人相信，倘若无法征得那些征服或占领的城市的守护神的同意，他们就不算取得真正意义上的胜利。因此，他们会举行牺牲仪式以恳请敌人的守护神放弃被他们庇佑

朱庇特崇拜与卡比托利欧三位一体

最初，罗马只有远古的三位一体：朱庇特、马尔斯和奎里努斯。双面神雅努斯（两张脸分别代表了过去与未来）和罗马的守护女神维斯塔，则是稍后才出现的。同样也存在希腊的或当地的其他神祇，例如罗马建城者罗慕路斯，以及人格化的拉丁文明的教化者和守护者朱庇特·拉提雅瑞斯。在伊特鲁里亚统治时期，三位一体中的奎里努斯和马尔斯被朱诺和密涅瓦取代了，她们分别是赫拉和雅典娜的罗马变体，借鉴自维爱的乌尼和梅恩瓦。因此，卡比托利欧三位一体中的两位都来自伊特鲁里亚。也是从那时起，神祇开始拥有代表他们的雕塑。希腊神话基于记载神祇诞生的《神谱》（La Théogonie），以及宇宙诞生的故事，即某种宇宙起源学说。希腊神话将神祇和天体联系在了一起。例如乌拉诺斯（Ouranos/Uranus）被其子克洛诺斯（Cronos）砍去了阳具，精液掉入海里，泛起泡沫，阿佛洛狄忒（Aphrodite）便诞生自这些泡沫中。罗马人则相信，罗慕路斯与瑞摩斯是马尔斯和贞女雷亚·西尔维的孩子，这两个孩子的乳母则是一匹狼。罗马宗教是当地的宗教，不仅是具象的，也有可供宣扬的实用主义色彩。在罗马史官的作品中，我们能发现，正是最初一系列长长的寓言故事开启了罗马的历史。

插图 公元前 2 世纪的卡比托利欧山及周边的朱庇特神庙和古罗马广场复原图。彼得·康诺利作品。

具有象征意义的三位一体

三位一体对应的即是社会中的三种阶层：神职人员、战士和农业生产者。朱庇特（神职人员）对应的是贤者和统治者，马尔斯（战士）即是武力的主宰，奎里努斯（农业生产者）则是丰饶之神。朱诺和密涅瓦分别取代了马尔斯和奎里努斯。

插图 刻有朱庇特、朱诺和密涅瓦三位神祇的浮雕（现藏罗马国家博物馆—戴克里先浴场）。

①朱庇特神庙 这座建筑是在老塔尔奎尼的授意下动工，并在傲慢塔尔奎尼的主持下完工的，它是罗马共和国最为庞大的神庙，在其所处的位置上可以俯瞰卡比托利欧山，卡比托利欧山也是罗马七丘中最矮的一座。

②警告者朱诺（Juno Moneta）神庙 该神庙坐落于卡比托利欧山的侧岭上，是由独裁官卢基乌斯·弗里乌斯·卡米卢斯（Lucius Furius Camillus）于公元前344年下令建造的。朱诺的名号"警告者"（Moneta），也是位于神庙脚下的铸币厂出品的硬币的名称。

③阿波罗神庙 这座建筑坐落于朱庇特神庙的左侧，于公元前433年落成。这座神庙中保存着库迈西比拉的藏书，这位西比拉非常可能经由几座伊特鲁里亚城市到达罗马。对阿波罗的崇拜源自希腊。

④农神萨杜恩（Saturne）（即克洛诺斯）庙 农神庙于公元前497年12月17日完工，根据提图斯·李维的说法，该神庙坐落在卡比托利欧山的东面坡的脚下。农神萨杜恩教会罗马人耕种土地。农神节（saturnales）始于每年冬至日之前的12月17日。

⑤贝罗纳（Bellona）与福尔图娜（Fortuna）神庙 贝罗纳是战争女神，她最初可能是萨宾女神内里（Neris）。传说中，福尔图娜同样来自希腊，塞尔维乌斯·图利乌斯便是她的儿子或情人，她在伊特鲁里亚神话中对应的是女神诺尔提亚（Nortia）。

档案：罗马的宗教信仰

的城市，许诺他们在罗马会受到更高的推崇和尊敬。

因此，我们可以很快领略罗马奇诡而复杂的宗教全貌。根据罗马历史学家的说法，罗慕路斯的继任者努马·庞皮利乌斯是罗马整合所有神祇的第一人。不过，努马在很大程度上也是神话中的人物，可能罗马人从很遥远的时期就有意朝着这个方向尝试，正如我们所能看见的，古代罗马的原始神明也是相对较多的。

完全整合

公元前 5 世纪初，罗马共和国成立的第一时间，来自希腊世界的诸多神祇被直接引入罗马。根据史料，我们知道在公元前 495 年，罗马人在马克西穆斯竞技场附近修建了供奉商业（Empolaios）之神赫耳墨斯的神庙，该神祇在拉丁神话中对应贸易保护神墨丘利（Mercure）。公元前 493 年，供奉刻瑞斯、利贝尔（Liber）和利贝拉（Libera）的神庙拔地而起，这三位神祇对应的是埃莱夫西纳的得墨忒耳、狄俄尼索斯和珀耳塞福涅的三位一体——这座在阿文提诺山脚下竖起的神庙，旨在消除当年肆虐的饥荒。公元前 6 世纪末至公元前 5 世纪初，对阿波罗的信仰从库迈传到了罗马。人们最先在一处赛马场中供奉阿波罗，此地在日后将成为弗拉米尼乌斯竞技场（Cirque Flaminius）。所有这些建筑都位于城界（pomerium）的神圣领域之外，一如它们供奉的都是外来的神祇。公元前 293 年至公元前 291 年，正值流行病肆虐，罗马派遣了一支使节团前往阿尔戈利斯的埃皮达鲁斯，正是此处搭建了供奉希腊医疗之神阿斯克勒庇俄斯（Asclépios）的最大的神庙。阿斯克勒庇俄斯是第一位直接从希腊传入罗马的神。人们同样在罗马城界外的台伯岛处为阿斯克勒庇俄斯搭建了神庙，该神庙扮演了城市医疗中心的角色。

公元前 204 年，第一位外来的神祇得以进入罗马城界内。人们将库柏勒（Cybèle）的遗迹从弗里吉亚带回了罗马，称她为大母神（Magna Mater）。人们在罗马城中最为神圣的地方帕拉蒂尼山为她建造了神庙，此处也坐落着罗慕路斯的故居。当特洛伊的传说开始流传，大母神作为一条界定特洛伊地区的山脉伊达山的母亲，立刻成为该城的守护者。

可以看出，罗马同化意大利、伊特鲁里亚以及希腊神祇的过程都与史实紧密相

维斯塔神庙

坐落在古罗马广场的维斯塔神庙,外观呈圆形,配备有一处附属建筑,该建筑是贞女(女祭司)的住所。奥维德(Ovide)在《变形记》(Les Métamorphoses)描述的在庙宇中殿燃烧的圣火,很可能象征着世界。

连,尤其与罗马的政治扩张密不可分——这在罗马人的宗教生活中均有体现。

　　罗马的万神殿对罗马人来说,就像是一面能映射出他们更加崇高的理想的镜子,也精准地映射出了国家、家族、法律条文、自然变迁以及精神世界的细枝末节。就像脚下的道路不是一马平川,总是在起伏蜿蜒一样,罗马共和国在与其他文明接触的时候,也在不断汲取过去的经验——神圣罗马的天空永远都在风云变幻。

档案：罗马的宗教信仰

罗马万神殿的主要神灵

刻瑞斯

狄安娜

朱庇特

巴克科斯 酒神巴克科斯司掌迷醉与欲望，这位朱庇特与凡人塞墨勒（Sémélé）的儿子，又叫作狄俄尼索斯。朱诺杀死了塞墨勒，对巴克科斯穷追不舍，她好几次都几乎成功地将他根除，但每一次他都从地狱中返回。祭祀巴克科斯的喧闹节日酒神节（bacchanales），直到公元前3世纪的头十年，在罗马都被明令禁止，原因是此前的酒神节期间出现多起青年男子被强奸的事件。最初的酒神崇拜者（bacchantes）和酒神狂热者（thyrsophore）出现在伊特鲁里亚。

刻瑞斯 刻瑞斯是农业和粮食女神，她对朱庇特十分不满。朱庇特不愿驳斥其兄弟冥王普路托（Pluton）的行为，普路托看上了刻瑞斯的女儿普洛塞庇娜（Proserpine），将她彻底据为己有。刻瑞斯一气之下离开了奥林匹斯山，在大地上徘徊而忘记了祝福。万物凋敝，饥荒横行。朱庇特命令刻瑞斯和普路托商量解决之道。结局是，普洛塞庇娜与自己的母亲度过春和夏，与自己的丈夫在冥界中度过秋和冬。

狄安娜 狄安娜是朱庇特与勒托（Léto）的女儿，也是阿波罗的孪生姐姐，她是在弟弟出生的前一刻出生的。狄安娜目睹了勒托遭受的苦难，她对女性孕育的义务感到恐惧，因此请求父亲赐予自己恩典，让她和密涅瓦一样一直保有处子之身。她的父亲赐予她弓和箭，她成了森林中的女王。她同样请求父亲赐予她60名海洋仙子和20名花仙子。狄安娜是月亮的化身。

朱诺 朱诺是朱庇特的妻子和姐妹，与普路托和尼普顿一样，他们同为萨杜恩（或克洛诺斯）的孩子。朱诺是罗马诸神以及宇宙的天后，作为诸神之王的妻子，前者的不忠引起了她的猜忌和愤怒。她和朱庇特共有两个孩子——锻造和金属之神伏尔甘和战神马尔斯。位于希腊诸神之列的她，曾在希腊和特洛伊之战期间在两方阵营摇摆，后来伊特鲁里亚人将她带到了罗马，在伊特鲁里亚神话中，她被称为乌尼。

朱庇特 农神萨杜恩之子朱庇特是诸神之王、宇宙与雷霆之主、人类之父，也是力量与权威的象征。他洞悉人类与诸神的命运，却无法改变，但他以儿子阿波罗为媒介向人类传达自己的神谕。他与凡人结合诞下的子嗣都成为英雄。他的行为初衷都是对生命的尊重，与他儿子马尔斯发动的战争没有任何关系。他相当于希腊的宙斯和伊特鲁里亚的提尼亚。

马尔斯 朱诺与朱庇特之子马尔斯，是整个意大利半岛的战神，他有很多个名字：希腊称他为阿瑞斯，伊特鲁里亚人称他为拉然，马迈尔坦人则称他为马迈尔斯（Mamers）或马迈尔图斯（Mamertus）。他总在参加各种战争，但全凭意愿选择阵营。所有的神都不喜欢他，除了维纳斯和普路托。维纳斯是他的情人，而普路托则感谢他将众多英雄都送到了冥界。

218

密涅瓦

马尔斯与维纳斯

伏尔甘

密涅瓦 密涅瓦是城防的守护女神，也是艺术和手工业之主。她的名字似乎源于印欧语系，大意为"精神活动"。密涅瓦没有母亲：在利比亚附近的特里顿湖湖畔，朱庇特裂开的头骨中跳出了全副武装的密涅瓦。密涅瓦在伊特鲁里亚被视作雅典娜的变体，通过伊特鲁里亚人，罗马也拥有了这位神祇。尽管存在很多引诱她的尝试，但密涅瓦和狄安娜一样，一直是处子之身。

普路托 当朱庇特推翻了父亲萨杜恩时，他便和两个兄弟尼普顿和普路托分配了三个王国（天国、海洋和冥界）的统治权。普路托成为冥界的主宰。后来，他爱上了刻瑞斯的女儿普洛塞庇娜，便将她夺走。他最钟爱的宠物是三颗脑袋的狗塞伯拉斯（Cerbère）以及四匹黑马。有刻瑞斯与普洛塞庇娜在身边的普路托，也是一位代表神秘的神祇。

维斯塔 这位女神的雕像位于古罗马广场的神庙，是罗马最初的一批宏伟建筑之一。据传说，维斯塔神庙是在努马·庞皮利乌斯统治期间修造的。维斯塔便是永不熄灭的圣火。一间贞女的住所坐落于神庙的隔壁，其间居住着六位年轻的贞洁女子，她们的存在是为了保持神庙中心代表生命的圣火永不熄灭。公元394年，信奉基督教的罗马皇帝狄奥多西一世（Théodose Ier）下令关闭该神庙，熄灭已经燃烧了至少一千年的圣火。

尼普顿 尼普顿是朱庇特、朱诺和普路托的兄弟，海洋的主人以及地底深渊的领主，是他控制着地震和海啸。尼普顿等同于波塞冬。他一直在引诱女神、仙子和凡人并孕育了各种造物，其中包含怪物，例如独眼巨人（cyclopes）和哈耳庇厄（harpies）。在特洛伊战争期间，尼普顿选择站在希腊人的阵营，因为他为特洛伊城建造的防御工事完工的时候，特洛伊城拒绝向他支付酬劳。

维纳斯 维纳斯是司掌动物繁育、人类及明性爱的女神，当天神乌拉诺斯（Uranus）被其子萨杜恩阉割时，维纳斯便从精液产生的泡沫里诞生了。她是希腊和塞浦路斯人的阿佛洛狄忒，也是苏尔美人的伊南娜（Inanna），还是阿卡德人的伊丝塔（Ishtar）、腓尼基人的阿斯塔尔塔（Astarté）以及伊特鲁里亚人的图然（Turan）。作为伏尔甘的妻子，她仍旧在引诱神或凡人男子。正是她和安喀塞斯相恋才诞下了埃涅阿斯，埃涅阿斯便是传说中建立罗马的英雄。

伏尔甘 伏尔甘的父亲朱庇特将他从奥林匹斯山上扔了下去：他下落了整整一天，落下了跛脚的残疾。众神在看到他走路的时候纷纷嘲笑他，但他娶了最美的女神维纳斯。智慧超群的伏尔甘教会人类建造房屋以及冶炼金属。我们认为他是最好的铁匠，是他制造了第一个机关玩偶。他为阿喀琉斯和埃涅阿斯锻造了武器。他用黄金打造的一位机械女人，在他锻造的时候可以和他说话，为他提供帮助。

219

附　录

王政罗马与罗马共和国 222
参考年表：罗马、希腊与其他文明 224
执政官年表 226

插图（左侧）　一口伊特鲁里亚石棺上的细节：奥德修斯正拿着一柄剑威胁喀耳刻（Circé）。这口来自奥尔维耶托圣塞韦罗塔的石棺的历史，可追溯至公元前4世纪下半叶（现藏奥尔维耶托国家考古博物馆）。

王政罗马与罗马共和国

续表

223

参考年表：罗马、希腊与其他文明

罗马

公元前 800 年—公元前 700 年	公元前 700 年—公元前 600 年	公元前 600 年—公元前 500 年
伊特鲁里亚人与罗马人 · 第一个伊特鲁里亚城邦建立 · 帕拉丁山出现茅屋与大墓地 · 优卑亚岛岛民殖民皮特瑟斯 · 传说中罗慕路斯于公元前 753 年建立罗马城 · 库迈建城	**罗马王政时代** · 根据传说，罗慕路斯毁灭了巴尔巴郎格 · 科林斯人德玛瑞特定居塔尔奎尼亚 · 伊特鲁里亚君主开始统治罗马 · 伊特鲁里亚十二城联盟建立 · 因苏布雷人建立梅蒂奥拉鲁姆（Mediolanum）[今米兰（Milan）]	**罗马共和国建立** · 塞尔维乌斯·图利乌斯成为罗马国王 · 阿拉利亚海战爆发，参战方有伊特鲁里亚人、希腊人和迦太基人 · 克罗托内摧毁锡巴里斯 · 傲慢塔尔奎尼被驱逐，罗马共和国建立 · 丘西国王波西纳进攻罗马

希腊

公元前 800 年—公元前 700 年	公元前 700 年—公元前 600 年	公元前 600 年—公元前 500 年
古典希腊时期 · 城邦出现 · 希腊开始殖民 **文化事件：** · 第一届奥林匹克运动会举办 · 希腊人米纳约调整腓尼基字母表 · 《伊利亚特》（L'Iliade）和《奥德赛》（L'Odyssée）按照当时的文体被重新编纂 · 赫西俄德（Hésiode）创作《神谱》及《工作与时日》（Les Travaux et les jours）	**僭主政治出现** · 在斯巴达发动第二场墨西拿战争 · 雅典颁布《德拉古法》（Lois de Dracon） · 第一批僭主出现 · 希腊重装步兵出现 **文化事件：** · 女诗人萨福（Sapho）在莱斯沃斯岛出生 · 黑陶器出现	**民主制度建立** · 雅典推行梭伦改革（Réformes de Solon） · 马萨里亚的希腊人建立安普利亚斯 · 庇西特拉图（Pisistrate）成为雅典僭主 · 居鲁士大帝（Cyrus le Grand）夺取了吕底亚的萨第斯城 · 希庇亚在雅典发动政变 · 雅典推行克里提尼斯改革（Réformes de Clisthène）

其他文明

公元前 800 年—公元前 700 年	公元前 700 年—公元前 600 年	公元前 600 年—公元前 500 年	公元前 500 年—公元前 400 年
· **埃及**：努比亚人征服埃及，埃及第二十五王朝（XXV dynastie égyptienne）建立 · **近东**：亚述帝国的萨尔贡二世（Sargon II）征服了巴比伦（Babylone） · **亚细亚**：最初的吠舍经文出现 · 西周王朝衰落，中国进入春秋时期 · **美洲**：奥尔梅克人创造了最初的美洲文字	· **近东**：亚述人征服了埃及并建立了新亚述帝国 · 尼尼微覆灭 · **欧洲**：斯基泰人从亚细亚中部向欧洲西部进军 · **亚细亚**：根据传说，神武天皇（Jinmu）成为日本第一位皇帝 · **美洲**：萨波特克人在瓦哈卡山谷定居	· **近东**：尼布甲尼撒二世（Nabuchodonosor II）摧毁了耶路撒冷 · 居鲁士大帝成为波斯国王 · **亚细亚**：佛陀出生 · 孔子出生 · 摩揭陀王朝在恒河畔建立 · **非洲**：尼日尔谷的诺克文化（culture Nok）进入鼎盛时期	· **近东**：根据传说，尼西米（Néhémie）重建耶路撒冷 · **亚细亚**：中国进入战国时期 · **美洲**：安第斯山脉的查文文化（culture de Chavín）进入鼎盛时期 · **非洲**：腓尼基人汉诺（Hannon）深入几内亚湾

公元前 500 年—公元前 400 年	公元前 400 年—公元前 350 年	公元前 350 年—公元前 300 年	公元前 300 年—公元前 250 年
罗马向法治国发展 · 罗马在勒吉鲁斯湖大败拉丁人 · 第一次平民分离运动 · 伊特鲁里亚人在库迈战役中被锡拉库扎击败 ·《十二铜表法》颁布 · 萨莫奈人占领卡普阿	**胜利与失败** · 罗马人征服了伊特鲁里亚城市维爱并将其毁灭 · 高卢人围攻罗马城 · 卢卡尼人向卡拉布里亚进军 ·《李西尼乌斯—塞克斯提乌斯法》颁布 · 卢基乌斯·塞克斯提乌斯成为首位平民出身的执政官	**萨莫奈战争** · 罗马击溃并解散了拉丁联盟 · 第一场与第二场萨莫奈战争爆发 ·《彼得留—巴庇留法》废止了债务奴役制度 · 萨莫奈人于考迪尼岔口路之战中大败罗马人 · 罗马人击溃了博亚诺的萨莫奈人	**罗马凯旋** · 第三次萨莫奈战争爆发，罗马在森提乌姆击败了萨莫奈人及其盟友 · 皮洛士在赫拉克莱亚击溃了罗马人 · 罗马人在贝文内托击败了皮洛士 · 罗马占领塔兰托 · 第一次布匿战争爆发

公元前 500 年—公元前 400 年	公元前 400 年—公元前 350 年	公元前 350 年—公元前 300 年	公元前 300 年—公元前 250 年
波希战争与伯罗奔尼撒战争 · 马拉松（Marathon）战役 · 温泉关之战及萨拉米斯战役 · 伯罗奔尼撒战争开启 · 万人雇佣军团（Dix Mille）前往征伐波斯帝国 **文化事件：** · 伯利克里（Périclès）逝世	**斯巴达与底比斯开战** · 锡拉库扎的大狄奥尼西奥斯击败了迦太基人 · 伊巴密浓达（Épaminondas）于留克特拉击败了斯巴达人 · 希腊城邦爆发危机 **文化事件：** · 苏格拉底（Socrate）被审判，后去世 · 柏拉图（Platon）建立柏拉图学院（l'Académie）	**马其顿称霸** · 马其顿的腓力国王在奇罗尼亚击败了希腊人 · 亚历山大大帝在伊苏斯（Issos）战役以及格拉尼库斯（Gaugamèles）战役大败大流士三世（Darius III） · 亚历山大大帝在巴比伦去世 · 亚历山大大帝的继业者在伊普苏斯互相争斗以瓜分帝国 **文化事件：** · 亚里士多德建立亚里士多德学园（Lycée）	**瓦解与衰落** · 戈努斯人安提柯二世登上马其顿王位 · 救主安条克一世建立塞琉古帝国 · 凯尔特人围攻特尔斐的神庙 **文化事件：** · 伊壁鸠鲁（Épicure）去世 · 亚历山大图书馆（bibliothèque d'Alexandrie）落成

公元前 400 年—公元前 350 年	公元前 350 年—公元前 300 年	公元前 300 年—公元前 250 年
· **亚细亚**：儒学与道学在中国成为主流 · 欧亚大陆迎来了斯基泰人和萨马提亚人涌入的最大潮流 · 冶铁技术传入朝鲜 · **美洲**：秘鲁的萨利那文明（culture Salinar）开始萌芽 · 第一个玛雅（mayas）社群出现 · **非洲**：麦罗埃王国在苏丹建立	· **亚细亚**：秦国推行商鞅变法 · 旃陀罗·笈多一世（Chandragupta）在印度建立孔雀王朝（Empire Maurya） · **美洲**：今美国俄亥俄河谷出现了阿登那文化（Culture d'Adena） · **欧洲**：马西利亚人皮西亚斯（Pythéas）航行至北海（mer du Nord）	· **亚细亚**：印度皇帝阿育王（Ashoka）皈依佛门 · 中国兴修都江堰水利工程 · 越南出现第一批城市中心 · **美洲**：蒂卡尔成为玛雅文明的主要中心 · **非洲**：波利尼西亚人抵达马克萨斯群岛

执政官年表

年份（公元前）	主执政官	副[42]执政官
509	卢基乌斯·尤尼乌斯·布鲁图斯	卢基乌斯·塔尔奎尼乌斯·克拉底努斯
	补任：普布利乌斯·瓦列乌斯·普布利克拉（一度）	补任：马尔库斯·赫奥提乌斯·普尔维鲁斯
508	普布利乌斯·瓦列乌斯·普布利克拉（二度）	提图斯·卢克莱提乌斯·特里基皮蒂努斯
507	普布利乌斯·瓦列乌斯·普布利克拉（三度）	马尔库斯·赫奥提乌斯·普尔维鲁斯（二度）
506	斯普利乌斯·卢克莱乌斯·鲁鲁斯（弗拉乌斯）	提图斯·赫尔米乌斯·阿基利努斯
505	马尔库斯·瓦列乌斯（沃鲁苏斯）	普布利乌斯·波斯图米乌斯·图贝尔苏斯
504	普布利乌斯·瓦列乌斯·普布利克拉（四度）	提图斯·卢克莱提乌斯·特里基皮蒂努斯（二度）
503	梅内尼乌斯·阿格里帕·拉纳图斯	普布利乌斯·波斯图米乌斯·图贝尔苏斯（二度）
502	奥皮特尔·维尔吉尼乌斯·特里科斯图斯	斯普利乌斯·卡西乌斯·维凯利努斯（维凯利努斯）
501	波斯图米乌斯·科米尼乌斯·奥鲁恩库斯	提图斯·拉尔基乌斯·弗拉乌斯
	独裁官：提图斯·拉尔基乌斯·弗拉乌斯	军政官：斯普利乌斯·卡西乌斯·维凯利努斯
500	塞尔维乌斯·苏尔皮基乌斯·卡梅里努斯·科尔努图斯	马尼乌斯·图利乌斯·洛恩古斯
499	提图斯·阿埃布提乌斯·赫尔瓦	独裁官：奥卢斯·波斯图米乌斯·阿尔布斯·雷吉雷恩西斯
	盖乌斯·维图里乌斯·格米努斯	军政官：提图斯·阿埃布提乌斯·赫尔瓦
498	昆图斯·克洛埃利乌斯·西库卢斯	提图斯·拉尔基乌斯·弗拉乌斯（二度）
497	奥卢斯·塞姆普罗尼乌斯·阿特拉蒂努斯	马尔库斯·米努基乌斯·奥古里努斯
496	奥卢斯·波斯图米乌斯·阿尔布斯·雷吉雷恩西斯	提图斯·维尔吉尼乌斯·特里科斯图斯·卡埃利奥蒙塔努斯
495	阿庇乌斯·克劳狄乌斯·萨比努斯	普布利乌斯·塞尔维乌斯·普里斯库斯·斯特鲁克图斯
494	奥卢斯·维尔吉尼乌斯·特里斯图斯·卡埃利奥蒙塔努斯	提图斯·维图里乌斯·格米努斯·基库里努斯
493	波斯图米乌斯·科米尼乌斯·奥鲁恩库斯（二度）	斯普利乌斯·卡西乌斯·维凯利努斯（二度）
492	提图斯·格加尼乌斯·马凯里努斯	普布利乌斯·米努基乌斯·奥古里努斯
491	马尔库斯·米努基乌斯·奥古里努斯（二度）	奥卢斯·塞姆普罗尼乌斯·阿特拉蒂努斯（二度）
490	昆图斯·苏尔皮基乌斯·卡梅里努斯·科尔努图斯	斯普利乌斯·卢克莱提乌斯·鲁弗斯（或弗拉乌斯）（二度）
489	盖乌斯·尤利乌斯·尤卢斯	普布利乌斯·皮纳里乌斯·马默蒂努斯·鲁弗斯
488	斯普利乌斯·纳乌提乌斯·鲁蒂卢斯	塞克斯图斯·弗里乌斯·梅杜利乌斯·弗苏斯
487	提图斯·西基尼乌斯（萨比努斯）	盖乌斯·阿基利乌斯·图库斯
486	斯普利乌斯·卡西乌斯·维凯利努斯（三度）	普罗库卢斯·维尔吉尼乌斯·特里斯图斯·鲁蒂卢斯
485	塞尔维乌斯·科尔内利乌斯·马古吉恩苏斯	昆图斯·法比乌斯·维布拉努斯
484	卢基乌斯·埃米利乌斯·马梅尔基努斯	凯索·法比乌斯·维布拉努斯
483	马尔库斯·法比乌斯·维布拉努斯	卢基乌斯·瓦列乌斯·波蒂图斯
482	昆图斯·法比乌斯·维布拉努斯（二度）	盖乌斯·尤利乌斯·尤卢斯（二度）
481	凯索·法比乌斯·维布拉努斯（二度）	斯普利乌斯·弗里乌斯·梅杜利乌斯·弗苏斯
480	马尔库斯·法比乌斯·维布拉努斯（二度）	格涅乌斯·曼利乌斯·辛辛纳图斯
479	凯索·法比乌斯·维布拉努斯（三度）	提图斯·维尔吉尼乌斯·特里斯图斯·鲁蒂乌斯
478	卢基乌斯·埃米利乌斯·马梅尔基努斯（二度）	盖乌斯·塞尔维乌斯·斯特鲁克图斯·阿哈拉
		补任：奥皮特尔·维尔吉尼乌斯·埃斯奎利努斯
477	盖乌斯·赫奥提乌斯·普尔维卢斯	提图斯·梅内尼乌斯·阿格里帕·拉纳图斯
476	奥卢斯·维尔吉尼乌斯·特里斯图斯·鲁蒂卢斯	斯普利乌斯·塞尔维乌斯·斯特鲁克图斯
475	普布利乌斯·瓦列乌斯·普布利克拉	盖乌斯·纳乌提乌斯·鲁蒂卢斯
474	卢基乌斯·弗里乌斯·梅杜利乌斯	奥卢斯·曼利乌斯·乌尔索
473	卢基乌斯·埃米利乌斯·马梅尔基努斯（三度）	沃皮斯库斯·尤利乌斯·尤卢斯
472	卢基乌斯·皮纳里乌斯·马默蒂努斯·鲁弗斯	普布利乌斯·弗里乌斯·梅杜利乌斯·弗苏斯
471	阿庇乌斯·克劳狄乌斯·克拉苏·伊恩雷吉尔雷恩西斯·萨比努斯	提图斯·奎因克提乌斯·卡皮托利努斯·巴尔巴图斯
470	卢基乌斯·瓦列乌斯·波蒂图斯（二度）	提贝里乌斯·埃米利乌斯·马梅尔基努斯
469	提图斯·努米基乌斯·普里斯库斯	奥卢斯·维尔吉尼乌斯·卡埃利奥蒙塔努斯
468	提图斯·奎因克提乌斯·卡皮托利努斯·巴尔巴图斯（二度）	昆图斯·塞尔维乌斯·普里斯库斯
467	提贝里乌斯·埃米利乌斯·马梅尔基努斯（二度）	昆图斯·法比乌斯·维布拉努斯（二度）
466	昆图斯·塞尔维乌斯·普里斯库斯	斯普利乌斯·波斯图米乌斯·阿尔比努斯·雷吉雷恩西斯
465	昆图斯·法比乌斯·维布拉努斯（二度）	提图斯·奎因克提乌斯·卡皮托利努斯·巴尔巴图斯（三度）
464	奥卢斯·波斯图米乌斯·阿尔比努斯·雷吉雷恩西斯	斯普利乌斯·弗里乌斯·梅杜利乌斯·弗苏斯
463	普布利乌斯·塞尔维乌斯·普里斯库斯·斯特鲁克图斯	卢基乌斯·埃布提乌斯·赫尔瓦

[42] 在罗马共和国时期，两位执政官地位相当，不分先后。此处"主""副"只是为了方便阅读。——译者注

续表

年份（公元前）	主执政官	副执政官
462	卢基乌斯·卢克莱提乌斯·特里基皮蒂努斯	提图斯·维里吉乌斯·格米努斯·基库里努斯
461	普布利乌斯·沃卢姆尼乌斯·阿米恩蒂努斯·加卢斯	塞尔维乌斯·苏尔皮基乌斯·卡梅里努斯·科尔努图斯
460	普布利乌斯·瓦列里乌斯·普布利克拉（二度）	盖乌斯·克劳狄乌斯·伊恩雷吉尔雷恩西斯·萨比努斯
	补任：卢基乌斯·奎尼克提乌斯·辛辛纳图斯	
459	昆图斯·法比乌斯·维布拉努斯（三度）	卢基乌斯·科尔内利乌斯·马卢吉内恩西斯·乌里蒂努斯
458	盖乌斯·纳乌提乌斯·鲁蒂卢斯（二度）	马尔库斯·巴庇留·卜文塔努斯
	独裁官：卢基乌斯·奎尼克提乌斯·辛辛纳图斯	军政官：卢基乌斯·塔尔奎尼乌斯·费拉库斯
		补任：卢基乌斯·米努基乌斯·埃斯奎利努斯·奥古里努斯
457	盖乌斯·赫奥提乌斯·普尔维卢斯（二度）	昆图斯·米努基乌斯·埃斯奎利努斯
	或卢基乌斯·奎尼克提乌斯·辛辛纳图斯（二度）	或马尔库斯·法比乌斯·维布拉努斯
456	马尔库斯·瓦列里乌斯·马克西穆斯·拉克图卡	斯普利乌斯·维尔吉尼乌斯·特里科斯图斯·卡埃利奥蒙塔努斯
455	提图斯·罗米利乌斯·罗库斯·瓦蒂卡努斯	盖乌斯·维облик里乌斯·格米努斯·基库里努斯
454	斯普利乌斯·塔尔佩伊乌斯·蒙塔努斯·卡皮托利努斯	奥卢斯·阿特尔尼乌斯·瓦鲁斯·弗恩蒂纳利斯
453	塞克斯图斯·昆蒂利乌斯	普布利乌斯·库里阿提乌斯·费斯图斯·特里格米努斯
	补任：斯普利乌斯·弗里乌斯或梅杜利乌斯·弗苏斯	
452	提图斯·梅内尼乌斯·拉纳图斯	普布利乌斯·塞斯提乌斯·卡皮托利努斯·瓦蒂卡努斯
451	阿庇乌斯·克劳狄乌斯·克拉苏·伊恩雷吉尔雷恩西斯·萨比努斯（二度）	提图斯·格努基乌斯·奥古里努斯
449	卢基乌斯·瓦列里乌斯·波蒂图斯	马尔库斯·赫奥提乌斯·巴尔巴图斯
448	斯普利乌斯·赫尔米尼乌斯·科里蒂内萨努斯	提图斯·维尔吉尼乌斯·特里科斯图斯·卡埃利奥蒙塔努斯
447	马尔库斯·格加尼乌斯·马凯里努斯	盖乌斯·尤利乌斯·尤卢斯
446	提图斯·奎尼克提乌斯·卡皮托利努斯·巴尔巴图斯（四度）	阿格里帕·弗里乌斯·弗苏斯·梅杜利努斯
445	马尔库斯·格努基乌斯·奥古里努斯/卢基乌斯·巴庇留·姆吉尔拉努斯	盖乌斯·库尔提乌斯·斐洛/塞乌斯·塞姆普罗尼乌斯·阿特拉蒂努斯
443	马尔库斯·格加尼乌斯·马凯里努斯（二度）	提图斯·奎尼克提乌斯·卡皮托利努斯·巴尔巴图斯（五度）
442	马尔库斯·法比乌斯·维布拉努斯	波斯图姆乌斯·埃布提乌斯·赫尔瓦·科尔尼凯恩
441	盖乌斯·弗里乌斯·帕基卢斯·弗苏斯	马尼乌斯·巴庇留·克拉苏
440	普罗库卢斯·格加尼乌斯·马凯里努斯	卢基乌斯（提图斯）·梅内尼乌斯·阿格里帕·拉纳图斯
439	阿格里帕·梅内尼乌斯·拉纳图斯	提图斯·奎尼克提乌斯·卡皮托利努斯·巴尔巴图斯（六度）
	独裁官：卢基乌斯·奎尼克提乌斯·辛辛纳图斯（二度）	军政官：盖乌斯·塞尔维利乌斯·阿哈拉
437	马尔库斯·格加尼乌斯·马凯里努斯（三度）	卢基乌斯·塞尔吉乌斯·费德纳斯
	独裁官：马尔库斯·埃米利乌斯·马梅尔基努斯	军政官：卢基乌斯·奎尼克提乌斯·辛辛纳图斯
	补任：马尔库斯·瓦列里乌斯·马克西穆斯·拉克图卡	
436	卢基乌斯·巴庇留·克拉苏	马尔库斯·科尔内利乌斯·马卢吉内恩斯
435	盖乌斯·尤利乌斯·尤卢斯（二度）	卢基乌斯·维尔吉尼乌斯·特里科斯图斯
	独裁官：昆图斯·塞尔维利乌斯·普里斯库斯	军政官：阿埃布提乌斯·赫尔瓦
434	盖乌斯·尤利乌斯·尤卢斯（三度）	卢基乌斯·维尔吉尼乌斯·特里科斯图斯（二度）
	独裁官：马尔库斯·埃米利乌斯·马梅尔基努斯（二度）	军政官：奥卢斯·波斯图米乌斯·图贝尔图斯
431	提图斯·奎尼克提乌斯·波埃努斯	格涅乌斯（盖乌斯）·尤利乌斯·门托
	独裁官：奥卢斯·波斯图米乌斯·图贝尔图斯	军政官：卢基乌斯·尤利乌斯·尤卢斯
430	盖乌斯（卢基乌斯）·巴庇留·克拉苏	卢基乌斯·尤利乌斯·尤卢斯
429	霍斯图斯·卢克莱提乌斯·特里基皮蒂努斯	卢基乌斯·塞尔吉乌斯·费德纳斯（二度）
428	奥卢斯·科尔内利乌斯·科斯苏斯或卢基乌斯·奎尼克提乌斯·辛辛纳图斯	提图斯·奎尼克提乌斯·佩恩努斯（二度）或奥卢斯·塞姆普罗尼乌斯·阿特拉蒂努斯
427	盖乌斯·塞尔维利乌斯·阿哈拉	卢基乌斯·巴庇留·姆吉尔拉努斯
426	独裁官：马尔库斯·埃米利乌斯·马梅尔基努斯（三度）	军政官：奥卢斯·科尔内利乌斯·科斯苏斯
423	盖乌斯·塞姆普罗尼乌斯·阿特拉蒂努斯	昆图斯·法比乌斯·维布拉努斯·阿姆布斯图斯
421	格涅乌斯（或努梅里乌斯）·法比乌斯·维布拉努斯	提图斯·奎尼克提乌斯·卡皮托利努斯·巴尔巴图斯
413	奥卢斯·科尔内利乌斯·科斯苏斯	卢基乌斯·弗里乌斯·梅杜利努斯
412	昆图斯·法比乌斯·阿姆布斯图斯	盖乌斯·弗里乌斯·帕基卢斯
411	卢基乌斯·巴庇留·阿特拉蒂努斯	盖乌斯·纳乌提乌斯·鲁蒂卢斯
410	马尼乌斯·埃米利乌斯·马梅尔基努斯	盖乌斯·瓦列里乌斯·波蒂图斯
409	格涅乌斯·科尔内利乌斯·科斯苏斯	卢基乌斯·弗里乌斯·梅杜利努斯（二度）
408	独裁官：普布利乌斯·科尔内利乌斯·科斯苏斯	军政官：盖乌斯·塞尔维利乌斯·阿哈拉
396	独裁官：马尔库斯·弗里乌斯·卡米卢斯	军政官：普布利乌斯·科尔内利乌斯·西庇阿
393	卢基乌斯·瓦列里乌斯·波蒂图斯	普布利乌斯·科尔内利乌斯·马鲁吉内恩西斯·科斯苏斯
	补任：卢基乌斯·卢克莱提乌斯·特里基皮蒂努斯·弗拉乌斯	补任：塞尔维乌斯·苏尔皮基乌斯·卡梅里努斯

续表

年份（公元前）	主执政官	副执政官
392	卢基乌斯·瓦列乌斯·波蒂图斯·普布利克拉	马尔库斯·曼利乌斯·卡皮托利努斯
390	独裁官：马尔库斯·弗里乌斯·卡米卢斯（二度）	军政官：卢基乌斯·瓦列乌斯·波蒂乌斯
389	独裁官：马尔库斯·弗里乌斯·卡米卢斯（三度）	军政官：盖乌斯·塞尔维乌斯·阿哈拉
385	独裁官：奥卢斯·科尔内利乌斯·科苏斯	军政官：盖乌斯·塞尔维乌斯·阿哈拉
380	独裁官：提图斯·奎尼克提乌斯·辛辛纳图斯	军政官：奥卢斯·塞姆普罗尼乌斯·阿特拉蒂努斯
368	独裁官：马尔库斯·弗里乌斯·卡米卢斯（四度）和普布利乌斯·曼利乌斯·卡皮托利努斯	军政官：卢基乌斯·埃米利乌斯·马梅尔基努斯和盖乌斯·李西尼乌斯·斯托洛
367	独裁官：马尔库斯·弗里乌斯·卡米卢斯（五度）	提图斯·奎尼克提乌斯·彭努斯
366	卢基乌斯·埃米利乌斯·马梅尔基努斯	卢基乌斯·塞克斯提乌斯·拉特尔努斯
365	卢基乌斯·格努基乌斯·阿文蒂恩西斯	昆图斯·塞尔维利乌斯·阿哈拉
364	盖乌斯·苏尔皮基乌斯·佩蒂库斯	盖乌斯·李锡尼乌斯·斯托洛
363	格涅乌斯·格努基乌斯·阿文蒂恩西斯	卢基乌斯·埃米利乌斯·马梅尔基努斯（二度）
	独裁官：卢基乌斯·曼利乌斯·卡皮托利努	军政官：卢基乌斯·皮纳里乌斯·纳塔
362	昆图斯·塞尔维乌斯·阿哈拉（二度）	卢基乌斯·格努基乌斯·阿文蒂恩西斯（二度）
	独裁官：阿庇乌斯·克劳狄乌斯·克拉苏	军政官：未知
361	盖乌斯·李锡尼乌斯·斯托洛（二度）	盖乌斯·苏尔皮基乌斯·佩蒂库斯（二度）
	独裁官：提图斯·奎尼克提乌斯·波埃努斯·卡皮托利努斯·克里斯皮努斯	军政官：塞尔维乌斯
		独裁官：科尔内利乌斯·马卢吉内恩西斯
360	马尔库斯·法比乌斯·安布斯图斯	盖乌斯·彼得留·利波·维索卢斯
	独裁官：昆图斯·塞尔维乌斯·阿哈拉	军政官：提图斯·奎尼克提乌斯·波埃努斯
359	马尔库斯·波皮利乌斯·拉埃纳斯	格涅乌斯·曼利乌斯·卡皮托利努斯·因佩里奥苏斯
358	盖乌斯·法比乌斯·安布斯图斯	盖乌斯·普拉乌提乌斯·普罗库卢斯
	独裁官：盖乌斯·苏尔皮基乌斯·佩蒂库斯	军政官：马尔库斯·瓦列乌斯·普布利克拉
357	盖乌斯·马奇路斯·鲁蒂卢斯	格涅乌斯·曼利乌斯·卡皮托利努斯·因佩里奥苏斯（二度）
356	马尔库斯·法比乌斯·安布斯图斯（二度）	马尔库斯·波皮利乌斯·拉埃纳斯（二度）
	独裁官：盖乌斯·马奇路斯·鲁蒂卢斯	军政官：盖乌斯·普拉乌提乌斯·普罗库卢斯
355	盖乌斯·苏尔皮基乌斯·佩蒂库斯（三度）	马尔库斯·瓦列乌斯·普布利克拉
354	马尔库斯·法比乌斯·安布斯图斯（三度）	提图斯·奎尼克提乌斯·波埃努斯·卡皮托利努斯·克里斯皮努斯
353	盖乌斯·苏尔皮基乌斯·佩蒂库斯（四度）	马尔库斯·瓦列乌斯·普布利克拉（二度）
	独裁官：提图斯·曼利乌斯·卡皮托利努斯	军政官：奥卢斯·科尔内利乌斯·科斯苏斯
352	普布利乌斯·瓦列乌斯·普布利克拉	盖乌斯·马奇路斯·鲁蒂卢斯（二度）
	独裁官：盖乌斯·尤利乌斯·尤卢斯	军政官：卢基乌斯·埃米利乌斯·马梅尔基努斯
351	盖乌斯·苏尔皮基乌斯·佩蒂库斯（五度）	提图斯·奎尼克提乌斯·波埃努斯·卡皮托利努斯·克里斯皮努斯（二度）
	独裁官：马尔库斯·法比乌斯·安布斯图斯	军政官：昆图斯·塞尔维乌斯·阿哈拉
350	马尔库斯·波皮利乌斯·拉埃纳斯（三度）	卢基乌斯·科尔内利乌斯·西庇阿
	独裁官：卢基乌斯·弗里乌斯·卡米卢斯	军政官：普布利乌斯·科尔内利乌斯·西庇阿
349	卢基乌斯·弗里乌斯·卡米卢斯或马尔库斯·埃米利乌斯	阿庇乌斯·克劳狄乌斯·克拉苏或提图斯·奎尼克提乌斯
	独裁官：提图斯·曼利乌斯·卡皮托利努斯	军政官：奥卢斯·科尔内利乌斯·科斯苏斯
348	马尔库斯·瓦列乌斯·科尔乌斯	马尔库斯·波皮利乌斯·拉埃纳斯（四度）
347	盖乌斯·普拉乌提乌斯·维诺克斯	提图斯·曼利乌斯·卡皮托利努斯
346	马尔库斯·瓦列乌斯·科尔乌斯（二度）	盖乌斯·彼得留·利波·维索卢斯
345	马尔库斯·法比乌斯·多尔苏奥	塞尔维乌斯·苏尔皮基乌斯·卡梅里努斯·鲁弗斯
	独裁官：卢基乌斯·弗里乌斯·卡米卢斯	军政官：格涅乌斯·曼利乌斯·卡皮托利努斯
344	盖乌斯·马奇路斯·鲁蒂卢斯（三度）	提图斯·曼利乌斯·卡皮托利努斯（二度）
	独裁官：普布利乌斯·瓦列乌斯·普布利克拉	军政官：昆图斯·法比乌斯·阿姆布斯图斯
343	马尔库斯·瓦列乌斯·科尔乌斯	奥卢斯·科尔内利乌斯·科斯苏斯·阿尔维纳
342	昆图斯·塞尔维乌斯·阿哈拉	盖乌斯·马奇路斯·鲁蒂卢斯（四度）
	独裁官：马尔库斯·瓦列乌斯·科尔乌斯	军政官：卢基乌斯·埃米利乌斯·马梅尔基努斯
341	盖乌斯·普拉乌提乌斯·维诺克斯（二度）	卢基乌斯·埃米利乌斯·马梅尔基努斯·普里维尔纳斯
340	提图斯·曼利乌斯·卡皮托利努斯（三度）	普布利乌斯·德西乌斯·穆斯
	独裁官：卢基乌斯·巴庇留·克拉苏	军政官：卢基乌斯·巴庇留·库尔索尔
339	提贝里乌斯·埃米利乌斯·马梅尔基努斯	昆图斯·普布利利乌斯·斐洛
	独裁官：昆图斯·普布利利乌斯·斐洛	军政官：尤尼乌斯·布鲁图斯·斯卡埃瓦
338	卢基乌斯·弗里乌斯·卡米卢斯	盖乌斯·迈尼乌斯·奈波
337	盖乌斯·苏尔皮基乌斯·隆古斯	普布利乌斯·埃米利乌斯·帕埃图斯
	独裁官：盖乌斯·克劳狄乌斯·克拉苏	军政官：盖乌斯·克劳狄乌斯·霍尔塔托尔

续表

年份（公元前）	主执政官	副执政官
336	卢基乌斯·巴庇留·克拉苏	凯索·杜伊利乌斯
335	马尔库斯·阿蒂利乌斯·雷古鲁斯·卡雷努斯	马尔库斯·瓦列利乌斯·科尔乌斯（四度）
	独裁官：卢基乌斯·埃米利乌斯·马梅尔基努斯·普里维尔纳斯	军政官：昆图斯·普布利利乌斯·斐洛
334	斯普利乌斯·波斯图米乌斯·阿尔比努斯（卡迪努斯）	提图斯·维图里乌斯·卡尔维努斯
333	独裁官：普布利乌斯·科尔内利乌斯·鲁菲努斯	军政官：马尔库斯·安东尼
333	盖乌斯·彼得留·利波·维索卢斯（二度）	卢基乌斯·巴庇留·库尔索尔
332	格涅乌斯·多米提乌斯·卡尔维努斯	奥卢斯·科尔内利乌斯·科斯苏斯·阿尔维纳（二度）
	独裁官：马尔库斯·巴庇留·克拉苏	军政官：普布利乌斯·瓦列利乌斯·普布利克拉
331	盖乌斯·瓦列乌斯·波蒂图斯	马尔库斯·克劳狄乌斯·马尔凯卢斯
	独裁官：格涅乌斯·奎尼提留斯·瓦鲁斯	军政官：卢基乌斯·瓦列利乌斯·波蒂图斯
330	卢基乌斯·巴庇留·克拉苏（二度）	卢基乌斯·普拉乌提乌斯·维诺
329	卢基乌斯·埃米利乌斯·马梅尔基努斯·普里维尔纳斯（二度）	盖乌斯·普拉乌提乌斯·德基安努斯
328	普布利乌斯·普拉乌提乌斯·普罗库卢斯或盖乌斯·普拉乌提乌斯·德基安努斯（二度）	普布利乌斯·科内利乌斯·斯凯普拉或普布利乌斯·科内利乌斯·西庇阿·巴尔巴图斯
327	卢基乌斯·科尔内利乌斯·莱恩图卢斯	昆图斯·普布利利乌斯·斐洛（二度）
	独裁官：马尔库斯·克劳狄乌斯·马塞勒斯	军政官：波斯图米乌斯·阿尔比努斯
326	盖乌斯·彼得留·利波·维索卢斯（三度？）	卢基乌斯·巴庇留·库尔索尔（二度？）
325	卢基乌斯·弗里乌斯·卡米卢斯（二度）	德基姆斯·尤尼乌斯·布鲁图斯·斯卡埃瓦
	独裁官：卢基乌斯·巴庇留·库尔索尔	军政官：法比乌斯·马克西穆斯·鲁利安努斯/卢基乌斯·巴庇留·克拉苏
323	盖乌斯·苏尔皮基乌斯·隆古斯（二度）	昆图斯·奥利乌斯·凯雷塔努斯
322	昆图斯·法比乌斯·马克西穆斯·鲁利安努斯	卢基乌斯·弗尔维乌斯·库尔乌斯
	独裁官：奥卢斯·科尔内利乌斯·科斯苏斯	军政官：马尔库斯·法比乌斯·阿姆布斯图斯
321	提图斯·维图里乌斯·卡尔维努斯（二度）	斯普利乌斯·波斯图米乌斯·阿尔比努斯（卡迪努斯）（二度）
321	独裁官：昆图斯·法比乌斯·阿姆布斯图斯与马尔库斯·埃米利乌斯·帕普斯	军政官：普布利乌斯·埃利乌斯·帕埃图斯与卢基乌斯·瓦列利乌斯·费拉库斯
320	卢基乌斯·巴庇留·库尔索尔（三度？）	昆图斯·普布利乌斯·斐洛（三度）
320	独裁官：盖乌斯·梅内尼乌斯·内普斯/奥卢斯·科尔内利乌斯·科斯苏斯/卢基乌斯·克劳狄乌斯·马塞勒斯	军政官：卢基乌斯·巴庇留·库尔索尔
319	卢基乌斯·巴庇留·库尔索尔（四度）	昆图斯·奥利乌斯·凯雷塔努斯（二度）
318	马尔库斯·佛斯利乌斯·弗拉克基纳托尔	卢基乌斯·普拉乌提乌斯·维诺克斯
317	盖乌斯·尤尼乌斯·布布尔库斯·布鲁图	昆图斯·埃米利乌斯·巴尔布拉
316	斯普利乌斯·纳乌提乌斯·鲁蒂卢斯	马尔库斯·波皮利乌斯·拉埃纳斯
	独裁官：卢基乌斯·埃米利乌斯·马梅尔努斯（二度）	军政官：卢基乌斯·弗尔维乌斯·库尔乌斯
315	卢基乌斯·巴庇留·库尔索尔（五度？）	昆图斯·普布利利乌斯·斐洛（四度）
	独裁官：昆图斯·法比乌斯·马克西穆斯	军政官：昆图斯·奥利乌斯·凯雷塔努斯/盖乌斯·法比乌斯·安布斯图斯
314	马尔库斯·彼得留·利波	盖乌斯·苏尔皮基乌斯·隆古斯（三度？）
	独裁官：盖乌斯·迈尼乌斯·内普斯	军政官：马尔库斯·佛斯利乌斯
313	卢基乌斯·巴庇留·库尔索尔（六度？）	盖乌斯·尤尼乌斯·布布尔库斯·布鲁图（二度）
	独裁官：盖乌斯·彼得留·利波	军政官：马尔库斯·佛斯利乌斯或马尔库斯·彼得留·利波
312	马尔库斯·瓦列乌斯·马克西穆斯	普布利乌斯·德西乌斯·穆斯
	独裁官：盖乌斯·苏尔皮基乌斯·隆古斯	军政官：盖乌斯·尤尼乌斯·布布尔库斯
311	盖乌斯·尤尼乌斯·布布尔库斯·布鲁图（三度）	昆图斯·埃米利乌斯·巴尔布拉（二度）
310	昆图斯·法比乌斯·马克西穆斯·鲁利安努斯（二度）	盖乌斯·马奇路斯·鲁蒂卢斯·肯索里努斯
309	独裁官：卢基乌斯·巴庇留·库尔索尔	军政官：盖乌斯·尤尼乌斯·布布尔库斯·布鲁图
308	普布利乌斯·德西乌斯·穆斯（二度）	昆图斯·法比乌斯·马克西穆斯·鲁利安努斯（三度）
307	阿庇乌斯·克劳狄乌斯·卡埃库斯	卢基乌斯·沃伦尼乌斯·弗拉马
306	昆图斯·马奇路斯·特雷穆卢斯	普布利乌斯·科尔内利乌斯·阿尔维纳
	独裁官：普布利乌斯·科尔内利乌斯·西庇阿·巴尔巴图斯	军政官：德西乌斯·穆斯
305	卢基乌斯·波斯图米乌斯·梅格卢斯	提贝里乌斯·米努基乌斯·奥古里努斯
	补任：马尔库斯·弗尔维乌斯·库尔乌斯	
304	普布利乌斯·塞姆普罗尼乌斯·索弗斯	普布利乌斯·苏尔皮基乌斯·萨维里奥
303	塞尔维乌斯·科尔内利乌斯·莱恩图卢斯	卢基乌斯·格努基乌斯·阿维恩蒂内恩西斯
302	马尔库斯·李维乌斯·登特尔	马尔库斯·埃米利乌斯·保卢斯
	独裁官：盖乌斯·尤尼乌斯·布布尔库斯·布鲁图	军政官：马尔库斯·提坦纽斯
301	独裁官：马尔库斯·瓦列利乌斯·马克西穆斯·鲁利安努斯	军政官：马尔库斯·埃米利乌斯·保卢斯

229

图书在版编目（CIP）数据

罗马：从王政到共和 / 美国国家地理学会编著；李恋晨译. -- 北京：现代出版社，2021.4

（美国国家地理全球史）

ISBN 978-7-5143-8931-9

Ⅰ.①罗… Ⅱ.①美… ②李… Ⅲ.①罗马－历史Ⅳ.①K126

中国版本图书馆CIP数据核字(2020)第260997号

版权登记号：01-2021-1113

© RBA Coleccionables, S. A. 2013

© Of this edition: Modern Press Co., Ltd.2021

NATIONAL GEOGRAPHIC及黄框标识，是美国国家地理学会官方商标，未经授权不得使用。

由北京久久梦城文化发展有限公司代理引进

罗马：从王政到共和（美国国家地理全球史）

编　著　者：美国国家地理学会
译　　　者：李恋晨
策划编辑：吴良柱
责任编辑：张　霆　姚冬霞
内文排版：北京锦创佳业文化传播有限公司
出版发行：现代出版社
通信地址：北京市安定门外安华里504 号
邮政编码：100011
电　　话：010-64267325　64245264（兼传真）
网　　址：www.1980xd.com
电子邮箱：xiandai@vip.sina.com
印　　刷：固安兰星球彩色印刷有限公司

开　　本：710mm*1000mm 1/16
印　　张：14.5　　　　　字　　数：210千
版　　次：2021年4月第1版　印　　次：2023年10月第2次印刷
书　　号：ISBN 978-7-5143-8931-9
定　　价：76.00元

版权所有，翻印必究；未经许可，不得转载